얏장수 목회 이야기

소 강 석 지음

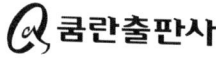
쿰란출판사

엿장수 목회 이야기

머리말

목회를 하면서 어느 때부턴가 하나님은 엿장수 같은 분이심을 알았습니다. 그야말로 우리들에게서 나오는 아무 쓸모 없는 폐품 쓰레기들을 기쁘게 받으시고서 우리에게 언제나 달콤한 엿가락을 한 아름씩 주시는 분이시기 때문입니다. 예수님께서도 우리의 폐품 쓰레기를 향기로운 예물처럼 받으시고 우리를 재활용품처럼 값진 존재로 회복시키기 위해 십자가에 죽으셨지 않습니까?

그러기에 오늘도 우리는 죄 보따리, 한숨과 눈물, 걱정, 근심의 폐품들을 십자가 앞으로 가지고 갈 때 주님께서 모든 것들을 받으시고 우리에게 참된 자유와 기쁨과 행복의 엿가락으로 바꾸어 주심을 경험합니다. 이러한 깨달음과 함께 저는 엿장수 목회를 하기로 했습니다.

가락동에서 장사하는 분들이나, 분당 신도시에서 깔끔하게 사시는 분들이나 사람은 누구나 다 똑같습니다. 사람이란 누구에게나 걱정, 근심, 무거운 인생의 짐이 다 있다는 것입니다. 아무리 잘 지어진 아파트와 고급 빌라, 으리으리하게 꾸며진 인테리어 공간에 사는 고품격 인생들도 겉으로는 아무 일 없는 듯하지만 내면에는 다 인간의 폐품 쓰레기들로 고민하고 갈등하며 쓰디쓴 인생을 살아갑니다. 그래서 저는 이들을 향해 엿장수 목회를 하기로 했던 것입니다. 언제나 엿장수 같은 하나님을 소개함으로써 저들의 한숨과 눈물 보따리를 주 앞에 솔직하게 내놓게 하고 대신 교회에서 한없는 감격과 기쁨과 행복을 받아가게 하는 목회, 또한 저 자신이 제사장처럼 그들의 눈물, 한숨, 심지어는 불평과 짜증까지 다 포용하며 할 수만 있으면 성도들을 행복하게 하는 목회를 해왔습니다. 그런 마음으로 언젠가 이런 시를 써 보았습니다.

자동차도 팔고
살던 집도 줄이며
모든 걸 정리한 후
이제 저는
엿장수를 하고 싶습니다
그까짓 이름 석자가 무엇이며
부귀영화 박수 갈채가 무엇이란 말입니까
그 화려함 속에는
외딴 섬의
텅 빈 집뿐이었습니다
차라리
못쓴 고물, 폐품 쓰레기
아픔과 눈물이 묻어 있는 깨진 그릇을 가져오면
달콤한 엿가락으로 바꾸어 주는
엿장수 아저씨
얼마나 멋진 사람인가요

머리말 — 엿장수 목회 이야기

짤그락, 짤그락, 짤그락······
엿장수가 왔습니다
둘이 먹다 하나가 죽어도 모르는
꿀보다 더 달콤한
엿을 가지고 왔습니다
떨어진 고무신, 빈 병, 찌그러진 양재기
낡은 헌 옷, 깨진 그릇, 못쓰는 연장이나 쟁기 보습
남은 헌책이나
녹슨 철사 뭉치, 머리카락 뭉치 모아 놓은 것······
고물이란 고물은 다 받습니다
못쓰는 폐품 쓰레기 다 가져와서
둘이 먹다 하나가 죽어도 모르는
달콤한 엿가락으로 바꾸어 가세요
짤그락, 짤그락, 짤그락······
이젠 그 엿장수가 없어진 지 오래입니다
하지만 저는 지금
그 엿장수로 돌아가고 싶습니다
못쓰는 고물, 아무 쓸모 없는 폐품 쓰레기를
보따리째 받아 들고
꿀맛 같은 엿뭉치 한 아름씩 바꾸어 주는
이 멋진 아저씨
차라리 바로 그 엿장수가 되고 싶어요.

금번에 출간된 "엿장수 목회 이야기"는 매주 교회 주보에 이런 심정으로 쓴 글입니다. 개척교회 시절부터 지금에 이르기까지 단 한 주도 빼지 않고 어떨 때는 눈물로 쓴 글이며, 어떤 때는 감격을 이기지 못하여 싱글벙글 웃으며 쓴 글입니다. 이제 저희 교회 성도들은 교회에 오면 먼저 주보의 목양칼럼부터 보는 것이 습관이 되어 버렸습니다.

   그런데 많은 글 중에서 개척기, 성장기, 성숙기 가운데 몇 편씩을 골라 보았지만 막상 책으로 내려니 부끄러운 마음이 앞섭니다. 하지만 부족한 글이라 할지라도 지친 목회자들에게 한줌의 격려와 희망이 되길 바라며, 평신도들이 이 글을 읽는다면 모든 목회자들의 성도 사랑에 대한 가슴저린 심정들을 헤아릴 수 있으리라 기대해 봅니다. 이 책이 나오기까지 은혜 주신 하나님, 새에덴 교회의 모든 성도님들, 그리고 쿰란출판사에 감사드립니다.

2001년 11월 1일
소 강 석

| 차 례 | 엿장수 목회 이야기 |

머리말 … 2

개척기

콧물인 줄 알았지만	10
철새의 계절에 한 마리의 철새를 찾습니다	13
아내와 아들이 아픈 줄도 모르고	17
한 성도를 보내며	21
고통의 산실에서	25
늘 타오르게 하소서	28
실수를 되새기면서	31
빼앗기지 않게 하소서	35
그래도 내 양떼가 좋다	38
거울 앞에 서서	41
꿈의 나래를 펴게 하소서	45
봄바람이 난 목사	48
나는 제일 행복한 목사	53
아비 같은 마음, 유모 같은 심정	57
담임 목사이기에	62
내가 죽는다면	66
눈물로 쓴 주님 전상서	70

성장기

옛 사진을 보며	76
쉬는 것이 송구스러워서	80
주여! 왜 이리 애타게 하시나이까?	85
설교의 뒤안길	89
심장으로 쓴 목회서신	93
사랑하는 전도 특공대원들에게	97
목사가 성도들에게 제일 미안할 때	101
맷집이 좋은 목사	105
여유 있는 삶을 살게 하소서	110
축복송을 부르는 소감	114
이런 설교자 되게 하소서	118
헌금 설교를 하는 목사의 마음	122
밤에 출근하는 남편	127
양심에 부끄러움이 없는 목회	131
사랑하는 딸 현에게!	136
목사의 인격과 신용도	141
긴장이 습관화된 목사	146
그때의 눈물, 지금도 주소서!	151
불사조(不死鳥) 같은 목사가 되리	156
잠 못 이루는 토요일 밤	160
10년 만에 찾은 벧엘	163

차례 | 엿장수 목회 이야기

성숙기

한계에의 도전	170
하나님이 침묵하실 때	174
참 신뢰와 사랑을 위하여	178
진돗개 교훈	182
지금은 울고 있지만	186
지금은 본질을 회복할 때	190
이 한 몸 한 장 벽돌 되어	194
울보 목사	198
설교자의 아쉬움과 성도의 은혜	202
사단장님 헬기 앞에서	206
만년 부목사	210
마침내 보이던 예수님 얼굴	215
갈대 목사	220
엿장수 목회	224
심원(心園)을 잘 가꾸어야 합니다	228
사람을 좋아하는 목사	232
양심 수술과 지혜로운 처신	236
한 영혼을 귀중히 여기는 목회	239
이런 목사 되기 원합니다	243
생명의 신비 앞에서	247

우리가 살아야 하는 이유	251
부흥 목회	255
끈끈이의 교훈	258
목사가 죄책감을 느낄 때	263
안경을 닦는 습관	267
'허준'을 보고 – 나의 길, 목양의 길	271
생명 사랑, 영혼 사랑	275
목사이기에 앓는 병	279
오늘을 행복하게	282
일과 쉼 사이에서의 갈등	286
여전히 목양일념뿐입니다	291
내 속에 농축되어 있는 나	295
영혼을 사랑하는 목회자의 한 도전	299

엿장수 목회 이야기

개척기

콧물인 줄 알았지만
철새의 계절에 한 마리의 철새를 찾습니다
아내와 아들이 아픈 줄도 모르고
한 성도를 보내며
고통의 산실에서
늘 타오르게 하소서
실수를 되새기면서
빼앗기지 않게 하소서
그래도 내 양떼가 좋다
거울 앞에 서서
꿈의 나래를 펴게 하소서
봄바람이 난 목사
나는 제일 행복한 목사
아비 같은 마음, 유모 같은 심정
담임 목사이기에
내가 죽는다면
눈물로 쓴 주님 전상서

엿장수목회 이야기

콧물인 줄 알았지만

    금요일 새벽, 전화 벨 소리가 울리자 여느 때와 마찬가지로 누웠던 자리에서 벌떡 일어났습니다. 목사라면 당연히 제일 먼저 일어나서 새벽 기도회에 나가야 하는데, 부끄러운 일이지만 이 새벽 기도만큼은 전도사 생활을 포함해서 목회 생활 10년이 넘었는데도 아직도 몸에 배어 있지가 않습니다. 그래서 제 스스로 일어나 교회로 가는 것보다는, 망신스럽게도 권사님의 전화 벨 소리를 듣고 일어나는 경우가 더 많습니다. 따라서 이제는 그 전화 벨 소리를 의지하여 안심하고 편히 잠들 때가 많은 것입니다.

    그 날도 여느 때처럼 벨 소리를 듣고 재빨리 일어나 옷을 입고 계단을 내려오는데 자꾸 콧물이 나왔습니다. 과로했더니 콧물 감기가 들었나 보다 하면서 휴지로, 또 손으로 닦으면서 단거리 육상경기를 하는 선수처럼 교회를 향해 뛰었습니다. 그런데 교회 현관 앞 밝은 곳에 와서 손을 보니 새빨간 피로 범벅이 되어 있었습니다.

화장실 거울 앞에 가서 보니 코피가 계속 흐르고 있었습니다. 그제서야 코피가 난 줄 알고 정신을 차려 얼굴을 씻고 애써 코피를 막았습니다. 교회에 들어와서 고개를 천장으로 쳐들고 이마를 때리고 콧등을 막자, 한참 후에야 피가 멈추었습니다. 덕분에 새벽 기도회 인도는 못하고 자유롭게 기도를 하게 되었습니다.

'코피가 흐르는데 콧물로만 알고 어둠을 깨러 오다니. 잠이 덜 깨어서 그랬던가? 아니면 새벽 기도회에 정신을 쏟았기 때문인가? 어릴 때 싸움하면서 아무리 코를 얻어맞아도 코피가 나는 법은 없었는데 이제는 맞지 않아도 코피가 날 정도라면 지금 내 몸이 과로로 지쳐 있단 말인가?'

언젠가 교인 집에 심방 가서 앉자마자 코에서 무언가가 흐르기에 콧물인 줄 알고 코를 닦으니, 코피가 주르륵 흘렀던 일도 기억이 납니다. 또 고통의 산실에서 교인들의 영적 양식을 준비하느라 씨름하는 설교 준비 시간에 설교 원고 위에 코피를 흘렸던 일도 생각납니다. 그럴 때면 '내가 이렇게 과로했었나? 내 몸이 이 정도로 약해 있었나?' 하고 건강에 신경을 써야 함을 느끼기도 합니다. 그러나 한편으론 너무나 기쁘고 나 스스로 대견스럽기 그지없었습니다.

옛날 주기철 목사님의 순교기를 엮은 "저 높은 곳을 향하여"란 영화를 보고 나서부터 기도원만 가면 아무도 보지 않는 곳에서 저도 못 판을 걸으며 순교를 다짐했던 일들이 주마등처럼 스쳐갔습니다.

'한창 젊은 나이! 세상 무서운 줄 모르고 날뛰며 죄 짓고 살 이 나이에, 웬 은혜 웬 사랑으로 하나님께 붙잡혀 하나님을 섬기는 종으로 부름받게 되었단 말인가? 그리고 하나님의 종 중

| 개척기 | 엿장수 목회 이야기 |

에서도 더 수고하고 더 고난받기를 즐겨하고 더 땀 흘리기를 자원하는 종으로 삼으셨으니 이 얼마나 영광스러운 일인가?'

"주여! 이 썩은 피, 죄로 물든 피, 아직도 부정과 죄악으로 오염되어 있는 이 피라도 주님이 받으셨으니 얼마나 영광인지요? 자기 눈물을 하늘나라 눈물병에 계수해 달라는 시편 기자의 탄원처럼 이 종도 주님께 이렇게 기도해 보고 싶습니다. 눈물보다도 진하고 더 붉은 이 피를 자꾸 흘리게 하셔서 저의 코피를 계수하소서. 이 피를 다 흘려서 영혼만 구원시킬 수 있다면, 사람만 변화시킬 수 있다면, 그리고 교회 성장과 하나님 나라 건설에 보탬만 된다면 제 눈물, 저의 붉은 피, 저의 심장과 호흡까지도 주님께 드리겠습니다. 오 주여! 이런 믿음이 통하는 사람을 찾습니다. 이런 동역자, 이런 양, 이런 성도를 찾습니다. 오 주여, 교회 성장을 원합니다. 교회 확장을 원합니다. 하늘 나라 운동이 제 심장 소리에 한이 맺혀 뛰고 있습니다. 주님! 저의 젊은 피와 교회 성장을 바꿀 수는 없는지요? 이것이 제 평생 소원입니다."

엿장수 목회 이야기

철새의 계절에 한 마리의 철새를 찾습니다

철새이기에 애착이란 금물이었고, 그러기에 감상의 속성은 벌써 잊었어라…… 철새는 유달리 어려서부터 날개와 눈알을 사랑하길 알았더라…… 날이 오면 또 날아야 할 철새이기에 마음의 구속이란 그물이었고 외로움을 날려 버린 기류에 살아 함이니라

봄철이 오니 잘 외우지도 못하는 조병화 씨의 시구가 문득 떠오릅니다.

'어렸을 때 내가 살던 고향 집에 제비가 또 찾아왔을까? 어릴 때 내가 놀던 뒷동산에는 지금쯤 종달새가 지저귀고 있을까? 어릴 때 빨랫줄 위에 앉아 나를 향해 무어라고 지저귀던 제비는 지금도 살아 있을까? 그때의 그 제비가 또 우리 집을 찾아왔을까?'

갑자기 어린애같은 동심의 세계를 그려 보고픈 마음입니다. 꼭 봄이 되어야 볼 수 있었던 철새! 너무도 반가워 처마 밑에 똥

| 개척기 | 엿장수 목회 이야기

을 싸도 귀엽기만 했던 우리 집 제비! 그러나 가을이 되면 오간다는 한마디 인사도 없이 야속하게 떠나 버리는 철새! 그래서 그 철새들은 어릴 때부터 지금까지 제게 허전한 추억거리만 주고 가는 새입니다. 하긴 그것이 철새의 타고난 생리이긴 하지만요.

철새는 생리상 한 곳에 애착을 둘 수가 없는 새입니다. 한 곳에서 사랑의 감정을 주고받으며 길게 사랑할 수가 없는 새입니다. 그저 기류에 따라 때가 되면 날아가야 되는 새입니다. 어쩌면 이런 철새의 모습이 오늘날 현대 교인들의 모습과 같지 않을까요?

그렇습니다. 오늘 이 시대는 철새 교인들이 이상 기류에 따라 훨훨 마구 날아다니는 시대입니다. 바른 성경관이 정립되어 있지도 않은 채 부담 없이 믿고 싶어하는 교인들, 쉽고 편하게 믿고자 하는 교인들, 구속 없이 소속감 없이, 그저 적당하게 믿고자 하는 무리들, 그러면서도 기복사상과 개인의 입신 처세 위주로 마음대로 날아다니고 움직이는 교인! 이런 사람이 결국 철새 교인일 것입니다. 그래도 이런 철새들도 자기 귀는 즐겁게 할 줄은 알던가!

요즘은 왜 그렇게 철새 교인들이 많아진 걸까요? 왜 그렇게 쉽게 믿기를 좋아하고, 왜 그렇게 부담 없이 믿는 것을 좋아하기만 하는 걸까요? 가슴 아픈 현실입니다. 신개발 지역에서 목회를 하던 저는 누구보다도 철새 교인을 많이 보아 왔습니다. 그리고 철새들의 생리도 누구보다 잘 알 것 같습니다.

그들은 지금 어디로 갔습니까? 그리고 지금 무엇을 하고 있을까요? 그렇게 사랑하며 수고해서 순결한 비둘기같이 만들어 보려 했건만 강남이 그렇게 좋아 보였을까요? 오간다는 말도

철새의 계절에 한 마리의 철새를 찾습니다 〉 개척기

없이 친구 따라 강남을 가버렸던 철새들! 그러나 이 철새의 계절에 이렇게라도 기도하고 싶습니다.
"주여! 이런 철새들이라도 많이 보내 주옵소서. 갈 때 가더라도 순결한 비둘기로 만들어 보고 싶습니다."
그러나 더 실속 있는 기도를 해 봅니다.
"주여! 한 마리의 비둘기를 주옵소서! 여호와의 성막 뜰에서 희생 제사로 바쳐질 순결한 새, 흐르는 물가에서 부정한 사람을 정결케 하기 위해 속죄 제물로 드려질 거룩한 순교 제물의 새 한 마리를 주옵소서."
아! 한 사람이 그립습니다. 그 한 사람이 보고파 죽겠습니다. 그 한 사람을 구하고 찾기 위해 헬라 철인 디오게네스처럼 백주에 등불을 켜면서까지 거리를 헤매고 싶습니다. 소돔 성에서 의인 열 명을 구하려 했던 아브라함처럼, 온 성 안을 뒤지고 싶습니다. 아니 의인 한 명을 위해 이마에 비지땀을 흘리며 예루살렘을 쏘다녔던 예레미야처럼, 온 서울 장안을 쏘다니면서라도 제가 좋아하는 한 사람을 찾고 싶습니다.
주를 위해 언제든지 죽을 수도 있는 사람, 주의 뜻이면 살기도 하고 죽기도 할 수 있는 생명의 동역자, 나의 모든 것을 다 바쳐 헌신하고 충성하며 순교도 각오하는 진실한 믿음의 동반자, 예수라면 교회 일이라면 겁없이 희생하며 순종할 예수에 미쳐 버린 복음의 친구! 저는 지금도 그를 기다리고 있습니다.
"오, 주여! 예수에 완전히 반해 버린 그 한 사람을 찾습니다. 주님의 복이라면 미치도록 좋아하는 한 사람을 찾습니다. 이런 목사를 좋아하고 이런 주의 종을 이해하는 한 사람을 제게 주십시오."
욕심이 아닙니다. 정욕이 아닙니다. 그저 당신을 사랑하기

| 개척기 | 엿장수 목회 이야기

때문입니다. 그저 당신에게 송두리째 미쳐 있는 종이기 때문입니다. 외로운 뜰 안에서 고적하고 쓸쓸할 땐 얼마나 홀로 울었는지 모릅니다. 얼마나 홀로 가슴 아파했고, 얼마나 홀로 쓰라린 눈물을 흘렸는지 모릅니다.

왜냐고요? 한 사람이 제게 없었기 때문입니다.

이 한사람이야말로 저에겐 백만 대군보다 귀하며, 소리만 질러대고 불평만 하는 천 마리 만 마리의 철새보다 귀하며, 천 평짜리 만 평짜리의 예배당보다 더 귀합니다. 그러기에 제 목회 평생, 이 한 사람이 제 곁에 있어 주는 일, 그와 함께 동역하고 주께 충성하는 일, 그러다가 그와 함께 고난도 당하고 순교도 하는 일, 이것이 제 평생 소원입니다.

엿장수 목회 이야기

아내와 아들이
아픈 줄도 모르고

여리고 작전 새벽 기도회가 한창 무르익어 가고 있습니다. 그렇게 많은 수는 아니지만 목표로 했던 최소한의 인원 속에서 그 열기는 뜨거워 가고 있습니다. 하나님께 감사하고 여러 성도들께 감사한 마음입니다. 소리 없이 밑에서 도와주는 이 전도사님께도 감사할 뿐입니다. 그리고 불평 절반, 기도 절반으로 남편을 염려해 주는 사모에게도 미안하고 송구스러울 뿐입니다.

금번 여리고 작전에는 기도 제목들이 많이 있습니다. 다른 때보다 유달리 많은 것 같습니다. 절박한 기도 제목도 있고, 당면한 문제들도 많이 있습니다. 특별히 5월 31일에 있을 총동원 주일을 겨냥하고 시작한 새벽 기도회이기에 교회적인 기도 제목이 너무나 많습니다.

그래서 사실 성도들이 써낸 기도 제목을 읽고 볼 때마다 가슴이 찡할 때가 많습니다. 그리고 5월 31일 총동원 전도 주일,

| 개척기 | 엿장수 목회 이야기 |

그날을 기대하면서 생각만 해도 가슴이 설레기만 합니다.
'성공할까 실패할까? 성공하면 어느 정도의 결실을 맺을 수 있을까?'
그렇다면 지금쯤 교인들의 가슴이 뜨거워 견딜 수가 없을 정도가 되어야 할 텐데, 지금쯤은 동네를 쏘다니며 시끌시끌해야 할 텐데 걱정도 되고 염려도 됩니다. 그러면 그럴수록 저는 더 하나님께 매달릴 뿐입니다.
"주여! 금번 여리고 작전 새벽 기도회가 성공리에 끝나게 하소서. 심령마다, 가정마다, 직장마다, 사업마다, 응답받는 역사, 치료되고 풀리고 형통하는 역사가 일어나게 하소서. 그리고 금번 전도 운동을 통해서 하나님의 놀라운 복과 기적을 체험하게 하소서. 하나님은 전도하는 자의 편이시며 전도하는 자를 높이시고 전도하는 자를 영화롭게 하신다는 사실을 체험하는 기회가 되게 하소서."

더구나 요 며칠 사이에 특별한 문제를 놓고 간절한 기도로 매달려야 할 일이 있습니다. 모두 교인을 위한 것이요, 교회를 위한 것입니다. 설교 준비하랴, 기도하랴, 심방하랴, 전화 주고받고 상담하랴, 그러면서도 5월 31일 총동원 전도 주일을 기획하고 홍보 전략을 세우랴, 하루가 어떻게 지나간 줄을 몰랐습니다. 정신이 없었기 때문입니다.
그러던 중 아내가 시름시름 아프기 시작했나 봅니다. 그래도 여자들에게 흔히 있는 일로 생각하고 신경 쓸 여유가 전혀 없었습니다. 그런데 집사람은 새벽 기도회에도 못 나올 정도로 끙끙 앓았습니다. 두 눈은 쑥 들어가고 얼굴은 희누르스름하고, 머리는 헝클어져 누워 있는 모습이 꼭 죽게 될 모습 같았습니

아내와 **아들이 아픈 줄도 모르고** | 개척기

다. 몸살이 나도 심하게 났던 모양입니다. 오죽하면 야간에 나가던 신학교도 내리 결석을 했을까요? 그런 상황에서도 아내의 고통을 알아주지 못하며, 위로 한마디 못 해주었습니다. 그저 밥 먹으면 서재실 아니면 교회로 가 버렸기 때문입니다. 오직 한마디 할 수 있었던 것은 제가 그렇게도 좋아하는 성경구절인 "살고자 하는 자는 죽을 것이요 죽고자 하는 자는 살 것이다."와 "조금만 참으시오. 몸살 낫고 나면 하나님이 큰 복을 내려주실테니깐."이라는 말 뿐……. 남에게는 안수 기도하고 남을 위해서는 눈물 흘려 기도했건만 아내에겐 손 얹고 기도 한마디 해 주질 못했습니다.

그런데 이어서 아들 성군이가 시름시름 앓더니 열이 40°C를 오르락내리락한다는 것입니다. 저야 교회에만 있었으니까 그걸 알 리가 있었겠습니까? 그날 저녁 아내는 잠 한 숨도 못 자고, 헛소리를 할 정도로 고열에 시달리는 아들 옆에서 기가 막혀 울면서 기도했다고 합니다. 새벽 기도회가 끝나고 집에 가니까 애기가 밤새 그렇게 고생을 했다면 남들은 당장 택시라도 타고 병원에 갔을 텐데 그러지도 못하고 불쌍해서 울면서 기도했다는 것입니다.

그런 소리를 듣고도 다른 일에 신경을 쓰다 보니 자식이 아픈 것도 잊어버리고 심방 약속이 있어서 심방을 가 버렸습니다. 그리고 또 집에 와서 성군이가 누워 있는 방을 들락날락했는데, 성군이가 누워 있는 모습을 보지도 못하고 다시 교회로 와 버렸습니다. 정말 거짓말같이 저도 믿기 어려울 정도로 아들이 끙끙 앓으며 누워 있는 것을 보지 못했습니다.

그리고 교회 와서 또 기도하였습니다. 그런데 그제서야 갑자기 아들 생각이 난 것입니다. 누워 있는 아들의 모습을 얼핏 본

| 개척기 | 엿장수 목회 이야기

것 같았는데, 그제서야 얼마나 미안한 마음이 드는지…….

'그렇게 사랑하는 하나밖에 없는 아들이 누워 있는 줄도 모르고 그냥 바빠서 방을 들락날락했으니 그 모습을 본 우리 성군이가 얼마나 아빠를 원망하고 탓했을까?'

그래서 마음이 울적하여 다시 집으로 뛰어갔습니다. 그때가 오후 3시쯤 되었을까요? 집에 막 뛰어가 보니까 누워 있던 성군이가 언제 누워 있었냐는 듯이 장난감을 가지고 현이와 놀고 있었습니다. 언제 나았느냐고 하니까 오전에 할머니 정 권사님이 기도해 주고 나서부터 나았다고 해서 아무 말도 못하고 아들을 꼭 안아 주었습니다.

그저 마음속으로 이렇게만 말할 뿐이었습니다.

'아들아! 미안하다. 그러나 내가 널 얼마나 사랑하는 줄 아니? 살고자 하는 자는 죽고 죽고자 하는 자는 산단다. 아빠는 이렇게 살아서 복 받고 승리했어. 내가 널 못 돌본 대신에 하나님이 널 돌보셨지 않니?'

그 순간 제 눈엔 눈물이 핑하고 고였습니다.

"주여! 제가 주 안에서 죽을 터이니 제 자식과 제 교회의 성도들이 살게 하소서, 살게 하소서!"

엿장수 목회 이야기
한 성도를 보내며

　목양일념(牧羊一念)! 언제나 이 글자가 기록된 보기 좋은 액자가 제 서재 앞에 걸려 있으면, 하면서도 아직 걸어 놓지를 못하고 있습니다. 저는 목회를 위해 태어났고, 목사일을 하도록 부름받았으며 하나님이 제게 맡겨 주신 일이 오직 목양이기에 저는 다시 태어나도 또 이 길을 택할 것입니다.
　그래서 항상 저는 음식점을 보아도 교회 생각, 술집을 보아도 교회 생각, 백화점을 보아도 교회 생각, 회사 빌딩을 보아도 교회 생각, 빈 땅을 보아도 교회 생각, 서울 근교 야산만 보아도 교회 생각뿐입니다. 어디 그뿐이겠습니까. 정치인을 봐도 교인 생각, 전철을 타도 교인 생각, 시장을 가도 교인 생각, 학생을 봐도 교인 생각, 저 사람들이 다 우리 교인, 내 양이 되었으면…….
　그러다가 주일날 몇 사람이 등록하면 그 등록지를 책상에 놓지 않고 몇 주 동안 제 호주머니 속에 넣고 다닙니다. 그리고 차를 몰고 다니면서도 생각하고 기억하며 이들이 제가 목양하

| 개척기 | 엿장수 목회 이야기 |

는 목장에서 잘 자라고 복 받기를 기도합니다.

조그마한 개척 교회에서 이렇게 목양일념으로 불타던 어느 날, 젊은 목사에게는 너무 반가운 한 부부가 교회에 등록했습니다. 그분들은 청량리에 있는 큰 교회 출신이었고, 한동안 교회도 잘 나오고 순종도 잘 하는 것 같아 이 부부를 집사로 임명했습니다. 그들이 김○○, 유○○ 집사님이었습니다.

집사로 임명한 지 둘째 주가 지나서 김 집사가 술에 흥건히 취하여 저에게 왔습니다. 맨 정신으로는 도저히 상담이 안 되고 술을 마셔야 이야기를 할 수 있기 때문에 술을 마시고 온 것입니다. 그래도 어린 양을 맞이하는 마음으로 비록 나이는 훨씬 어리지만 아비의 마음과 목자의 심정으로 그를 포용하고 품어 주었습니다.

그러자 제 앞에서 지난 과거의 숱한 일들─파란만장한 인생의 얼룩진 뒤안길의 이야기들을 숨김없이 내놓았습니다. 주먹생활, 차마 입에 담을 수 없는 가정적으로 부끄러웠던 일들, 교도소 이야기까지……. 그리고 이런 놈도 예수 믿는다고 집사가 될 수 있느냐는 것이었습니다.

그래서 저도 그의 손을 붙잡고 간절히 눈물로 기도했습니다. 술 썩은 냄새가 토할 것같이 제 비위를 자극했지만, 그를 사랑하는 제 눈물의 기도는 그 역겨움을 덮기에 충분했습니다. 그도 한없이 뜨거운 눈물을 흘렸습니다.

이런 일이 있고 난 후 그는 제 앞에서 순종하는 한 마리의 어린 양이 되었습니다. 어쩌면 그렇게 어린애같이 단순할 수가 있고 절대 순종, 절대 충성과 헌신을 할 수 있을까요? 그는 피곤해도 잠을 안 자고, 괴로워도 소 목사의 말이라면 거역하는 법이 없었습니다. 한마디로 제 오른팔이요 두 다리 역할을 했

한 성도를 보내며 개척기

습니다. 얼마나 그가 변화되었던지 가락시장 사람들이 다 인정하는 터였습니다.

"김○○가 저렇게 변화되다니······."

그의 변화는 한마디로 하나님의 영광이요 소 목사의 명예였습니다. 그의 가정은 또 얼마나 행복하게 되었는지 모릅니다. 그동안 제가 그 부부에게 개인적으로 대접받은 것만 해도 황송할 정도였습니다. 그런 그가 미국으로 이민을 가게 되었습니다.

그들은 사랑이 많고 살아 계신 하나님을 실제로 만났던 새에덴교회를 평생 떠나고 싶어하지 않았습니다. 그리고 열정적인 젊은 목사와 떨어지고 싶지 않아서 눈물을 많이 흘렸습니다. 아마도 가슴이 시리고 애도 탔을 것입니다.

마지막날 저녁, 교회에서 철야 기도를 할 때 그들의 눈에선 눈물이 마르질 않았습니다. 매우 바쁜 중에서도 공항까지 작별하러 갔던 저는, 그렇게 눈물을 감추려 했지만 아무도 모르게 차창을 보며 눈물을 흘려 버렸습니다. 그들이 눈물을 흘렸다면 저는 그들보다 훨씬 더 많이 흘렸을 것입니다.

사랑하는 한 성도를 보내는 젊은 개척 교회 목사의 미어지는 가슴은 하염없는 눈물을 흘리게 하였습니다. 지금도 그가 제게 주고 간 엑셀 승용차를 타며 그를 생각합니다. 한 명의 영혼에도 그토록 애절한 마음으로 안타까워하는 것은 제가 개척 교회 목사였기에 그랬을지도 모릅니다. 하지만 지금도 그들을 생각하면 어린애를 화롯가에 두고 나온 부모처럼 가슴 조여지곤 합니다. 부디 이곳에서 했던 것처럼 좋은 성도가 되어야 할 텐데 말입니다.

'집사님들 부디 잘되십시오······.'

새에덴교회 성도님들이여! 제가 여러분 한 영혼, 한 영혼을

> 개척기 | 엿장수 목회 이야기

이처럼 사랑한다는 사실을 아십니까? 목사의 가슴속에 깊이 새겨진 네 글자, 목양일념을 알고 있습니까?

　개척 교회 목사만이 느끼는 한 영혼에 대한 애틋한 사랑, 그처럼 사랑하고 눈물로 양육했던 한 성도를 멀리 떠나 보내야만 하는 안타까움은 이루 말할 수 없습니다. 하지만 사랑했던 한 성도를 보내며 앞으로 제가 가야 할 목양일념의 길을 더 의미 깊게 새겨 봅니다.

엿장수 목회 이야기

고통의 산실에서

　신학교에 입학하여 간절히 설교하고 싶어하던 때가 있었습니다. 막 태권도를 배우기 시작한 어린이가 멀쩡히 서 있는 전봇대에 발길질을 하듯이, 언제 어느 교회를 가건 설교 좀 시켜주었으면 하는 마음이 가득했었습니다. 그러다 설교를 할 기회가 생기면 그저 원고도 없이 패기있게 올라가 도전적이고 자극적인 설교를 퍼부어 온 청중을 울리다가 웃기다가 했던 일들이 조금은 대견스럽기도 하고 쑥스럽기도 하면서 생각 속에 스쳐갑니다.
　그런데 왜 지금은 자꾸만 설교하는 게 어려워질까요? 그때보단 공부도 많이 했고 모든 면에서 훨씬 더 성장했을 텐데 말입니다. 영력이 떨어진 탓일까요? 처음 열정과 소명 의식이 식어서일까요? 아니면 그만큼 설교가 무엇인가를 알고 스스로 조심하는 정도까지 성장했단 말인가요?
　설교란 하나님의 말씀이 설교자의 삶과 인격을 통과해서 전달되는 말씀입니다. 따라서 아무리 뛰어난 설교라 해도 설교자의 인격과 삶의 모습이 묻어 있지 않다면, 즉 설교 내용과 설교자의 삶의 모습이 일치하지 않다면 그 설교는 소리만 나는 꽹과리요 외식하는 바리새인의 강화에 불과할 것입니다. 또한 설교자가 아무 책이나 베껴 쓰거나 이미 누가 했던 설교를 재탕한다면, 그만큼 양심의 고통이 따를 것입니다. 이런 의미에서 설교하는 것이 점점 힘들게 생각되나 봅니다.

그렇지만 사실 저는 아직도 초년병 설교자로서 매주 고통의 산실을 다녀옵니다. 지난주도 무사히 고통의 산실을 통과했습니다. 그리고 이번 주도 어김없이 고통스런 산실 문 앞에 다가서고 있습니다. 한 편의 설교를 완성하기가 이렇게도 힘들단 말입니까? 누구보다도 명석하고 항상 2등이 어색했던 환경에서만 성장해 왔으며 명랑하고 자신감이 넘치는 제 성격과 기질에 맞지 않게 설교 준비 시간만 되면 참으로 고통스럽기 짝이 없습니다. 확실히 설교 준비는 고통의 산실이 아닐 수 없습니다. 설교 준비에는 고통이 있고 아픔이 있기 때문입니다.

그래서 때로는 '나만 이렇게 힘들어 하는가? 내가 너무 무능해서 그런 것일까?' 하는 의구심이 생깁니다. 이 고통은 마침내 열등의식으로 다가오기도 하고, 우울증으로 변색되기도 하며, 여러 가지 콤플렉스적인 심리 현상으로 둔갑하기도 합니다. 이런 기나긴 산고 끝에 어렵사리 해산한 한 편의 설교를 가지고 주일 아침에 두근거리는 가슴으로 강단에 올라갑니다.

그러나 강단에 오르면 제게 충만히 임재하시는 성령의 권능을 느낄 수 있습니다. 그리고 성도들이 은혜받는 모습이 눈에 들어오기 시작합니다. 그러면 그때부터 제가 먼저 은혜를 받기 시작하지요. 어떤 사람은 마음에 찔림을 받고, 어떤 사람은 고개를 끄떡거리며 아멘 하면서 기뻐하고……, 그 반짝거리는 눈동자와 영적 생명이 소생하는 모습들을 보노라면 이때야말로 하나님의 말씀을 전하는 일이 온 세상 그 어떤 것과도 바꿀 수 없는 이 세상 최고의 행복으로 느껴집니다. 이 보람, 이 행복을 세상의 그 무엇으로 바꿀 수 있겠습니까?

이런 의미에서 제게 고통의 산실이 곧 영원한 축복의 산실이요, 은총의 산실이 아닐 수 없습니다. 이 산실에서 영감을 사모하고 빛을 찾아 몸부림치다가 영광스런 주님의 음성을 듣게 되고, 거기서 바로 생명의 설교 한 편이 해산되기 때문입니다. 그런 의미에서 고통의 산실은 설교자에게 영광의 열매를 맛보게 하는 필수적인 과정입니다. 이 고통의 산실을 통과하지 않은 설교는 결코 영광을 맛볼 수가 없습니다.

이제 금주도 고통스런 산실의 문 앞에 다가왔습니다. 그런데 이 산실 속을 들어가기 전 문득 한 생각이 머리에 스칩니다.

'목자는 생명의 말씀을 양들에게 먹이려고 이토록 온갖 해산의 수고를 다하는데 성도들은 이 사실을 얼마나 아는가?'

이 같은 설교자의 몸부림을 성도들이 알아주건 몰라주건 목사는 오늘도 고통의 산실을 통과해야 합니다. 이것이 목사의 사명이요, 또한 참행복과 영광의 길이기에 말입니다.

엿장수목회 이야기

늘 타오르게 하소서

언제부터인가 설교 시간 중간중간에 물을 마시는 습관이 생겼습니다. 왜냐하면 저도 모르게 입 안이 마르고 혀가 타올랐기 때문입니다. 처음엔 그저 긴장이 되니까 그런 줄로 생각을 했습니다. 그래서 대수롭지 않게 생각을 했는데 갈수록 자꾸 그 상태가 더해 갔습니다.

긴장이 되는 것으로 말하면 해를 거듭할수록 설교가 성숙되고 노련해지기 때문에 긴장도는 점점 완화되어야 할 텐데 이제는 설교 시간 뿐만 아니라 그냥 일상생활 속에서도 입이 항상 말라 있습니다. 입 안이 항상 건조해 있고 거기에다 입술까지 말라 있으니 설교할 때 자꾸 물을 입에 축여 주어야 정상적인 설교가 가능합니다.

요즘은 평상시도 그런 때가 대부분이기 때문에 언제나 호주머니에 립크림을 휴대하고 다닙니다. 그리고 심방을 갈 때는 반드시 미리 입술에 바르고 갑니다. 그래야 말씀이 뒤틀려 엉키지 않고 부드럽게 나오기 때문입니다. 또 립크림 하나를 강

늘 타오르게 하소서 | 개척기

대상 한 쪽 모퉁이에 준비해 둡니다. 그리고 설교 전마다 항상 입술에 바르고 설교를 합니다. 그래야 더듬거리지 않고 순순히 말이 나오기 때문입니다. 그리고 목에서부터 타오르는 입 안의 건조함은 중간중간에 물을 한 모금씩 마시는 것으로 혀에 윤활유를 줍니다.

이런 현상이 너무 심하니까 어떤 교인에게서 당뇨병 검사를 해 보라는 소리까지 들었습니다. 그래서 당뇨병 검사도 해보았고 간 검사도 해보았지만 모두가 정상이었습니다. 한의원에 가서 한방 진찰도 받아 보았지만, 모두 정상이고 다만 신경을 너무 많이 쓰기 때문이라는 것입니다. 나같이 신경이 둔감하고 걱정없이 살아온 사람이 신경성이라니, 처음은 믿어지지가 않았습니다.

그렇지만 가만히 생각해 보니 육신적이고 세상적인 근심은 없어도, 신령한 목회적인 근심은 많이 하고 있음을 깨달았습니다. 사실 그래서 제 혀는 항상 마르고 입 안이 타오르게 되는가 봅니다. 아무리 평소에 담력이 큰 자도 가끔 남 앞에서 말을 할 기회가 생기면 긴장을 해서 입에 침이 마르는 것을 경험하게 될 것입니다. 그런데 저는 24시간 거의 항상 그런 것을 경험합니다. 물론 피곤한 탓도 있습니다. 그렇다고 피곤한 사람은 다 입이 마른다고 할 수 있을까요?

아무리 보아도 그것은 역시 영적인 신경 때문일 것입니다. 신령한 근심, 목회의 염려 때문에 말입니다. 사실 저는 언제나 영적인 긴장 상태에 있습니다. 외나무다리를 걸어가듯, 날카로운 칼날 위를 걸어가듯 영적인 성결 생활을 위하여 24시간 깨어 있는 마음으로 늘 긴장하며 살고 있습니다. 그리고 '내가 받은 목회의 사명과 비전을 어떻게 이룰 것인가? 하나님은 어떤

29

방법으로, 어떤 시기에 당신의 약속을 성취해 주실 것인가? 그리고 이 주님 앞에 항상 티와 주름이 없이 성결하게 준비되어 있어야 되는데 어떻게 더욱 순결하고 깨끗하게 무장하고 있을까?' 주로 이런 염려와 영적인 문제에 신경이 곤두서 있는 것이 저의 내면 생활의 현주소입니다.

그러니 자다가도 깨어 일어나 주님 생각을 하면 가슴이 두근거립니다. 꿈속에서도 주님이 주시는 비전을 생각하면 가슴이 설레기 시작합니다. 길을 걷거나 운전중에도 이걸 생각하면 가슴이 뭉클해지기 시작합니다. 그런데 현실을 다시 보면 암담한 환경 때문에 그리고 저 자신의 무능력과 부정함 때문에 기가 죽기도 합니다.

'이 긴장! 이 신경! 이 신령한 근심이 주님 앞에 어떻게 보일까? 늘 입이 타오르고 말라 붙어 가는 이 현상을 나의 주님은 어떤 마음으로 바라보실까?'

"주여! 오늘도 제 입술이 말라 있음을 보시고 계시지요? 오늘도 제 입 안이 타오르고 있음을 아시지요? 그리고 지금도 제 심장이 설레고 있는 것을 아시지요? 또 이것이 오직 주의 일과 하나님 나라를 위해서라는 것도 알고 계시지요? 그리고 이것이 저의 무능함과 부정함 때문이라는 것도 알고 계시지요? 이것이 주님 보시기에 부정하고 악한 것이라면 당장 고쳐지게 하소서. 그러나 이것이 주를 향한 깨어 있는 마음이고 살아 있는 자세요, 주님 보시기에 아름다운 것이라면 지금보다 더 긴장된 마음을 주소서. 지금보다 더 타오르게 하소서. 심장이 타며 애가 타고 입술이 타고 혀가 타오르게 하소서. 그러다가 언젠가 주님의 이름을 실컷 부르다가, 주님 때문에 목말라 주님을 간절히 사모하며 죽게 하소서. 이것이 제 평생 소원입니다."

엿장수 목회 이야기
실수를 되새기면서

제가 몇 번을 그렇게 기도했는지 잘 기억할 수는 없지만 아마 두 번쯤인 걸로 기억합니다. 새에덴교회를 개척하기 전의 일입니다. 신학교를 졸업하고 교회 개척을 하는 동기생들이 어찌나 부러운지, 제발 판잣집 같은 곳이라도 개척하는 것이 제 최고의 소원이었습니다. 그러나 가진 것이 있어야지요. 돈이 없어서 개척은 그림의 떡이었습니다. 그러나 하나님은 분명히 약속하셨습니다. 저를 반드시 서울에 가서 개척을 시키고 세계적인 교회로 부흥시켜 주신다고 말입니다. 그리고 장차 저의 모습과 미래 교회의 모습을 청사진처럼 투시도처럼 환상으로 보여 주시었습니다. 그럼에도 이 비전은 먼 산의 아지랑이요 이태백이 잡으려 했던 강물 위의 달에 불과했습니다.

그런데 그 당시 저희 집에 가끔 기도를 받으러 오는 사람들이 있었습니다. 정 권사님이 은사가 다양하시고 영적 분별력이 높으시기에 기도는 권사님이 많이 하시는 편이었습니다.

그러던 중 남편이 치과 의사라는 제법 부유해 보이는 여자

개척기 | **엿장수 목회** 이야기

집사님이 친정어머니(권사님)와 함께 기도를 받으러 왔습니다. 부부 문제, 가정 문제로 기도를 받으러 오신 것이었습니다. 그리고 이 문제만 잘 해결되면 그냥 있지 않겠다는 것이었습니다. 오빠들도 다 서울에서 병원을 운영하는 꽤 여유있는 집안이었습니다.

'아 하나님께서 나를 개척시키기 위해서 이 집사님을 보내 주셨구나.' 하고 그를 위해 열심히 기도해 주고 안수도 해 주었습니다. 저에게도 남다른 특별한 은사가 많았기 때문입니다.

그런데 기도를 마친 다음에 그 집사님의 모습을 살폈더니 마음을 닫아 놓고 있는 듯싶었습니다. 아예 문제일랑 해결하고 싶지도 않은 것 같은 모양이었습니다. 그것은 너무 부담스런 기도를 듣고, 혹을 떼러 왔다가 오히려 혹을 하나 더 붙인 격이 되었던 것입니다. 저는 그 집사님이 계속 오기를 바랐지만 그분은 그후에 다시는 오지 않았습니다.

지금도 그 일을 생각하면 몹시 부끄럽고 얼굴이 붉어지기만 합니다.

'내가 왜 그런 생각을 했을까? 왜 그렇게 기도했을까?'

이걸 깨닫고 나서 다시는 그런 기도를 하지 않았습니다. 결코 사람 앞에 걱정하지 않고 오직 하나님의 인도만 기다렸습니다. 그리고 기도도 오직 하나님께만 할 뿐이었습니다. 그러자 그 다음에 다른 의인들을 통해서 천사와 같이 선녀와 같이 개척하도록 후원했던 역사를 기억합니다. 그래서 개척을 했습니다.

그러나 막상 개척을 해 보니 사람은 안 모이고 물질에 쪼들려 경제적인 압박을 받기 시작했습니다. 그리고 워낙 유동이 심한 지역이라 교회에 나왔다가 금방 이사를 가 버리기에 목회가 너무나 허탈했습니다.

실수를 되새기면서 | 개척기

그리고 교회에 남는 자는 물고기로 말하면 올챙이나 피라미 같은 사람들이었습니다. 큰 고기가 어찌 작은 그물에 잡히겠는가, 다 잘 지어진 대형 교회로 가 버리는 추세이니 말입니다. 더구나 그때는 개척 초기였으니 더더욱 당연지사였습니다.

그러던 어느 날 밤예배에 제법 지성적이고 부티 나는 부부 교인이 왔습니다. 그리고 제법 은혜를 받고 가는 모습이었습니다. 그리고 다음 주일 낮에도, 또 새벽 기도회에도 계속 나왔습니다. 한동안은 꽤 은혜를 받았다고 합니다. 그런데 저는 어느새 또 부자 교인을 의식했습니다. 그래서 또 기도를 하나님에게가 아니라 그 사람들 가슴에 쏘는 기도, 그 사람을 감동시키려는 의도적인 기도를 하기 시작했습니다. 그후부터 그 부부는 다시 오지 않았습니다. 너무 부담스러운 기도 때문이었습니다.

그후로부터 저는 다시는 그런 기도를 하지 않았습니다. 한두 사람을 목표로 하고 그들을 감동시키려는 그런 유치한 기도는 하지 않았습니다. 그 뒤로는 많은 물질 앞에서도 아주 적은 물질과 똑같은 기도를 드렸습니다. 그리고 돈을 사실 돌처럼 여겨 왔습니다.

그래서 저는 저금 통장이 없고 지갑도 안 가지고 다닙니다. 또 아무리 잘나고 똑똑한 큰 고기인 남의 교인을 보아도, 가난하고 아직은 작은 물고기 같은 제 교인을 최고로 사랑하고 한 마리의 양을 정성껏 보살폈습니다. 바로 그후부터 교회에 사람이 모이기를 시작했고 하나님이 재정도 넘치게 부어 주셨습니다.

그런데 차별화된 기도를 하지 않으니깐 그런 기도를 좋아하는 한 부자 여집사가 우리 교회를 올 듯하다가 오지 않은 적도 있었습니다. 그러나 그런 식으로 해서 부자가 들어온들, 큰 권

| 개척기 | 엿장수 목회 이야기 |

력을 가진 권력자가 들어온들 어떻게 똑바른 일꾼으로 키울 수 있겠습니까?

'이제는 그런 유혹을 이기리라! 설사 사람들이 그런 기도를 좋아한다 할지라도 그런 기도는 다시는 하지 않으리라!'

이제 교회의 큰 비전과 중차대한 문제를 놓고 아무도 없는 곳에 가서 하나님과 상의하려고 합니다. 한 주간 동안 남들은 고향을 찾고 명절 기분에 들떠 있을 때, 먼저 하나님을 찾아가려고 합니다. 그분 앞에 금식하면서 그분의 의견을 먼저 여쭈어 보려고 합니다.

"오 주여! 이 못난 종을 붙드소서. 이 중요한 때 큰 일을 앞에 두고 먼저 하나님을 찾습니다. 언제나 하나님의 종으로 하나님의 비위만 맞추고, 하나님의 눈치만 보며, 하나님의 마음만 맞추는 목회를 하게 하소서."

그때 하나님이 나를 복 주시고 나를 높이시리라!

엿장수 목회 이야기
빼앗기지 않게 하소서

얼마 전 성남을 다녀오면서 모 중·고등학교가 훤히 바라보이는 언덕길을 운전하고 온 일이 있었습니다. 그런데 그 언덕길을 올라오면서 자꾸만 학교 교정과 운동장을 열심히 쳐다보느라 그만 자동차 시동이 꺼져 버리고 말았습니다. 자동차 운전보다는 그 학교를 바라보며 깊은 생각에 잠겼었기 때문입니다. 다름 아니라 그 학교는 86아시안게임 육상 부문에서 금메달 세 개를 목에 건 삼관왕의 주인공인 어린 소녀가 다녔던 학교였기 때문입니다. 어느 누가 벌써 그녀의 이름을 잊었을 것이며, 그때의 영광과 영예를 기억하지 못하겠습니까?

그 소녀가 세 살 때 가난과 씨름하던 아버지는 병으로 돌아가셨고, 막일하던 홀어머니와 5남매가 지긋지긋한 가난과 싸워 가며 그야말로 험악한 팔자의 삶을 살아야 했습니다. 어릴 때 소녀의 별명이 왕눈이였는데, 그녀의 눈이 그토록 튀어나온 건 영양 실조 때문이었다고 합니다. 오죽이나 못 먹고 살았으면 영예의 금메달을 목에 걸고 눈물을 머금으며 하는 말이 우유를

> 개척기 〉 **엿장수 목회** 이야기

마시며 운동하던 친구들이 그렇게도 부러울 수가 없었다고 했겠습니까? 운동하는 선수가, 그것도 육상하는 소녀가 우유 한 컵도 못 마시면서 영양 실조로 쓰러지고 또 쓰러졌던 설움을 되씹는 말이었습니다. 무명의 가난한 코치 역시 자꾸 쓰러지는 이 소녀의 영양을 보충하려고 무던히도 애를 썼다 합니다.

그러나 드디어 가난, 영양 실조와 싸워 그 소녀는 진정한 인간 승리의 모습을 이 세상에 엮어냈습니다. 그 소녀의 눈물과 감격스러워 하는 모습을 보면서 어느 누가 눈시울이 뜨겁지 않았겠습니까? 그 누가 가슴이 뭉클하지 않았겠습니까? 더구나 그녀가 독실한 크리스천임을 알고 저는 얼마나 하나님께 감사했는지 모릅니다.

그 후 그녀는 헤아릴 수 없는 영광과 인기와 영예를 얻었으며 물질적인 부귀도 누리게 되었답니다. 그러나 그녀는 거기에서 만족지 않고 88올림픽에서도 그런 영예와 영광을 얻을 큰 목표를 가졌습니다.

그런데 그 소녀는 올림픽에서 국민들에게 너무도 많은 실망을 안겨 주었습니다. 너무 형편없는 기록이 나왔기 때문입니다. 그 뒤로부터 그녀의 영광과 영예가 우리의 머릿속에서 사라져 가기 시작했습니다. 그녀가 그토록 부러워했던 우유를 마음껏 마실 수 있었고, 고기도 마음껏 먹을 수 있었으며, 푹신한 침대도 얼마든지 소녀의 피로를 풀어 줄 수 있었을 것입니다.

그런데 그토록 좋은 환경 속에서 소녀는 무엇 때문에 그런 수치를 보여주었을까요? 한마디로 소녀에겐 투쟁이 없었기 때문에 소녀는 실패한 것입니다. 가난과의 투쟁, 우유와 고기를 먹고 싶은 욕망과의 투쟁, 자기 자신과의 투쟁이 결여되었기 때문이었습니다. 그래서 그녀는 자기의 영예와 영광을 도로 빼

빼앗기지 않게 하소서 | 개척기

앗겨 버리고 말았습니다. 차라리 그녀가 우유와 고기를 먹지 않고, 올림픽까지 계속 라면과 냉수만 먹었다면 좋을 뻔했을 것입니다.

저도 과거에는 무척 가난했지만 지금은 지난날처럼 그렇게 가난하지는 않습니다. 그렇다고 부자도 아니지만 옛날처럼 우유를 못 마시고 밥을 굶을 정도는 아닙니다. 항상 먹을 것이 있고 돈도 메마르지 않고 필요에 따라 쓸 수 있도록 하나님이 주십니다. 그런데 저도 영광을 잃어버린 그 소녀와 같이 투쟁을 잃어버리고 있지는 않은지, 혹시 안일하다고 은밀한 유혹의 소리에 귀를 기울이고 있지는 않을까요?

가난했던 때가 그립습니다. 아! 먹을 것이 없어 훌쩍훌쩍 울었지만 온천하가 제 것인 것마냥 그렇게 행복했던 때가 그립습니다. 투쟁이 있었고 싸움이 치열했던 그때, 비록 가난했지만 육신을 이기고 정욕을 능히 이겼던 그때가 그립습니다.

'주님께서 내 목에 금메달을 몇 개나 걸어 주셨던가? 그런데 지금 내 목에는 금메달이 몇 개나 걸려 있는가?'

"주여! 투쟁한다고 몸부림치고, 나와 싸워 이기려고 각고의 노력을 다했지만 혹시라도 우유와 고기에 제 면류관을 빼앗기지는 않았습니까? 안일과 나태가 제 금메달을 녹슬게 하지는 않았나요? 주여! 가난하게 하소서. 마음이 가난하고, 심령이 청빈하며 생활에 투쟁이 있게 하소서. 싸움이 있게 하소서. 끝까지 끝까지 빼앗기지 않고 간직하게 하소서. 지키게 하소서."

엿장수목회 이야기

그래도 내 양떼가 좋다

며칠 전 한 목사님과 전화 통화를 할 기회가 있었습니다. 3년 전 ○○동에 개척 교회를 시작해서 1년여간 고생 꽤나 한 것, 그리고 대단한 열심과 정열을 가지고 교회를 부흥시키려고 안간힘을 쓴 것 등 모두 제가 잘 알고 있었습니다.

그러나 1년을 그렇게 열심히 뛰었지만 모이는 숫자는 겨우 20여 명뿐이었습니다. 그나마 정작 목사와 손을 맞잡고 교회 살림을 꾸려가며, 사활을 걸고 교회 성장을 위해 비전 있게 일할 사람은 한 명도 없었습니다. 성경 공부 모임에도 안 모이고, 밤예배에도 잘 안 나오며, 새벽 기도회는 더더구나 먼 산의 아지랑이에 불과했다는 것입니다. 모두가 뻰질뻰질하게 세상에서 닳고 닳아진 모습이 역력히 보이는 교인들이었다고 합니다.

그런데 그러던 중에 그에게 절호의 찬스가 왔습니다. 아주 좋은 조건에 서울의 일류 APT단지 상가 내로 교회를 이전할 수 있는 기회가 왔습니다. 그래서 모험을 하여 비싼 사채 돈까지 끌어들여 가까스로 APT단지로 교회를 이전하였습니다.

그런데 그 곳에 들어간 지 정확히 1년 8개월! 지금은 수백 명이 모인다는 것입니다. 게다가 ○○동 지역과는 달리 교인들의 수준이 높아서 성경 공부하는 수준, 모이는 열심, 헌금하는 수준, 신사적인 매너 등등의 차원이 다르다는 것이었습니다. 이런 자랑을 듣다 보니까 솔직히 말해서 감정이 조금 상했습니다. 그리고 전화를 끊고 나서 갑자기 저 자신이 자꾸 초라해지는 기분이 들었습니다. 이렇게 지역적인 차이가 날 수 있다는 말입니까? 도대체 APT단지에 사는 교인들은 어떻게 생겼기에 그렇게 인텔리들이란 말입니까? 어찌 그리 품위 있게 생활을 한단 말입니까?

우리 가락동 지역은 준 주거지와 준 상가 지역입니다. 그러나 문화적 특색은 아무래도 상업 문화가 농후한 지역이요, 아직도 정착 개념이 부족하고 유동 인구가 많은 지역입니다. 사실 저는 이곳에서 3년 동안 죽을 둥 살 둥 건강과 생명을 아끼지 않고 뛰었습니다. 땀과 눈물도 꽤 흘렸습니다. 물론 하나님의 은혜로 그렇게 할 수 있었고, 젊었기 때문에 겁없이 덤비고 무모한 도전도 할 수 있었던 것입니다.

그러나 열심히 한 만큼 기대에 못 미치는 결실을 보고 주저앉을 때도 있었습니다. 교인들이 너무 바쁘고 가정과 직장에 매여서, 한마디로 너무 생활고에 시달리느라 모이기 힘든 것도 잘 알고 있습니다. 육체도 피곤하고 시간도 없는 형편에 성경 공부 모임이나 평상시에 교회 활동 같은 이런 것을 할 수 있겠습니까?

교회 성장의 넓고 긴 아이스(시야)를 가지고 여러 가지 프로그램을 개발도 하고 수많은 프로젝트도 구상하면서 이상적으로 교회를 성장시켜 보고픈 의욕이 참으로 많았습니다. 그러나 인적 자원이 부족했기에 번번이 실패할 때가 많았습니다.
 그런 저에게 그 목사의 소식은 저를 퍽이나 기죽게 만들었습니다. 누구보다 꿈이 많은 소 목사! 누구보다 비전이 크고 뒤지기를 싫어하는 욕심쟁이 소 목사! 이런 소 목사가 갑자기 허탈해지기 시작했습니다. 차라리 그때 목동 APT에서 시작했더라면, 패밀리APT촌으로 갈 기회가 있었을 때 갔었더라면……. 저 아닌 저의 모습이 자꾸 나오기 시작했습니다. 그러면서 자꾸 힘이 빠지고 떡심이 풀려 자꾸 제가 무너져 갔습니다.
 '어떻게 우리 교회가 대교회로 성장할 수 있을까? 어떻게 한국에서 내로라 하는 장로교회로, 그리고 세계의 유수한 교회 중 굴지의 교회로 자라날 수 있을 것인가? 주께서 철없는 나에게 찾아오셔서 일방적으로 언약하시고 비전을 보여 주셨던 그 환상적 약속을 어느 세월에 어느 방법으로 이 지역에서 이루실 것인가?'
 '그러나 내 영혼아 어찌하여 낙망하는고! 어찌하여 스스로 좌절하며 초라해 하는고! 오늘의 새에덴교회에겐 내가 필요하고 오늘의 나에겐 지금 우리 교우가 필요하기에 오늘 내가 여기에 있지 않은가? 나의 가는 길을 오직 그가 아시나니 그가 나를 연단하신 후에 내가 정금같이 나오게 되리라.'
 그렇습니다. 주님께서는 작은 일에 충성해야 큰 일도 맡기겠다고 하셨습니다. 가난해도 좋습니다. 바빠도 좋습니다. 열심히 교회 활동을 못해도 좋습니다. 잘나도 내 성도, 못나도 내 성도입니다. 그러니 죽도록 사랑하는 수밖에요. 그리고 죽도록 섬기고 보살피는 수밖에……. 이것이 제 분복이고 특권이며 제 최고의 영광이기 때문입니다.

엿장수 목회 이야기

거울 앞에 서서

　제가 난생 처음 넥타이를 매본 것은 스무 살 되던 해였습니다. 그러니까 신학교 대학부 1년생 때였습니다. 신학교를 들어가니까 너나 나나 다 양복이 한 벌 이상씩은 있는데 저는 양복은커녕 와이셔츠, 넥타이 하나도 없었습니다. 그래서 남이 양복을 입고 다니는 것을 보면 나도 넥타이 한번 매 보았으면, 나도 저런 양복을 한번만이라도 입어 봤으면 하는 마음이 간절했습니다. 더구나 신학생들이 지난 주에는 주일학교 설교를 했다는 둥, 이번 주에는 중고등부 설교를 해야 되는데 걱정이라는 둥 하는 소리를 들을 때마다 오장 육부가 뒤집히는 듯했습니다. 왜냐하면 전 양복이 없어서 주일학교 설교를 할 자격이 없었기 때문입니다. 강단에 올라가려면 양복을 입어야 하는데 신학생이라고 해서 주교 설교 순서가 있지만 양복을 못 입었기에 강단에 올라갈 수가 없었습니다. 그러니 속이 상할 수밖에 없었습니다.
　그러던 어느 날 모처럼 양복을 빌려 입을 기회가 생겼습니

| 개척기 | 엿장수 목회 이야기

다. 주일이 아니기에 기숙사에서 같은 방을 쓰던 정○○ 전도사님의 옷을 빌려 입을 수가 있었습니다. 마침 그 날은 교회에서 중·고등부 야유회를 가는 날이었습니다. 주일학교뿐 아니라 중·고등부 교사를 맡고 있는 사람으로서 당연히 참석을 해야 하는데 갑자기 양복을 입고 가고 싶은 것이었습니다. 그런데 막상 거울 앞에서 넥타이를 매려니 잘 매집니까? 그래서 끙끙거리다 선배 전도사님의 손재주로 겨우 넥타이를 매고 보니 왜 그렇게 대견스러운지요? 세상에 제가 넥타이를 매보다니요. 거기에다 양복까지 걸치니까 더더욱 그러했습니다. 제 양복, 제 와이셔츠가 아니기 때문에 목은 작아서 갑갑해 죽겠고 소매도 길어서 우습기 짝이 없었으며 윗옷은 영락없는 반코트같이 길기만 했습니다. 아니 꼭 반코트를 입은 것만 같았습니다.

그러나 옆에 있던 선배 전도사님들께서 너무나 잘 어울린다고 하지 않습니까? 그래서 다시 우쭐한 마음으로 교회로 갔습니다. 007가방까지 빌려 그 안에 성경 말씀까지 집어넣고 말입니다. 행여나 넥타이가 풀어질까 조심조심, 사뿐사뿐 걸으면서 시내버스를 탔습니다. 그리고 좌석에 앉는 것도 조심스럽게 앉았습니다. 자칫 넥타이가 풀어져 버리면 넥타이를 다시는 맬 수 없기 때문이었습니다.

이윽고 교회 앞에 도착했습니다. 그런데 이 어찌 된 일입니까? 양복을 입고 온 사람은 저 혼자밖에 없었습니다. 평소에 양복만 입고 교회에 온 사람들도 다 운동복이나 청바지를 입고 나왔습니다. 심지어는 지도교역자는 물론 담임목사님까지도 운동복 차림으로 나왔고 장로님과 전 교사들이 그랬습니다. 그런데 사람들이 저를 보고 마악 웃어대는 것이 아니겠습니까? 위아래 훑어보며 웃는 사람, 곁눈질을 하며 웃는 사람, 히쭉 히

쭉거리다가 웃음을 못 참고 아예 배꼽을 잡고 웃어버리는 사람도 있었습니다. 그때까지만 해도 저는 전혀 눈치를 못챘습니다. 제가 너무 멋있어서 웃어 주는 줄 알았습니다. 그때 저쪽에서 어느 여선생이 배꼽을 잡고 웃다가 이렇게 말을 하는 것입니다.
"워매! 저 소 전도사님! 어쩌다가 오늘 양복을 입고 왔당가이? 꼭 양복이 반코트 같네이! 게다가 오늘은 어쩐 일로 007가방까지 들고 왔당가이? 와 정말 웃겨 죽겠네."

그 말을 듣는 순간 주위를 보니 양복을 입고 온 사람이 한 사람도 없었습니다. 그 날 야유회를 가니 전부 운동화를 신고 청바지나 운동복 복장을 하고 왔던 것입니다. 전도사님, 장로님, 담임목사님까지 말이지요. 그런데 하필이면 제가 그 날 양복을 입고 간 것입니다. 그것도 반코트 양복에다 007가방까지 빌려 들고 왔으니 그런 저의 모습을 본 사람마다 히쭉히쭉, 깔깔대며 웃을 수밖에 없었겠지요.

그래서 저는 즉시 거기서 도망쳤습니다. 기숙사에 오자마자 양복을 벗어 사정없이 던지고 개 목걸이 같던 넥타이도 풀어 던져버린 후 신학교 예배실로 달려가 엉엉 울기 시작했습니다.

"하나님! 이럴 수가 있습니까? 제가 이런 모욕과 수치를 당하다니요. 이런 일이 있을 줄 미리 아셨더라면 양복을 못 입고 가게 하실 일이지 왜 입고 가도록 가만히 놔두셨습니까? 주의 일을 한다고 이 정도까지 충성하는 종에게 양복 한 벌도 못 주십니까? 양복 한 벌이 없어서 이런 수치를 당하게 하십니까? 주님! 제발 양복 한 벌만 주세요. 헌 양복이든 새 양복이든 양복 한 벌만 주세요. 양복 한 번 입고 싶습니다. 죽어도 내 양복 한 번 입고 설교하다가 죽고 싶습니다."

예배실에 아무도 없겠다, 책상을 치며 목을 놓아 울어댔습니다. 얼마를 울었을까요? 그때 주님께서 제 마음을 어루만지며 이렇게 말씀을 하시는 것 같았습니다.

"사랑하는 종아! 네가 그렇게 양복을 입고 싶으냐? 그러나 너는 양복보다 더 귀한 것을 가졌느니라."

"그것이 무엇입니까?"

"그것은 나 예수다. 너는 지금 나를 갖고 있지 않느냐? 너는 평생 나를 빼앗기지 말거라. 나를 놓지 말거라. 앞으로 내가 너에게 넥타이, 와이셔츠, 양복을 셀 수 없을 정도로 많이 주리라. 정말 비싼 양복, 고급스런 양복도 입게 하고 너를 참으로 존귀한 자로 높여 주리라. 그러나 너는 그때도 알거라. 나는 너를 위해 수치스런 알몸으로 십자가에서 죽었다는 사실을. 그리고 너는 기억하거라. 지금 이 올챙이 시절을! 네가 끝까지 나를 빼앗기지 않고 나를 굳게 잡으며 겸손하고 성결하면 나는 너를 참으로 승리케 하고 참된 알곡의 종, 존귀한 종이 되게 하리라."

그날 저는 하루 종일 회개하며 땅바닥에 엎드려 기도하였습니다. 금식하면서 눈물로 다짐하고 또 다짐했습니다. 죽는 그날까지 내 안에 오직 예수님으로만 충만케 하리라고 말입니다. 지금은 올챙이 시절을 기억하며 어떤 경우에도 교만치 않고 오직 예수만을 푯대로 삼고 살리라고 말입니다.

이제 거울 앞에 서서 지난날을 회고해 봅니다. 그리고 이젠 양복이 왠만큼 있는 지금 나는 얼마나 내 안에 예수님을 충만히 채우고 그분을 푯대로 삼고 사는가 자성해 봅니다. 또한 거울 앞에 서서 넥타이를 매면서 다시 한번 결단하며 서원해 봅니다. 남은 인생, 오직 예수님만을 내 안에 가득 채우고 그분을 푯대로 삼고 살리라고 말입니다. 그때 올챙이 시절을 생각하면서 말입니다.

엿장수 목회 이야기

꿈의 나래를 펴게 하소서

생전 처음으로 하는 해외 여행으로 인해 몇 주 교회를 비우게 되었습니다. 이번 여행은 유학이나 집회 목적이 아닌 순수한 해외 여행으로 처음 있는 여행이요, 그것도 제일 멀고 광활한 미국 여행이라는 점에서 저에겐 의미가 깊기만 합니다. 제 형편으로선 꿈도 못 꿀 일인데, 저 같은 개척 교회 목사에게 경제적 후원자 역할부터 목사가 가장 받기 힘든 비자 발급에 이르기까지 다 책임져 주시니, 하나님께서 어찌 그리 형통한 길을 주시는지 감개무량합니다.

저는 전기도 안 들어오고 버스도 안 다니는 별다른 문명 혜택이 없었던 두메산골 동네에서 태어났습니다. 그래서 어릴 때 추억이란 고작 산에 가서 새 잡고 냇가에 가서 고기 잡던 일밖에 없습니다. 이런 저에게 장날이면 가끔 어머니 아버지께서 사탕 한두 개씩 사 오는 그 일이 그렇게도 큰 소망이요 큰 사건이었습니다. 만일 빈손으로 돌아오시는 날이면 오늘은 사탕 장수들이 다 죽어서 못 사왔다고 하셨기 때문에 두메산골에 살았

| 개척기 | 엿장수 목회 이야기

던 저는 언제부턴가 엄마를 따라 장에 한 번 가 보는 것이 소원이었습니다.

'읍내의 장은 얼마나 클까? 과자 장수가 얼마나 많으면 지난 장에 죽었다는데 다음 장이면 또 나온단 말인가?'

이런 호기심으로 장에 한 번 따라가는게 제 어릴 적 소원이었지만, 20여 리나 되는 먼 길이라는 핑계로 결국 그 소원은 엄마에 의해 번번이 거절당했습니다.

그후 초등학교를 입학한 후 글짓기대회나 웅변대회 덕분에 비로소 읍내 구경을 할 수 있었습니다. 그때마다 시골뜨기 촌놈이 용하게도 전깃불 밑에서 공부하는 제법 똑똑한 읍내 녀석들과의 경쟁에서 어김없이 수상을 하게 되었고, 군 대표로 도에까지 나가 도 교육감상까지 받았습니다.

그러면서부터 이제는 시내 전체의 모습이 한눈에 보이는 높은 곳에 가서 사람들이 밀집해 사는 그런 모습을 보길 원했습니다. 어느 때부턴가 물고기 잡고, 새 잡고, 호롱불 밑에서 공부하던 시골뜨기 소년도 넓은 세상을 바라보며 가슴에 넓은 꿈을 꾸고 싶었던 모양입니다. 그래서 형들을 따라 마을 뒤 높은 장밝산 위에 올라가 한눈에 넓은 세상을 한번 바라보길 원했는데 막내요 어리다는 핑계로 형들은 저를 데려가 주질 않았습니다.

'그때 누가 나를 서울의 남산 위에다 데려다 주었으면 지금쯤 나는 어떤 사람이 되었을까? 서울의 전경을 한눈에 보면서 그 어린 가슴에 요셉과 같은 꿈을 얼마나 꾸었을까?'

그후에 중·고등학교를 다니면서부터 중소도시와 직할시의 문화 혜택을 받게 되었으며, 또 그 즈음에 주님께서 저를 하나님의 자녀로 부르시더니 얼마 후 저를 당신의 종으로 부르시어 제 가슴에 우주보다 더 넓은 하나님의 사랑을 가득 부어 주셨

꿈의 **나래를** 펴게 **하소서** | 개척기

습니다. 그리고 동시에 세상 꿈을 모두 버리게 하시고, 그 대신 하늘을 우러르고 태평양 바다를 마시며 땅을 정복하는 믿음의 큰 비전을 가슴에 채워 주셨습니다. 그래서 이 믿음의 비전을 품고 이 서울 땅에서 성령님의 인도를 받아 목회하고 있으니 지금껏 저를 만드시고 가꾸시고 인도하신 하나님의 손길이 신비스럽기만 합니다.

그러나 사실 사탄이 제가 하나님의 종이 못 되게 얼마나 방해를 했는지 모릅니다. 이 일로 부모와 혈육의 관계까지 끊어야 했으며, 남 모르는 이 고난의 길을 걸어오면서 얼마나 울고 얼마나 서러웠던지요?

"주여! 주님의 믿음 때문에, 주님의 비전 때문에 어린 제가 집에서 쫓겨나 방황했던 그 시절, 먹을 것 없어서 울고 잠잘 곳이 없어서 울었던 그때를 기억하시나요? 꽁꽁 얼어붙었던 겨울, 그래도 주님의 뜻에 순종하고 순교도 하겠노라고 주님의 비전을 생각하며 울먹였던 그때 저의 서원을 기억하십니까?"

"제가 쓰러질 때마다 일으켜 주시고 울 때마다 눈물을 닦아 주시며 함께 울어 주셨던 주님, 또 그때마다 믿음의 찬란한 약속과 비전을 주셨던 주님! 주님께서 그때의 이 촌놈을 이제 미국에까지 가게 하시니 얼마나 감사한지요? 이제는 꿈의 나래를 편 여행이 되게 하소서. 이번 휴가를 그저 기분 전환이나 하자고 즐기는 감각적인 여행이 되지 말게 하시고, 더 큰 꿈과 비전과 믿음의 포부를 가지고 돌아오게 하소서. 미국 천지를 바라보면서 그곳도 저의 일터요 주님이 제게 속삭이던 비전과 언약이 눈앞의 현실임을 확인하고 돌아오게 하소서. 저의 선교지, 저의 목장이 넓고 드넓다는 것을 확신하고 돌아오게 하옵소서."

엿장수목회 이야기

봄바람이 난 목사

    지금 생각해 보아도 백암교회를 개척했던 경험이 오늘날 제게 얼마나 큰 도움이 되는지 모릅니다. 정말 그때의 경험이야말로 하나님의 산 훈련장이요, 용광로와 같았습니다. 스물한 살의 나이에 개척에 뛰어들어, 스물네 살에 예배당을 건축하고 동시에 헌당식까지 드렸던 일! 그러나 그러기까지는 하루도 눈물을 흘리지 않았던 날이 없었고, 하루도 마음 편히 발 뻗고 잠잘 수 있었던 날이 없었습니다.
    부락 주민들의 데모, 상상할 수도 없는 핍박, 그것이 너무 장기화되자 자꾸 떨어지는 교인수, 교회 나와서 병 고침을 받고 나이 어린 전도사에게 기도받고 나서 기적을 무수하게 체험하였던 자들이었건만, 믿었던 교인들마저 자꾸자꾸 떨어지니 속에서 불이 나고 미칠 지경이었습니다.
    그렇게 역사가 일어나고 전도와 부흥의 불길이 일어났던 교회가 예배당 건축 앞에 큰 방해의 역사가 가로막으니 전도와 성장의 문까지 막혀 버리고 말았습니다. 말로 다 할 수 없는 그

봄바람이 난 목사 〉개척기

때의 핍박, 그 수모, 가히 사람으로는 참을 수 없는 현실! 거기에다 하늘마저 먹장구름으로 덮여 버리고, 아무리 아무리 부르짖어도 하나님마저 먹장구름 속에 숨어 침묵만 지키고 계셨으니 그야말로 진퇴양난, 진퇴유곡의 상황이었습니다.

그 상황이 하루 이틀도 아니고, 한두 달도 아닌 정확히 만 3년! 20대 초반의 소 전도사에겐 차라리 죽어 버리고 싶은 나날들이었습니다. 하나님이 안 계셨더라면 말입니다. 살기도 싫고 그렇다고 죽기도 싫었던 나날들! 특별히 봄이 오는 길목에서는 더더욱 미칠 것 같은 심정이었습니다.

봄바람 난 봄처녀 가슴처럼, 봄이 오면 가슴이 부풀어 오르는 봄새악시처럼, 봄만 되면 제 가슴은 바람이 불어와 절제를 할 수가 없었습니다. 꽃이 피는 것만 봐도 예배당 생각, 새싹이 돋는 것만 봐도 예배당 생각을 했습니다. 시내에 나가 건축 공사를 하는 것만 봐도 눈물부터 났습니다. 버스를 타고 가다가 길 옆에 아름다운 교회가 있으면 당장 버스에서 내려 그 예배당을 발걸음으로 종과 횡을 재어 보았습니다.

'주여! 저도 어서 빨리 이런 성전을 건축하게 하소서.'

그러다가 사찰 집사에게 정신병자로 오해를 받았던 적도 있었습니다. 하긴 그땐 맨정신이 아니었으니까…….

이런 봄을 한 번 보내고 두 번 보내고 세 번을 보냈습니다. 그러면서 저는 기다리는 훈련, 인내의 훈련을 받게 되었습니다. 그리고 오직 하나님만 의지하는 훈련을 받게 되었습니다. 그리고 나서 네 번째 해 가을에, 먹장구름이 사라지고 그 먹구름 속에 은빛 광채로 숨어 침묵하시던 하나님께서 나타나셔서 입을 열어 한마디의 말씀을 하시니 모든 상황이 삽시간에 풀려 생각했던 것보다 훨씬 더 아름다운 성전을 건축할 수가 있었습니다.

개척기 — 엿장수 목회 이야기

그리고 완전히 전화위복이 되어 100배로 더 크게 하나님께 영광을 돌릴 수가 있었습니다.

어느덧 바야흐로 완연한 봄날이 와 버렸습니다. 먼지가 가득 낀 가로수에도 완전히 새싹이 돋아났으며, 벚꽃이 만발한 지는 이미 오래 전의 일이 되어버리고 말았습니다. 그래서 아지랑이가 피어 오를 무렵부터 제 가슴에 발광기가 들어오더니 사람을 미치게 만듭니다. 때로는 들뜨게도 하고, 때로는 상심되게 하기도 하고, 때로는 꿈에 부풀게도 하며, 때로는 실의에 차 푹 누워 버리게도 만듭니다. 벌써 제 가슴에 오래 전부터 봄바람기가 들어왔기 때문입니다.

서울 근교의 야산만 봐도 평소에 제가 그리던 예배당의 청사진을 그 야산 위에 올려 놓아 봅니다. 빈 공터만 봐도 넓은 녹지만 봐도 세계적인 메가톤급의 우람한 예배당을 그 위에 세워 보면서 다닙니다. 특별히 세상 빌딩이 올라가고 건축 공사를 하는 것을 보면 더더욱 제 가슴은 바람이 납니다. 가슴이 사무치고 그리워하다 못해 그만 눈물을 흘려 버리고 맙니다. 빨리 예배당을 짓고 몸 된 교회를 부흥시키고 싶어서 말입니다.

봄만 오면 왜 이렇게 제 마음이 초조할까요? 왜 그렇게 압박감을 느낄까요? 왜 그렇게 바람난 목사가 될까요? 왜 그렇게 들뜬 가슴으로 허둥지둥 달음박질을 하려고 할까요? 저의 조급함 때문인가요? 아니면 주님을 향한 열심이 특심이기에 그럴까요?

물론 저의 젊은 나이의 급한 성격으로 인한 조급함도 있을 것입니다. 그러나 사실 저는 진실로 쉬고 싶을 때가 거의 없습니다. 뼈가 부러지고 피가 터져 나올지라도 저는 죽도록 일을 하고 싶은 목사입니다. 그래서 새에덴교회의 개척 이래 육신의 평안이나 안일을 사모해 본 적이 없거니와, 그것을 제 영혼의

원수라고 생각해 왔기에 언제나 그것을 거부해 왔습니다. 그러기에 사실 책상에 앉아 밤을 새우며 말씀 준비를 하다가 코피가 터진 적이 한두 번이 아니며, 잠이 부족한 것은 물론 이리저리 뛰고 활동하며 신경쓰느라 밥을 거르는 일은 보통 습관이 되어 버렸습니다.

그럼에도 불구하고 저의 마음은 아쉽습니다. 자꾸 허전한 느낌을 갖습니다. 왜일까요? 저의 헌신, 저의 충성이 아직도 부족한 것 같아서입니다. 그래서 또 벧세메스의 암소가 멘 멍에를 다시 멥니다. 구레네 시몬이 멘 십자가를 다시 멥니다. 그리고 쓰러지고 또 쓰러진다 하더라도 골고다 언덕을 주님 따라 올라갑니다. 왜요? 그분에게 이미 목숨을 내놓았으니까요……. 그래서 전 봄이 오면 더욱더 바람난 목사가 되고 들뜬 목사가 되며 때로는 주를 향한 열심이 특심이 되다 못해 조급한 목사가 되어 버리곤 합니다.

오늘 이 시간도 봄 하늘은 화창하게 빛나고 여기저기 집 짓는 소리가 제 귀에 들려 옵니다.

'그런데 내 주의 전은 언제 세워질 것인가?'

물론 아무리 기도하고 사모하고 서둘러도 하나님의 때가 있을 것입니다. 그러므로 그때가 오기까지 저는 기다려야만 합니다. 오직 주만 의지하고 인내해야 합니다. 그러나 저는 그냥 기다리지만은 아니할 것입니다. 좀 극성스럽고 보다 특심으로 기다릴 것입니다.

'오늘도 주님은 내가 훌쩍거리고 잠 못 이루던 밤들이 있다는 것을 알고 계시겠지! 그러다가 언젠가 주께서 말씀으로 가라사대 하는 날, 시온의 영광이 빛나는 아침을 맞이하게 될 때 나를 통해 어린아이 같은 감격의 찬양을 받으실 날이 있겠지!

그러니 그때까지 기다리자. 오직 기도하며, 또 전도하면서! 남들이야 촌스럽게 보든, 미련하게 보든, 그저 기도하고 믿음을 앞세우며 오직 미련한 방법으로 전도만 하고 나가자. 주께서 어느 날 열쇠 꾸러미를 내게 주시는 날 물질도 더 크게 열리고 대지도 열리고 예배당 건축도 열려지겠지!'

"주여! 그날을 바라보며 오늘도 기다립니다. 주께서 지금껏 약속해 오셨으니까 말입니다. 주께서 그 창대한 언약의 비전을 주셨으니까 말입니다."

엿장수 목회 이야기

나는 제일 행복한 목사

　현대를 가리켜 '삼불(三不)'의 시대라고 말합니다. 불신, 불평, 불만이 만연하는 세상이라는 말입니다. 그런데 특별히 이 시대는 불신이 만연해 있는 시대인 것 같습니다. 아직도 국민은 정부를 믿지 못하며 정치인을 믿지 못하고, 매스컴 보도를 액면 그대로 믿지 못하고 있는 것이 현실이기 때문입니다. 이것은 일반 사회뿐 아니라 종교계에서도 마찬가지입니다. 그래서 어느 종교건 간에 종교의 권위와 지도력이 실추되어 버린 지가 오래입니다.

　교회 역시 마찬가지가 아닙니까? 성도가 온전히 성도를 믿지 못하고, 특히 교회 중직자도 목사를 온전히 믿지 못하는 현실이 되어 버렸습니다. 그래서 교회마다 얼마나 문제가 많고, 보이지 않는 응어리가 얼마나 많이 져 있는지 모릅니다. 당회에서도 그렇고 제직회에서도 그렇습니다. 아니 가장 신령해야 할 교역자끼리도 그것은 마찬가지입니다.

　그러나 우리 교회의 경우는 너무도 다릅니다. 온 교인이 목

개척기 | 엿장수 목회 이야기

사를 믿고, 밀어 주고, 온 중직자, 특별히 한 분 계시는 장로님께서도 이 부족한 저를 믿고 밀어 주시기 때문입니다. 재정부에서도 재정 지출 및 수입 등에서 목사의 모든 행위의 진실성과 권위를 인정해 주며 밀어 줍니다. 물론 저 역시 재정부를 밀어 주고 장로님과 모든 성도를 밀어 주는 목회를 하지만 말입니다.

이제 대심방을 어느 정도 마쳤습니다. 이번 대심방은 건축헌금 작정 심방이라고 해도 과언이 아닐 것입니다. 왜냐하면 집집마다 심방을 하면서 웬만한 가정은 건축 헌금을 작정시키거나 설득했기 때문입니다.

그런데 어느 한 가정도 이 소 목사의 말에 불평을 하거나 거역을 하는 가정이 없었습니다. 모두들 한결같이 힘대로 하려는 마음뿐이고, 더 못해서 한이 되는 성도들이었으니까 말입니다. 그래서 보통이 천만 원, 최하가 오백만 원이었고, 그 이상은 전세를 털고, 빚을 내고, 곗돈을 타고, 융자를 받아서 무리할 정도로 헌금을 내고 있거나 작정을 하고 있는 실정입니다. 물론 모두는 아니지만 대부분의 가정이 목사가 일방적으로 말을 하고 성도는 이에 거리낌없이 작정을 했던 것입니다.

생각해 보면 얼마나 고맙고 감사한 일인지 모릅니다. 눈물나게 모았던 곗돈, 그것을 모으는 데 애착과 보람을 가졌으며, 그것을 타는 데 소망을 두고 살아왔던 분들이, 그것을 아낌없이 건축 헌금으로 내놓으니 정말이지 그것은 정녕 마리아의 옥합이 아닐 수 없을 것입니다.

기필코 하나님이 보증하시고 담보하시사 복 위에 복을 주실 것이며, 현세 뿐만 아니라 내세에도, 그리고 그들 당대뿐 아니라 자손 만대까지 은혜 위에 은혜를 베풀어 주실 것입니다. 하늘과 땅을 진동하는 복으로, 만국을 진동케 하고 만국의 보배가 이르게 하는 복을 넘치게 역사하실 것입니다(학 2 : 7). 그리고 저는 이런 성도를 위해 생명 바쳐 기도하겠습니다. 하나님께서 길이길이 복을 주시라고 말입니다.

그런데 목사로서 이보다 더 감사한 일이 있습니다. 그것은 성도들이 이 소 목사를 신뢰하고 밀어 준다는 사실입니다. "우리 소 목사님이야말로 아무 사심 없이 아무 욕심 없이 오직 하나님의 이름과 그의 영광과 주의 몸 된 교회만을 위하여 사는 종이다."라고 말입니다. 그러니 아무리 건축 헌금을 강조하고 성도들에게 심방해서 직접 이야기한다 할지라도, 그것을 주님의 말씀으로 받아들이면서 수용을 하는 것입니다. 결코 소 목사의 이익과 개인 욕심이 아니라는 것을 알아주는 것입니다. 그러니 얼마나 감사한 일입니까?

성도들이 목사의 진실한 인격과 그 말과 모든 행동, 그리고 목사 자체의 권위를 밀어 주니 저는 얼마나 행복한 목사인지 모릅니다. 밀어 주는 것뿐 아니라 성도들이 이 젊은 목사를 그렇게 사랑해 주고 후원해 주고 있습니다. 생각해 보면 얼마나 감격스럽고 복된 목사인지 모릅니다. 아! 과연 저는 행복한 목사입니다. 가장 행복한 목사입니다.

그러나 물론 이렇게 되기까지는 제게 수많은 우여곡절이 있었고, 이런 인정을 받게 되기까지 얼마나 많은 고통이 있었는지 모릅니다. 우선 저의 설교부터 불신임받을 때가 많았습니다. 오늘 목사님이 나를 설교로 쳤다는 둥, 나만 들으라고 설교를 준비했다는 둥, 돈 있는 자만 사랑하고 가난한 성도는 천대한다는 둥……. 그런 말을 들을 때마다 목회와 저 자신과 인간 자체에 얼마나 환멸을 느꼈는지 모릅니다. 그러니 그땐 정말 조

> 개척기 | **엿장수 목회 이야기**

심을 하면서 목회를 할 수밖에 없었습니다.

그런데 지금은 다릅니다. 소 목사의 하나에서 열까지를 다 믿어 주며 밀어 주고 사랑해 주고 후원해 주니까요. 그렇다고 해서 아직 다는 아닐 것입니다. 개중에 어떤 분은 아직도 소 목사를 완전히 믿는다고 말하기는 어려울 것입니다. 그래서 저 자신도 모든 성도들에게 다 건축 헌금 할 것을 직접적으로 말하지는 못했던 것입니다. 심방하는 가정마다 모두 그렇게 노골적으로 종용하지는 못했습니다. 더러는 저를 아직 순수한 목자로 못 믿어서 혹시 상처를 받을 수 있을지도 모른다고 생각하였기에 말입니다.

그러기에 저는 오늘도 더 행복한 목사가 되기 위해 더 신임을 쌓아 가야 합니다. 여기에서 만족하지 않고, 여기에서 태만하지 않고 더 내 인격을 갈고 닦겠습니다. 더 진실한 목사라는 것을 모든 성도에게 보여 드리겠습니다. 과연 저의 삶은 유리관 같은 삶이요, 제 인격, 제 마음, 제 행동, 제 권위는 유리관같이 투명함을 모든 성도에게 보여 주는 목회를 하겠습니다. 더, 더, 더 행복한 목사가 되기 위해서 말입니다.

"주여! 더 행복한 목사 되길 원합니다. 정말 목회다운 목회, 목양다운 목양을 하는 참목자 되길 원합니다. 이 삼불의 시대에 양은 목자를 믿어 주고, 목자는 양을 진실로 사랑해 주는 그런 목회, 그런 목양을 하는 행복한 목사 되길 원합니다. 이것이 제 평생의 소원이니까요."

엿장수 목회 이야기

아비 같은 마음,
유모 같은 심정

    목회란 지식 전달이 아닌 생명 전달의 사역입니다. 신학교에서 배우고 익힌 것을 지식적으로 풀어 먹고 내가 알고 있는 성경을 지식적으로만 전달하는 것이 아니라, 생명을 실제로 낳고 부모의 입장에서 부모의 심정으로 그 생명을 양육시키는 것이 목회입니다.

    그래서 사도 바울은 당시에도 그리스도 안에서 일만 스승이 있지만 아비 같은 스승이 많지 않다고 했습니다. 그러나 오직 자기는 복음으로 생명을 낳고 생명을 키우는 아비 목회를 한다고 하였습니다(고전 4 : 15). 그러기에 그는 양들을 낳기 위한 해산의 수고를 아끼지 않았으며(갈 4 : 19), 유순하고 어진 유모가 되어 이제는 복음으로 뿐만 아니라 양들에게 자기의 생명까지라도 주기를 즐겨하는 마음으로 참목회를 했습니다(살전 2 : 8~9). 이것은 과연 주님을 참으로 사랑하고, 자기 사명을 바로 알며, 목회가 무엇인지를 아는 사람만의 진정한 고백입니다. 얼마나 교인을 사랑했으면 이런 고백을 했겠습니까?

| 개척기 | 엿장수 목회 이야기 |

그러므로 배워서 안 복음의 지식, 알고 있는 성경 상식을 지식적으로만 가르치고 전달하는 것은 목회가 아닙니다. 아무리 예수의 인격과 삶에 대한 풍요한 지식이 있다 하더라도 그 전문적 지식을 앵무새처럼 피상적이며 흉내내기 식으로 전달한다면 어찌 그것이 목회라고 할 수 있겠습니까?

천주교에서는 목회자를 신부(영적 아버지)라고 부릅니다. 그렇다면 목회자는 양을 낳고 기르는 아비의 위치요, 목자의 위치는 물론 젖 먹이는 유모의 위치입니다. 한명 한명을, 목자의 위치에서 아비 같은 마음, 유모 같은 심정으로 대해야 한다는 것입니다. 그래서 목회가 힘들고 고달플 때가 많습니다. 오래 하면 할수록 더욱 그렇습니다. 그리고 주님을 사랑하면 할수록 더 그렇습니다.

또한 양들을 사랑하면 할수록 목회가 더 힘든 것을 깨닫게 됩니다. 사랑의 짐, 사랑의 부담 때문입니다. 그런데 진짜로 이 사랑의 짐을 짊어지고 마음에 사랑의 부담을 가득 안고 몸부림치다가, 드디어 경탄스런 고백을 하나 하게 되는데 그것은 '내가 복음으로뿐 아니라 나의 생명까지도 주기를 즐겨한다' 는 고백입니다. 주를 사랑하고 교회를 사랑하며 양을 사랑하기 때문입니다.

젖 먹는 아기가 아프면 대신 아파 주고, 대신 아기를 위해 죽어 주고 싶은 마음이 유모의 마음입니다. 아비의 마음도 동일하다고 할 것입니다.

전 목회가 이런 것인 줄 알면서부터 이런 가치관과 목회 철학으로 교회를 개척하고 목회를 하기로 했습니다. 그래서 교회를 제 생명처럼 사랑했습니다. 또 교인들을 가족처럼 자식처럼 사랑했습니다. 이것은 하나님 앞에서의 진실한 고백입니다. 그

아비 같은 마음, 유모 같은 심정 — 개척기

런데 이것은 영적인 관계에서 성립되는 것인만큼, 그것이 가끔 교인 편으로부터 일방적으로 깨지게 될 때 그 허무함과 쓸쓸함은 자식이 부모를 배신하고 집을 나갈 때의 그 허전함과 같았습니다.

저는 교회를 사랑했기에 교회 비우는 일을 제일 큰 일로 생각했으며, 교인들이 저를 필요로 하면 밤 한시건 두시건 그 장소가 어느 곳이건 달려갈 준비가 다 되어 있는 24시간 대기중의 삶을 살았습니다. 한마디로 상머슴 목회요, 중노동 노가다 목회로 충성을 다해 왔습니다. 그러기에 지금까지 경영 관리자나 기획 전략자로서의 목회라기보다는 노동자적 목회 스타일로 목회를 일관해 온 것입니다.

그러나 이제부터는 새에덴교회의 효과적이고 성숙한 2단계 교회 성장을 위해 노동자형 목회보다는 경영 관리자로서 기획적이고 전략적이고 지도자적 목회를 해야 할 것입니다. 이제는 우리 교회도 아기자기한 가족적 분위기의 형태에서 한 단계 성장하여, 효과적인 조직과 다양한 기관을 갖춘 대형교회로 성장해야 한다는 것입니다. 조그마한 소작농식의 형태가 아니라 대형 농장 경영식의 교회로 성장하여 주께서 우리 교회에게 맡겨 주신 선교의 비전을 넉넉하게 이루어야 할 것입니다.

만일 그렇게 자꾸 교회가 성장하다 보면 저 자신도 지금의 교우들과 접촉하는 시간이 좀 줄어들 것이고 밤 한시, 두시에 달려가야 할 기회도 적어지게 될 것이 뻔합니다. 물론 그렇게 되면 제 손발 역할을 할 스태프(부교역자들)들이 충분히 저의 마음과 눈과 손과 발과 입의 역할을 효율적으로 해 주겠지만 말입니다. 아니, 주 안에서 하나님의 동역자들로서 자기들이 받은 사명과 은사를 각각의 위치에서 잘 감당해 줄 것입니다.

| 개척기 | 엿장수 목회 이야기 |

그러나 그래도 중요한 것은 제가 계속해서 아비 같은 마음, 유모 같은 심정으로 목회하는 목양일념의 철학입니다. 교회가 작아도 유모 심정, 교회가 커도 아비 심정, 제 평생 이팔청춘에서부터 머리가 희어지고 허리가 굽어질 때까지 복음을 위해 부름받았으니 자나깨나 아비 마음, 사나 죽으나 유모 심정일 뿐입니다. 이것만이 저의 일이요 제가 살 길이기에 말입니다.

그러나 아무리 이런 마음이 충천해도 근본적으로 애비가 불학 무식하고 에미가 못나 빠졌으면 부전자전 모전자전인 법! 어찌 그 애비 밑에서 훌륭한 자식이 나오겠습니까? 그래서 조금이라도 더 나은 목자가 되어 보기 위해 교회를 비우면서라도 성지순례 길에 오르게 되었습니다. 교회를 비우고 교인과 떨어지는 안타까운 마음을 금할 길이 없지만 불학무식을 면코자, 이것도 연구요 공부이기에 과감한 결단을 한 것입니다. 아내는 필수품과 옷가지를 열심히 준비했지만 저는 열심히 필요한 책을 한 보따리 준비했습니다.

모 신학대학에 계시는 여자 교수님을 잘 압니다. 그가 젊은 시절 갓난아이와 코 흘리는 아이를 떼어 놓고 남편과도 떨어져 유학 길에 올랐습니다. 눈물로 공항에 갔고 눈물로 비행기를 탔지만 그녀는 이제 훌륭한 엄마요, 아내요, 교수가 되었습니다.

저도 짧은 기간이지만 오히려 대학원을 하나 졸업한 것 이상으로, 보고 듣고 배우고 경험하여 더 나은 목사가 되어 돌아오겠습니다. 더 양을 사랑하는 목자, 더 훌륭한 목자, 훌륭한 아비와 유모가 되어 오겠습니다.

"오 주여! 언제나 아비 같은 목자가 되게 하옵소서. 언제나 유모 같은 목자가 되게 하옵소서. 주를 위해 죽고 교회 위해 목숨 바치며 양을 위해 주님처럼 죽을 수도 있는 참목자, 거기에

다 지식과 덕망과 더 높은 학문과 인격을 겸비한 목자가 되게 하옵소서. 이것이 제 평생의 간구입니다. 제가 없는 동안 종의 자리를 지켜 주시옵소서. 교회를 지키고 양들을 지키옵소서. 그리고 저를 두 눈으로 감찰하옵소서. 이것이 저의 애절한 바람입니다."

엿장수목회 이야기

담임 목사이기에

　세상에서 가장 힘든 것이 목회입니다. 갈수록 전문화되어 가는 시대요, 분업적인 시대가 되어 가지만 목회만은 예나 지금이나 종합예술과 같기 때문입니다. 그래서 목회자는 어느 한 분야만을 잘하고, 어느 한 분야를 못해서도 안 됩니다. 다 잘해야 하고, 모든 일에 능통해야 하며, 팔방미인격 종합 예술의 대가가 되어야 성공적인 목회가 가능합니다. 그래서 목회가 어렵고 힘들기만 합니다.
　이 세상의 많은 사람들이 자기 직업에 만족하지 않을 것입니다. 그러나 목회만은 예외입니다. 특별히 저의 경우엔 더더욱 그렇습니다. 그래서 저는 목사로서 만족하고 있으며, 목회자라는 이 성직에 대단한 행복감과 자부심을 느낍니다. 왜 그럴까요? 주님이 하시던 것을 제가 맡아 하기 때문이고, 오늘도 주님께서 저와 함께하셔서 영원히 썩지 않을 하늘의 소망으로 위로해 주시기 때문입니다.
　이 세상에서 주님보다 더 힘든 일을 했던 자가 또 어디에 있습니까? 목회란 주님이 하시던 일을 맡아서 하는 것이기에 세상에서 제일 힘든 일이지만, 동시에 주님이 하시던 일을 맡아서 일할 때 주님이 함께하셔서 도와주시는 세상에서 최고로 영광스럽고 행복한 일이라고 저는 생각합니다.

바울 사도는 목회를 '예수님의 남은 고난'이라고 표현을 하였습니다(골 1 : 24 ; 고후 1 : 5). 따라서 예수님의 고난을 모르는 자는 목회가 무엇인지도 모르는 사람입니다. 그러므로 예수님의 고난에 동참하는 자만이 목회를 감당할 수 있다는 말이 됩니다.

목회학에서 부교역자의 일은 목회라고 하지 않습니다. 목회자는 한 교회에 한 명(담임목사)뿐이요, 부교역자는 담임목사의 목회를 도와 교회를 세우는 것뿐입니다. 그 교회의 모든 양 떼에 대한 책임은 담임목사에게 주어졌기 때문입니다.

이렇게 볼 때 제가 차라리 부목사이고 교육전도사라면 덜 힘들고 덜 괴로울 것입니다. 그리고 만일 제가 부교역자라면 더 담임목회자를 알아주고 더 열심히 협력할 것입니다. 더 이해하고 더 열심히 따를 것입니다. 그렇지 않은 부교역자는 존재 의미가 없기 때문입니다. 그럼에도 불구하고 부교역자가 담임목사를 모함하고 헐뜯고 성도들로 하여금 오해케 한다면 그것은 부교역자가 아니라 어둠의 종자요 원수일 것입니다.

그래서 어쩔 땐 차라리 '내가 부교역자였더라면……' 할 때가 있습니다. 부교역자는 이렇게 하는 것이라고 모범적으로 보여 주고 싶을 때가 있습니다. 이런 것을 생각하며 한숨 쉴 때가 있습니다. 심히 번뇌할 때가 있습니다. 참으로 애타게 울 때가 있습니다. 또 어서 빨리 천국으로 가고 싶을 때가 있습니다.

왜일까요? 아무도 제 심정을 알아주는 자가 없었기 때문입니

> 개척기 | **엿장수 목회** 이야기

다. 저는 목회를 위하여, 아니 제가 담임목사라는 사실 하나만 으로 고뇌하고 우는 시간들이 점점 늘어만 가고 있습니다.

며칠 전 교회의 키보드를 도둑 맞았습니다. 멀쩡히 부교역자가 예배당 안에 있었는데도 도둑을 맞은 것입니다. 키보드가 도둑 맞았다는 것을 알았을 때 저는 까무러치는 줄 알았습니다. 분통이 터져 미칠 것 같았습니다. 그러나 부교역자들은 그 소리를 듣고도 그렇게 놀라지 않는 표정들이었습니다. 마치 당연히 잃을 것을 잃은 것처럼 생각하는 태연한 모습들이었습니다. 그리고는 곧장 자기네들끼리 닭죽을 먹으러 가는 것입니다. 그 모습을 보며 담임목사는 깊은 고독을 느꼈습니다. 이것은 담임목사만이 느끼는 쓸쓸한 고독입니다.

그렇게 내가 사랑하고 아끼던 키보드, 그걸 처음으로 구입했을 때 얼마나 어린애처럼 좋아했는지 모릅니다. 반주자를 옆에 데려다 놓고 얼마나 찬송 연습을 하며 신나게 노래했는지요? 새벽마다 그 멜로디 소리를 들으며 얼마나 감사하며 기도했는지요? 그렇게 아끼던 키보드를 잃고 난 후, 찢어지고 멍들고 상처난 제 심장! 누가 그걸 알아주리요? 누가 그런 마음을 느끼리요? 다 저의 책임이지요.

"주여! 차라리 제 심장이나 팔, 다리 하나를 가져가시지, 왜 주님의 성물을 허락하셨습니까? 가난한 성도가 그걸 기증했을 때 제가 얼마나 눈시울이 뜨겁게 기도하고 감사했는가를 주님은 아시고 계시지 않습니까?"

담임목사라는 이유 때문에 교회의 크고 작은 모든 일의 책임이 다 저에게 있습니다. 정말 유치한 오해들, 모든 크고 작은 십자가가 담임목사에게 돌아옵니다. 그래서 괴롭고 마음 아플 때가 어디 한두 번입니까? 담임목사이기에 참으로 괴롭고 외로울

담임 **목사이기에** 〉 개척기

때가 있는 것입니다.

그러나 이것만은 확실합니다. 제가 새에덴교회의 담임목사라는 것보다 더한 명예와 영광은 없다는 사실을……. 새에덴교회 담임목사 소강석! 이것이 제 명함의 모든 것이요, 제 생애 최고의 영예와 감투이며 진정한 영광입니다. 제 행복의 전부입니다. 이 자리를 대통령과 바꿀 수 있겠습니까? 대기업 회장 자리와 바꿀 수 있겠습니까? 어림없는 소리입니다. 담임목사이기에 당하는 고난, 고뇌, 괴로움……. 사실 이 모든 십자가는 더욱 담임목사다운 훌륭한 목사가 되기 위한 과정이요, 연단이요, 여로에 불과할 것입니다.

오직 저의 길은 주께서 맡기신 새에덴교회와 새에덴 초장에서 놀고 있는 양떼를 위해 죽도록 충성하는 일일 것입니다. 더 많은 번뇌가 있고 더 많은 괴로움이 있더라도, 더 울어야 할 누명과 오해와 십자가가 있더라도 이 몸 죽기까지 바치는 일 그것이 저의 행복이요, 보람이요, 영예요, 영광입니다.

"사랑하는 내 종아! 내가 오늘날 너를 새에덴교회의 담임목사로 세웠노라. 내가 너를 끝까지 붙들고 인정하리라."

"오 주여! 이 인정, 이 위로만이 저의 힘이요 방패며 안식처입니다."

엿장수목회 이야기

내가 죽는다면

    신년 축복성회를 마치고 특별 새벽 기도회를 시작한 지 6일째 새벽, 두시쯤 되었을까? 갑자기 배가 꼬이듯 아랫배에서부터 왼쪽 윗배와 옆구리까지 칼로 도려내는 듯한 통증과 아픔이 오기 시작했습니다. '조금 지나면 괜찮아지겠지.' 하면서 기도하는 마음으로 참았으나 그 고통과 통증은 초와 분을 다투어 더해만 갔습니다. 그러나 아무리 살점을 도려내는 원인 모를 고통이 더해 가도 특별 새벽 기도회만큼은 반드시 인도하고야 말겠다는 일념으로 배를 움켜쥐고 참고 또 참았습니다.
    그런데 급기야는 더이상 일어설 수도 없고, 앉을 수고 없고, 엎드릴 수도 없고, 누울 수도 없는 통증이 더해 가니까 집에서 빨리 병원으로 가자고 했습니다. 그러나 "이 시간에 무슨 병원이냐."고 하면서 새벽 기도 시간까지만 참아 보기로 했습니다. 저는 급성 맹장으로 맹장이 터진 것으로 생각했습니다.
    "주여! 아무리 맹장이 터졌어도 새벽 기도 시간까지만 참게 하옵소서. 어떤 일이 있어도 새벽 기도는 빠지지 않게 하옵소서."

그러나 제 평생 처음으로 당해 보는 것이라서 참기도 힘들었고 또 안 참기도 힘들었습니다. 정 권사님이 아무리 붙들고 기도를 해도 통증은 멈출 줄을 몰랐습니다. 평소에 웬만한 건 참고 이겨 버리는 제가 까무러칠 정도이니 온 식구가 자다 말고 깜짝 놀라 어쩔 줄을 몰라했습니다.

일이 이쯤 되니 결국 타의반 자의반 끌려가다시피 경찰병원 응급실로 가게 되었습니다. 진통제 두 대를 맞아도 소용없었고, 급기야는 마약 성분 주사까지 투여하여야만 했습니다. 목사 체면에 데굴데굴 구를 수도 없었고 차라리 그대로 천국 가 버리는 것이 제일 좋을 것 같았습니다.

우선 X-Ray 상으로는 당직 의사에 의하면 요도 결석 같다고 했지만 비뇨기과 과장은 또 그렇지도 않다고 했습니다. 아마 피로가 누적되고 잠을 편히 못 자다 보니(그날도 사실 설교 준비를 하다가 의자에서 그대로 자 버린 상태였습니다) 대장, 비장이 꼬이고 근육이 결린 상태인 것으로 짐작한다고 했습니다. 그러나 아무리 진통 주사를 놓아도 통증은 멈출 줄을 몰랐습니다. 다행히 맹장은 아니기에 수술은 안 할 것 같아 안심은 했지만 그때까지도 오직 새벽 기도회만 생각했습니다.

그런데(통증은 여전한 것 같지만) 서서히 마약 주사 성분이 혈관을 도는 듯 정신이 몽롱해지기 시작했습니다. 그러면서 찌르는 고통 가운데 잠이 슬슬 오는 것입니다. 그때 바로 생각나는 게 하나 있었습니다.

'내가 죽는다면……'

그런 생각이 갑자기 들었습니다.

'내가 이대로 죽어 간다면 지금 나는 마지막 의식을 갖고 있는 것이리라.'

개척기 | **엿장수 목회** 이야기

 언제 어느 때나 주의 종으로서 죽을 각오를 하고 살기 때문에 유언(?) 아닌 유언을 하고 사는 저로서는 특별히 할 말이 없었습니다.
 '오직 하나님 앞에서 지금 내가 죽는다면 하나님은 과연 나의 생애를 어떻게 판단하실까? 이대로 하나님 앞에 설 때 칭찬하실까? 악하고 게을렀으며 위선과 외식으로 일관한 삶을 살았다고 책망받게 될 것인가? 그리고 과연 내가 죽는다면 나를 알고 있는 사람들은 내 이름 석자를 어떻게 판단할까?'
 "그 친구 너무 하늘 높은 줄 모르고 꿈꾸며 살더니 하나님이 교만할까봐 일찍 데려가 버렸구만……."이라고 할지도 모르고, 혹은 "아무리 열심히 충성해도 내 실속 차리지 않으면 저렇게 되는 법이야. 그러니까 신앙생활을 해도 자기 실속은 차리며 살아야 돼."라고 말할지도 모르고, 또 어떤 사람은 "아무리 소 목사가 거룩하게 살아가는 척해도 분명 숨은 죄가 있을 거야. 그러니까 저렇게 빨리 죽지……."라고 말할지도 모릅니다.
 '내가 죽는다면 새에덴교회는 어떻게 될까? 나에게 그처럼 비전을 주고 꿈을 주었던 새에덴교회, 그리고 나의 사랑하는 성도들, 어떤 목자를 만나 복 받으며 살게 될까? 내가 죽는다면 나를 위해 그렇게 기도하고 나만 의지하고 살아오신 믿음의 어머니 정 권사님! 그분의 몸부림은 얼마나 한이 맺힐지……. 그리고 사랑하는 아내, 불쌍한 내 자식들, 그들은 애비 없이 어떻게 자랄 것인가? 그러나 하나님이 저들의 아버지가 되시면 조금도 부족함이 없으리라. 이 시간 하나님이 날 데려가신다면 나 역시 조금도 반항하지 않으리라.'
 오직 주께서 제 모습을 어떻게 보고 계시느냐가 가장 중요한 문제였습니다.

"주여! 죽어도 주를 위해 죽고, 살아도 주를 위해 살겠습니다(롬 14 : 8). 만일 제 생명을 계속 연장시켜 주신다면 제 몸에서 그리스도를 존귀케 하는 삶(빌 1 : 20)만 살 것이며, 나의 사명을 목양일념(빌 1 : 24)으로 그리스도의 십자가만 자랑하는 삶을 살겠습니다(갈 6 : 14).”

"무릇 자기 목숨을 보존하고자 하는 자는 잃을 것이요 잃는 자는 살리라"(눅 17 : 33).

그래서 저는 그 뒤 두 시간 후에 침대에서 벌떡 일어나 집으로 돌아올 수 있었습니다. 그리고 지금까지 목회 사역에 부지런히 충성하고 있습니다. 앞으로 남은 여생 하나님을 향하여 부끄러운 것이 없이 순종하며 충성하며 살겠습니다.

엿장수목회 이야기

눈물로 쓴 주님 전상서

　주님! 원님 덕분에 나팔을 분다더니 그 말이 딱 맞는군요! 맨 주먹으로 집을 나와 가난과 기근과 적신의 공격과 눈물나게 싸워야 했던 한많은 세월이 엊그제 같은데, 벌써 저는 가난을 잊은 지가 오래 전의 일입니다. 기근은커녕 먹을 것이 많아 좋은 것으로만 골라 먹어야 하는 부요함 속에 살고 있으며, 양복도 골라 입는 풍요 속에 살고 있습니다.
　주님을 태운 덕에 자기도 덩달아 환호성을 받았던 이름 없는 나귀 새끼처럼, 세상에 나 같은 촌놈이 남으로부터 사랑과 존경을 받아가며 살아가고 있습니다. 이런 것을 조금씩 느낄 때마다 두려운 마음이 생깁니다. '혹시나 내 엉덩이에 뿔이 나지 않을까? 이러다간 주님만 태우고 가야 할 나귀가 주님을 떨쳐 버리고 혼자서 뛰어가는 못된 나귀가 되지 않을까?' 하고 말입니다.
　그러나 주님! 이제는 제가 사는 것이 제 자신이 아니요, 제 안에 주님께서 살아가고 계십니다. 소강석이 죽은 지는 이미

눈물로 쓴 주님 전상서 | 개척기

오래 되었고 주님만이 제 안에서 저의 주인으로 살아가고 계십니다. 죄 많고 오기 많던 저, 교만과 잘난 체로 가득했던 저, 그런 제가 이미 십자가 위에서 주님과 함께 죽어 버렸고 주님과 함께 무덤 속에 묻혔습니다. 그리고 회칠한 무덤 같은 제 마음의 돌문을 열고 주님과 함께 부활하여, 이제는 온전히 부활한 새 피조물의 모습으로, 옛날의 소강석은 죽고 주님의 사람으로 새로 지음받은 제가 주님과 함께 살아가고 있습니다. 그래서 이제는 저는 없습니다. 옛날의 저는 온데 간데 없고 주님만이 제 안에서 살고 계십니다.

그런데 이렇게 내가 다 죽었다고 생각할 때에 다시 내가 올라오고 살아나서 주님께 혈기를 부리고 내 안에서 주님이 다시 십자가에 못박혀야 하는 이유는 무엇입니까? 왜 나는 꼭 안 그런다고 하면서 또 그래야 하고, 재차 삼차로 주님을 십자가에 못박아야 합니까? 나를 숨기려고 안간힘을 다했고 노출되는 나를 부인해 보려고 몸부림을 다 쳐 보았습니다. 그런데도 비 온 다음에 옥토 밭에서 독버섯이 솟아오르는 것처럼 나 자신도 내 마음대로 할 수가 없었습니다.

그때마다 저는 울면서 주님을 사모했습니다. 당신처럼 보다 떳떳하게 살고파서, 보다 완전하고 거룩하게 살고파서, 나 자신을 바라보며 애통하며 의에 주리고 목마른 자가 되어 주님께 절규하기도 했습니다. 하기야 주님이 내 안에 아니 계신다면야 이런 몸부림도 어떻게 가능할 수가 있겠습니까마는…….

그러나 주여! 이런 투쟁과 몸부림으로만 만족할 것이 아니라 주님처럼 완전하게 십자가에서 죽어 보고 싶습니다. 물론 이 세상 어느 누구도 그럴 수가 없었지만 그럼에도 불구하고 진짜로 죽어 보고 싶습니다. 진짜로 내가 없어져 보고 싶습니다. 알

| 개척기 | 엿장수 목회 이야기 |

지도 못하면서 아는 체하고, 높지도 못하면서 높은 체하고, 깊지도 못하면서 깊은 체하며, 낮아지지도 못했으면서 낮아진 체하고, 죽지도 못하면서 죽은 것처럼 생각하고 행동하려 하는 이 바보! 이 바보가 어찌하면 주님의 죽으심에 도달할 수 있사오리까?

그 언젠가 저에게 엄청난 비전의 언약을 주신 그 날부터 '네가 온전히 죽고 진짜로 죽기만 한다면 이 비전을 다 이루게 하겠다'고 하셨던 주님! 주님은 그 말씀을 지금까지 수백 수천 번을 녹음기처럼 반복해서 말씀하셨습니다. 그때마다 저는 죽기는커녕 독버섯처럼 혈기와 정욕을 그대로 가지고 큰 일을 하고 있는 다른 분들과 비교하면서, 반드시 꼭 내가 죽어야만 하느냐고 대꾸한 적이 있었지요. 그때 주님은 '다른 사람은 다른 사람이고 너만큼은 꼭 이러이러한 그릇으로 만들기를 원한다'고 하셨습니다.

그런데 저는 아직도 온전히 죽지를 못했습니다. 그러나 빨리 더 큰 복을 받고 싶습니다. 더 큰 은혜를 받아 더 큰 일을 속히 하고 싶습니다. 그러나 아직도 주님이 요구하시는 만큼 다 죽지를 못했으니 저는 이제 어찌해야 좋겠습니까?

저도 이제 예수님 나이가 되었습니다. 그래서인지 진짜 한번 죽어 보고 싶습니다. 예수님처럼 말입니다. 요즘은 왠지 육체의 기운이 자꾸 빠지는 것 같습니다. 자꾸 조로현상(조기노화)이 오는 것 같고 몸에 활력이 없는 것 같습니다. 새벽마다 무릎 꿇고 기도하는 것이 얼마나 힘이 드는지 모릅니다. 그래서 무릎을 폈다가 다리를 쭉 뻗었다가 합니다. 그래도 나중에는 온 교우의 가정과 사업 문제를 영적으로 짊어지는 듯 양쪽 어깻죽지가 너무나 무겁게 쳐져 견딜 수가 없어서 그만 쭉 누워 버릴 때가 많습니다. 그러다가 다시 일어나 기도합니다. 바로 오늘 새벽에도 그랬지 않습니까?

이것은 혹시 내가 진짜 죽으려는 현상은 아닌지요? 내가 온전히 없어지는 징조는 아닌지요? 내가 온전히 죽을 때 주님이 약속하신 비전을 이루겠다 하신 주님! 이제 저도 2000년 전의 주님의 나이가 되었습니다. 그래서 올해는 온전히 죽고 싶습니다. 온전히 십자가를 지고 싶습니다. 온전히 주님만 태우는 나귀가 되고 싶습니다. 내가 살지 않고 주님만이 내 안에 온전히 사시도록 하는 금그릇 인생, 아버지의 온전하심같이 나도 온전하고 거룩하게 살고 싶습니다. 그래서 나의 기도와 나의 삶과 나의 신분을 보증하사, 올해에는 교회와 온 교우가 복을 받는 희년의 해가 되기를 원합니다.

당신은 내 겉사람을 잔인하게 연단시키시고 무정하게 훈련하시더니, 내 속사람은 한량없이 위로해 주셨나이다. 끝없이 어루만져 주셨나이다. 은혜와 고난을 겸하여 주신 주님의 사랑! 누가 이 사랑의 비밀을 알겠습니까? 그러나 나는 알고 있습니다. 내가 주는 그만큼 내 속사람이 누리는 영광의 복을 어디에다 감히 비교할 수 있사오리까?

오 주여! 내가 웁니다. 절규합니다. 몸부림칩니다. 애통하며 땅을 치고 가슴을 칩니다. 예수님 나이에 당신처럼 온전히 죽고파서 말입니다.

엿장수 목회 이야기

성장기

옛 사진을 보며
쉬는 것이 송구스러워서
주여! 왜 이리 애타게 하시나이까?
설교의 뒤안길
심장으로 쓴 목회서신
사랑하는 전도 특공대원들에게
목사가 성도들에게 제일 미안할 때
맷집이 좋은 목사
여유 있는 삶을 살게 하소서
축복송을 부르는 소감
이런 설교자 되게 하소서
헌금 설교를 하는 목사의 마음
밤에 출근하는 남편
양심에 부끄러움이 없는 목회
사랑하는 딸 현에게!
목사의 인격과 신용도
긴장이 습관화된 목사
그때의 눈물, 지금도 주소서!
불사조(不死鳥) 같은 목사가 되리
잠 못 이루는 토요일 밤
10년 만에 찾은 벧엘

엿장수목회 이야기

옛 사진을 보며

성전 건축을 위한 1만 명 만나기 운동 소책자 편집을 위해 여러 가지 옛날 사진을 찾아야 했습니다. 백암교회 개척 시절에서부터 오늘에 이르기까지 소책자 원고 내용과 부합되는 중요한 사진을 찾기 위해서였습니다.

원래 워낙 사진에 신경을 안 썼기에, 찍어 놓은 사진도 별로 없었고 몇 장 있던 사진마저 앨범에 정리를 못 해놓았기 때문에 옛날 사진을 찾는다는 것은 여간 힘든 일이 아니었습니다. 그렇지만 몇 장 남은 사진이라도 찾기 위해 이곳저곳에 흩어져 있는 앨범 및 사진 봉투, 그리고 사진을 모아 놓은 박스를 뒤진 끝에 몇 장의 사진을 발견할 수 있었습니다.

용하게도 초등학교 3학년 때의 사진 한 장, 중학교 2학년 때의 사진 두 장에 고등학교 때의 사진도 있었습니다. 더욱 감탄한 것은 첫 성령 체험을 뜨겁게 했던 용화산 기도원에서의 사진이 두어 장 있었다는 것이었습니다. 그리고 백암교회를 시작한 빈 집의 사진에서부터 예배당 헌당식까지의 사진이 몇 장

옛 사진을 보며 　성장기

발견되었습니다.

　그런데 그 사진 속의 모습들이, 왜 그렇게 초라하고 초췌하기만 한지 내 자신이 보아도 어설프고 심란하기 짝이 없는 모습이었습니다. 길게 자라 멋대로 헝클어져 버린 머리, 쑥 들어간 눈, 툭 튀어나온 광대뼈, 쭉 빠진 턱, 핼쑥한 얼굴, 거기에다가 왜 그렇게 촌티만 풍기고 있는지 정말 못나디못난 얼굴이었습니다.

　이 사진을 본 조 전도사님도 믿기지 않는다는 듯이 고개를 갸우뚱하면서 "세상에 옛날 소 목사님이 이렇게 생겼었습니까?" 하고 물었습니다. 아들 성군이 역시 킥킥 웃으면서 '귀여운 아빠'라고 놀려댔으며, 정 권사님 또한 "이렇게 생긴 자네를 하나님 은혜 가운데 내가 오늘의 자네로 키웠네."라고 말씀하셨습니다. 그러다가 몇 년 전 막 서울에서 개척할 때의 사진을 보니 확실히 좀 나았습니다. 촌티도 꽤 벗었고 조금은 서울 사람 같은 모습이 보였기 때문입니다.

　이번엔 미국 여행 시의 사진과 성지순례 시(時)의 사진을 보니 그때는 확실히 달랐습니다. 아무리 뜯어 보아도 촌티는 하나도 보이지 않고 완전 서울 사람이었습니다. 거기에다 완전히 목사님 틀이 잡혀 있었고 몸도 마음도 살찐 모습이 역력히 보였습니다. 제법 불룩하게 나온 배, 고급 양복과 넥타이, 기름기가 꽤 흘러 보이는 살찐 얼굴, 또 단정하게 드라이를 한 헤어스타일 등 누가 보아도 가난 티와 촌티가 전혀 보이지 않는 서울 목사(?)의 모습이었습니다.

　'정말 사람이 이렇게 달라질 수 있단 말인가?'

　그러나 사진 한 장, 한 장을 바라보면서 다시 생각해 봅니다. 옛날 가난하고 촌티 나던 시절! 사실 그때가 더 좋았는지도 모

| 성장기 | 엿장수 목회 이야기

릅니다. 왜냐하면 그때가 가장 뜨거웠기 때문입니다.

주님을 사랑하는 마음, 그 불타던 심장, 오직 주님밖에 모르던 가슴을 최고의 절정으로 소유하던 시절이었기 때문입니다. 그런 환경 속에서도 어떻게 그렇게 주님을 사랑할 수가 있었을까요? 지금 생각해 봐도 내 자신이 용하기만 합니다. 물론 모든 것이 하나님의 은혜였지만 말이죠.

'그런데 지금 나는 어떠한가? 완전히 서울 목사가 된 나, 어쩌면 벌써 부르주아 목사(?)가 되어 버린 듯한 나, 과거의 모습과는 너무도 딴판으로 탈바꿈을 해 버린 나. 서울 목사가 된 소강석은 옛날처럼 주를 그렇게 사랑하는가? 90원짜리 개밥 같은 기숙사 밥도 못 먹으면서도 훌쩍거리며 감사하던 그 감사가 지금 내게 있는가? 부모, 형제, 친척으로부터 버림받을 뿐 아니라 그 모진 백암거리, 핍박과 시련 중에도 오직 주님만을 사랑하리라고 다짐하고 다짐했던 그 뜨거운 가슴이 지금은 내게 얼마나 있는가?'

주여! 저는 지금껏 주님을 태우고 여기까지 온 한 마리 나귀였습니다. 종도, 노예도 아닌 한 마리 나귀에 불과했습니다. 그러나 주님을 태운 덕택에 이 나귀가 꽤 영광을 얻었습니다. 제법 마음도 기름지고 온몸에도 기름기가 찼습니다. 그런데 이 기름짐 때문에 주님을 향한 저의 사랑이 퇴색되지는 않았습니까? 혹시라도 저의 사랑이 변질되지는 않았습니까?

그러나 주여! 이 나귀는 주님을 태우면서 고개를 숙이려고 무던히 애를 썼습니다. 한 발은 온유의 발이며, 한 발은 겸손의 발이며, 한 발은 감사, 한 발은 희생, 충성, 순교의 발이 되게 하기 위해 애 꽤나 썼습니다. 혹시라도 엉덩이에 뿔난 나귀가 되지 않기 위해 얼마나 몸부림을 쳤는지요? 주님이 아시지 않습니까?

 주여! 이제 더욱 겸손한 나귀 되게 하소서. 주여! 올챙이 시절을 기억하게 하소서. 그리고 주님 태운 이 나귀가 언젠가는 주님 앞에 번제의 제물로 죽게 하소서. 이것이 이 종의 평생 소원입니다.

 "사랑하는 종아! 네가 나를 미치도록 사랑했기에, 생명 바쳐 충성한 종이었기에 나도 너를 높여 왔노라. 아니 너를 또 높이고 높이리라. 그러나 너는 언제나 네 분수를 알아다오. 너는 나를 태운 나귀라는 사실을……. 엉덩이에 뿔난 나귀가 아니라 오직 고개 숙이며 묵묵히 나만 태우며 가야 하는 나의 나귀라는 사실을……."

엿장수목회 이야기

쉬는 것이 송구스러워서

1995년은 한마디로 저에겐 수난의 해인 것 같습니다. 부교역자들의 빈번한 사임, 특별히 한 분 장로님의 출교가 제 가슴을 미어지게 하였습니다. 믿었던 분, 순수하게 존경했던 분에게서 오해를 받는다는 것은 죽는 것보다 더 가슴 아픈 일이요 억울하고 치욕적인 일이 아닐 수 없었습니다. 그것도 철없는 부교역자와의 잘못된 관계에서 그랬다니 더더욱 가슴이 아프지 않을 수가 없습니다. 그 일을 생각하면 지금도 가슴이 미어지고 또 조여 듭니다. 아마 그 일 때문에 제 심장이 자극을 받았고 그런 일련의 사건들 때문에 저의 간기능 수치가 그토록 높이 솟아 버렸는지도 모릅니다.

그러나 올해는 또한 저에게 있어서 평생 잊을 수 없는 축복의 해입니다. 꿈에도 소원이었던 엘벧엘 성전을 건축하는 해이기에 말입니다. 그토록 가슴이 타고 침이 마르고 손에 땀이 나게 기대하고 그리워하던 엘벧엘 성전 건축을 시작하는 해가 아닙니까? 그러기에 올해같이 복 받은 해도 없을 것이고, 올해같

쉬는 것이 **송구스러워서** | 성장기

이 비명을 지를 정도로 감격스러운 해도 드물 것입니다. 이 경사스런 일을 위해 저는 초자연적으로 뛰었습니다. 육체를 초월하다시피 뛰고 또 뛰어 왔습니다. 조금도 쉴 줄을 모르고, 또 쉬는 것이 어색하여 달리고 또 달려 왔습니다. 그래서 제 육체는 한계 상황에 부딪혀 지치고 망가지고 상하게 되었나 봅니다.

게다가 제 실수로 교통사고를 당했는데, 천만다행으로 그 덕분에 저는 절대 휴식과 안정의 시간을 가질 수 있었습니다. 정 권사님은 제가 교통사고가 나자, 심장과 간장의 경고를 받고도 쉬지 않으니 이번 기회에 좀 누워서 쉬라고 하나님께서 교통사고를 통해 경종을 울리신 것이라고 귀찮을 정도로 말씀하십니다. 게다가 김○○ 의원 구속 일로 많은 시간을 할애하자 정 권사님은 저를 더욱 귀찮게 간섭하시지 않겠습니까? 제발 좀 쉬라고 말입니다.

그래서 정 권사님 말씀대로 며칠 쉬어 보려고 노력해 보았지만, 그게 고작 사우나를 가는 것이었습니다. 분당에 온 이래 아직 한 번도 사우나에 가 본 적이 없었던 것 같습니다. 그만큼 사우나 갈 시간도 없었고, 또 시간이 좀 난다고 한들 시간이 아까워서 사우나 같은 곳에는 도저히 못 갔습니다. 그래서 저는 늘 집에서 목욕을 하였습니다. 마음먹고 목욕탕 갈 시간이 도무지 없었던 것입니다.

그런데 남에겐 일상적인 일들(사우나 가는 일)이 저에게는 특별한 휴가로 다가오게 된 것입니다. 모처럼 가 보는 사우나, 거기 가서 몸을 따뜻한 물에 실컷 담그고 목이 마르면 주스를 마시고, 배고프면 밥을 시켜 먹고, 잠이 오면 휴게실 가서 잠도 실컷 자리라고 생각하면서 기대에 부푼 마음으로 갔습니다. 모든 일을 잊고, 모든 육체의 신경과 근육을 풀어 보자고 하면서

| 성장기 | 엿장수 목회 이야기

말입니다.

　그러나 제 적성에는 그 일도 맞지가 않나 봅니다. 한마디로 제 팔자는 쉴 팔자가 아닌가 봅니다. 물에 들어가 있어도 자꾸 교회 생각, 휴게실에 가서 잠을 자 보려 해도 성전 건축의 현장만 자꾸 눈앞에 어른거리는 것이었습니다. 그래서 휴대폰으로 현장에 전화를 해 보고 교회에 전화를 해 봅니다. 그리고 나서 그냥 밖으로 나와 버립니다. 아무 일도 없지만 그냥 저도 모르게 성전 건축 현장으로 와 버리는 것입니다. 교회에서 의료비도 주었습니다. 그러나 의료비로 쓰기는커녕 식사비, 성동 구치소와 기타 목회 활동 및 택시비로 다 날아가 버렸습니다.

　어느 집사님이 약값 하라고 가져온 돈도 하나님 은혜가 너무 감사해서 감사헌금을 하였습니다. 웬만하면 병원에 입원해서 쉬고 치료를 받아야 할 형편인데 그렇게 하기가 너무 송구스러운 마음입니다. 심지어 목욕탕에 가서 좀 쉬는 것조차도 시간이 좀 길다 싶으면 그냥 송구스러운 마음이 가슴을 짓누르기만 합니다.

　저를 주의 종 삼으신 하나님 앞에, 그리고 어려운 중에도 성전 건축 헌금을 드리고 지금도 전도 현장에서 뛰고 있을 성도들을 생각하면 송구스러울 뿐이란 말입니다. 물론 쉬는 것도 하나님의 일입니다. 하나님의 사명자에게는 쉬는 것도 하나님께 받은 사명입니다. 앞으로 더 큰 도약과 더 큰 사명 감당을 위해서 말입니다. 심지어 어떤 목사님은 과로로 쓰러져 소천하시면서 "쉬는 것도 하나님의 일인데……." 하고 돌아가셨다고 합니다.

　저 역시 그것을 잘 압니다. 쉬는 것이 하나님의 일이라는 사실을! 그러나 쉴 때가 따로 있습니다. 저에게는 지금이 쉴 때가

쉬는 것이 송구스러워서 성장기

아닌 것 같습니다. 지금은 깨어 크게 기도할 때입니다. 엘벧엘 성전 건축이 하나님 나라에서 얼마나 큰 일이면 이 일을 방해하기 위해 사탄이 총공격을 하고 있지 않겠습니까? 찬란한 약속을 원천 봉쇄하기 위해서 말입니다. 그러기에 지금은 깨어 기도할 때입니다. 소 목사가 새벽 제단을 지키며 성전 건축 현장을 둘러보면서 기도해야 할 때입니다.

육체가 무엇입니까? 한줌의 흙에 불과합니다. 결국 흙으로 돌아갈 것이 인생이 아닙니까? 사람이 죽음을 무서워한다는 것은 빨리 흙으로 돌아가거나 먼지처럼 세상에서 없어져 버릴 것을 두려워하는 것에 불과합니다. 유명한 사람들도 갔고 훌륭한 사람들도 갔습니다. 시한 폭탄처럼 시계 소리가 들리는 가운데 자기의 육체의 날들이 가는 세월 속에 아물아물 지나가고 있습니다. 그럼에도 불구하고 이런 육체로 살면서 다들 인생을 착각하며 속으면서 삽니다. 먼지와 육체에 취해서 살아가니 말입니다.

"너 인생아! 너 육체야! 네가 도대체 무엇이더냐? 너는 더이상 육체가 아니다. 이제는 하나님의 성전이 되었다. 너는 더이상 네가 아니라 하나님의 종이 되었단 말이다. 너에게 가치가 있다면 하나님의 사랑과 주 예수의 은혜와 성령의 감동을 힘입어 하나님의 집과 하나님의 성역에 죽기까지 높임받는 일이다. 이것만이 너의 가치가 될 것이며 이것만이 네 존재와 영광이 될 것이다. 그러므로 짧고 굵게 살아라. 사는 날까지 죽도록 충성하고 살아라. 죽는 그날까지 하늘을 향하여 한 점 부끄럼이 없도록 살아라. 늙어서는 쉬더라도 젊고 힘있을 때 더 죽도록 충성하라. 젊음을 낭비하지 마라."

이것이 소 목사가 소 목사에게 당부하는 잠언이요 황금률입니다. 이것이 제가 받은 분복이요 제 인생의 본분이기에 말입니다.

"오 주여! 언제나 이런 마음을 주소서. 언제나 이렇게 살게 하여 주소서."

오 사랑하는 성도여! 지금은 깰 때입니다. 잠잘 때가 아닙니다. 깨어 기도해야 할 때입니다. 깨어 전도할 때입니다. 깨어 성전을 건축할 때입니다. 지금 여러분에게 소 목사 같은 송구스러운 마음은 없습니까?

엿장수 목회 이야기
주여! 왜 이리 애타게 하시나이까?

확실히 제 팔자는 예수 팔자요, 목사 팔자인가 봅니다. 그것도 그냥 팔자가 아니라 상팔자임에 틀림없습니다. 정말이지 적당히 예수님을 믿고 적당히 교회를 섬기는 팔자가 아니라 주님을 위해 죽고 교회를 위해 애간장을 녹이기까지 주님의 몸 된 교회를 사랑해야 할 팔자로 태어났다는 말입니다.

사실 짧은 제 인생 여정을 뒤돌아보면 정말 그렇습니다. 혼자 집을 나와 신앙 생활 하는 것에서부터 고학으로 신학 공부를 하던 일들, 더구나 백암리 개척교회 시절은 더더욱 그랬습니다. 그때 교회를 위해 애태우던 일들, 주님의 복음을 위해 가슴 쓰리게 애태우던 때를 생각하면 지금도 눈물겹기만 합니다. 또 서울 개척 명령을 받고 개척 준비를 하던 때, 얼마나 발을 동동 구르며 애를 태웠던지요?

그런데 그 애태움은 오늘날도 마찬가지입니다. 왠지는 모르지만, 저의 신앙 생활은 기도가 없으면 견딜 수가 없습니다. 기도가 없으면 불가능합니다. 남들은 그럭저럭 해도 된다는데 저

| 성장기 | 엿장수 목회 이야기 |

는 정말 그럴 수가 없습니다. 무슨 일이 있든지 기도로만 하게 하시고 겸손과 진실한 신뢰가 있게 하신 후에 일을 이루어 주시기 때문입니다. 그야말로 진정한 눈물과 애간장이 녹는 과정을 겪게 하시고야 전화위복의 복을 주시기 때문입니다.

사실 새에덴교회를 개척할 때부터 하나님은 얼마나 많은 무릎의 기도를 요구하셨는지 모릅니다. 1초의 방심도, 1초의 태만도 허락지 않으시고 하나님은 저에게 24시간 내내 근신하게 하셨고 초긴장하게 하시면서 목양 훈련을 해 오셨습니다.

특별히 요즘엔 그런 것을 더 느낍니다. 미관 심사와 건축 허가를 앞두고, 또한 분당 신도시 임시 예배 처소 및 전도 문제를 앞두고 왜 이리도 신경쓸 문제가 많이 생기는지 모릅니다. 왜 이렇게 하나님께서 저에게 애타게 할 요소를 주시는지 모릅니다. 정말 날개가 제게 달려 있다면 훨훨 날아 어디론가 날아가고 싶은 마음도 들고, 아무도 없는 곳에 가서 아무것도 안 하고 좀 푹 쉬고 싶은 충동도 들 때가 있습니다. 이러다가 영적인 탈진 현상이 오지는 않을까 염려가 될 정도로 말입니다. 어떻게 생각해 보면 '하나님께서 꼭 이렇게 하지 않으셔도 될 텐데 왜 이토록 나를 골탕먹이시는가? 왜 이런 계곡에 빠뜨려 놓으시고 나를 숨통 막히게 하시는가?' 하는 생각이 들기도 합니다. 이것이 곧 하박국의 질문이었고 예레미야의 질문이었습니다.

교회 건축에 너무 신경을 쓰다 보니 벌써 제 나이에 걸맞지 않게 조로현상을 금방 느낄 수가 있고, 24시간 입이 마르고 타는 것은 물론 피곤에 피곤이 겹쳐 목이 아예 잠겨 버린 지 오래입니다. 오늘은 하도 목이 갑갑해서 이비인후과를 가 보았더니 제발 좀 쉬라는 것이었습니다. 쉬라는 처방밖에 없었습니다. 그럼에도 불구하고 쉴 수 없는 것이 지금 저의 현실입니다. 그

주여! 왜 이리 애타게 하시나이까? 성장기

래서 오늘은 하나님께 마침내 입을 열어 조심스럽게 여쭈어 보았습니다.

"하나님! 저를 왜 이리도 애타게 하시나이까? 왜 이리도 저의 심장과 폐부를 찢으시나이까?"

그때 일방적인 하나님의 메시지가 제 쓰린 가슴을 어루만지기 시작하였습니다.

"사랑하는 종아! 정력이 왕성한 젊음의 때에 나를 위한 애태움, 나를 위한 몸부림이 얼마나 복된 일이냐? 교회를 향한 너의 열정, 나를 향한 너의 열망, 오매불망 나와 몸 된 교회 위해 살려는 너의 뜨거운 헌신! 내가 모르면 누가 알겠느냐? 그러나 너무 과속하다 보면 충돌 사고가 있을 수 있는 법, 너무 일이 쉬이 되면 주제를 모르는 법, 너 역시 바울처럼 약할 때가 강한 것이니, 지금이 강할 때이므로 내 은혜가 네게 족하도다. 오직 내 은혜가 너를 족하게 하리라. 오직 내 은혜가 너를 찬란한 약속으로 인도하리라."

그 순간 전화벨이 울렸습니다. 그 전화는 제게 너무너무 고무적인 소식이었습니다. 그래서 저도 전화할 곳이 있었습니다. 한 군데가 아니라 여러 군데에 말입니다. 그 결과 이번 일은 차라리 전화위복의 계기가 될 수도 있는 일이었음을 확인할 수 있었습니다. 오직 하나님의 은혜로만 말입니다.

"그렇습니다. 주님! 전 예수 팔자, 예수 인생이올시다. 나비와 꿀벌이 꽃밖에 모르듯이 오직 제 인생은 예수로만 사는 인생, 교회밖에 모르는 인생입니다. 그러기에 이 인생은 오직 주님 위해 애태우고 주의 교회 위해 간장이 녹다가 그렇게 죽는 것이 당연합니다. 그것이 제 삶의 본분입니다. 왜냐하면 제 인생은 주님께 고삐가 매인 인생이고, 제 귀는 이미 당신의 송곳

성장기 > 엿장수 목회 이야기

으로 뚫려 있는 종이기 때문입니다. 주여! 더욱 주님으로 목마르게 하소서. 주님의 교회를 위한 몸부림의 절규가 이 종에게 있게 하소서. 그러나 당신의 일은 당신이 이미 약속하신 대로 찬란하게 이루소서. 찬란하게 이루어 주소서."

엿장수 목회 이야기

설교의 뒤안길

　유명한 신학자 반델 베흐트는 "설교 없이는 구원이 없다."고 했습니다. 왜냐하면 하나님의 말씀이 몸(육신)을 입은 것이 예수라면 문자를 입은 것이 성경이요, 그리고 그 시대의 언어를 입고 소리로 전달되는 것이 설교이기 때문입니다. 그러니 설교를 통하지 않고서는 참구원이 있을 수가 없다는 것입니다.
　과연 그렇습니다. 예수님 자신이 말씀으로 존재하셨고 말씀이 육신이 되어 세상에 오셨을 때도 그는 오직 말씀, 곧 설교로만 사역을 하셨습니다. 그리고 말씀의 반석 위에 당신의 교회를 설립하셨고, 설교에 의해 교회가 존재하고 다스려지도록 하셨습니다. 그러므로 말씀이 없으면 교회는 존재할 수가 없으며 교회가 교회 되기 위해서는 오직 참설교가 있어야 합니다. 그러므로 설교가 없이 구원이 있을 수 있다는 말은 성립될 수 없는 논리입니다. 오직 베드로의 설교에 의해서 성령이 역사했고 백성이 회개하고 구원을 받았던 것처럼 구원은 설교에 의해서 이루어진다고 보아야 할 것입니다.

설교란 논문 발표가 아닙니다. 그저 청중의 지성적인 욕구에 맞추어 성경의 여러 구절을 지적으로 조립해서 전달하는 것도 결코 아닙니다. 또한 설교는 저널리스트의 논설도 아니고 평론도 아닙니다. 그렇다고 위대한 웅변도 아니고 연설도 아니며 에세이스트의 감상문도 아닙니다. 더더구나 설교는 인본주의적인 철학이나 종교를 강설하는 것도 아닙니다. 설교는 곧 복음이며 하나님의 말씀입니다.

그런데 어떤 복음이며 어떤 하나님 말씀입니까? 그것은 하나님의 말씀이 사람, 곧 설교자를 통해서 전달된 복음이요 하나님의 말씀입니다. 그러므로 설교에 있어서는 말씀의 내용도 중요하지만 설교자의 인격과 그의 삶이 더 중요합니다.

다시 말하면 어떤 내용으로 말씀이 선포되었느냐보다 누가 설교했느냐가 더 중요하다는 말입니다. 즉, what(내용)보다 who(설교자)가 더 중요한 것입니다. 왜냐하면 설교는 반드시 하나님의 객관적인 말씀이 설교자의 주관적인 영감 속에 레마(영감의 말씀)로 부딪친 후에 그 레마의 말씀이 그 설교자의 인격과 삶의 여과기를 거쳐 전달되는 것이기 때문입니다.

그리고 그 설교는 내용만 청중에게 일방적으로 전달되는 것이 아니라, 보이지는 않지만 설교자의 인격과 삶을 동반해서 전달되기 때문입니다. 그러니 청중은 자신도 모르게 설교자의 인격과 영성 그리고 그의 신앙과 삶을 모방하고 따라가게 되는 것입니다. 따라서 설교자의 입에서 선포되어지는 말씀이 아무리 아름답더라도 설교자의 인격이 죽으면 그 말씀은 죽은 말씀이요, 아무리 그 말씀의 소리가 우렁차다 할지라도 그 말씀은 인격적인 변화를 일으킬 수가 없는 말씀이 되며, 아무리 그 소리가 위대한 웅변 같고 아로새긴 은쟁반에 금사과 같을지라도

설교의 뒤안길 | 성장기

그 말씀은 역사의 현장에 죽은 소리로만 들릴 뿐입니다. 신학교를 갓 다니던 햇병아리 전도사 시절에는 이것을 모르고 무조건 외치면 그것이 설교인 줄 알았습니다. 지금 생각해 보면 어설프기만 한 일이었습니다.

그래서 시간이 갈수록, 저 자신이 조금씩 성숙해 갈수록 설교가 더욱 어려워집니다. 그리고 갈수록 부담이 커집니다. 특별히 저는 설교자로서 성결하고 거룩한 인격과 영성을 기초로 하여 한편에서는 지성적인 설교를, 그리고 한편에서는 영적인 설교를 병합해서 감동적이고 능력 있는 설교를 할 것을 추구하고 있습니다. 다시 말하면 지적인 강단과 성령의 강단을 조화 있게 하려는 것이 제 설교의 모양입니다. 그러니 깊은 지적 연구와 번쩍이는 영감이 동시적으로 조화를 이루어야 합니다.

그러다 보니 어떤 때는 지적 자료와 정보를 위해 몸부림쳐야 하고 어떨 땐 선명한 영감과 뜨거운 성령의 감동을 기다리고자 몸부림쳐야 합니다. 그래서 설교 한 편을 생산하기 위해서는 반드시 고통의 산실을 통과해야만 합니다. 그런 몸부림을 거쳐야 주옥 같은 한 편의 설교가 출산되기 때문입니다.

어떨 땐 토요일 밤이 깊어갈 때까지 설교의 영감이 떠오르지 않을 때가 있습니다. 소 목사는 그때까지도 기다리고 있어야만 합니다. 이미 주제 본문이 정해져 있고 요약 설교도 주보에 기재했건만 생동감 있는 레마를 받아야 하기 때문입니다. 마침내 깊은 밤이 되어서야 섬광 같은 감동이 저를 사로잡습니다. 그러면 레마의 말씀이 제 가슴에 폭포같이 임하며 오른손은 신들린 점쟁이 손보다 더 요란하게 펜대를 굴립니다. 그래서 대학 노트의 15~16페이지를 아니 조금 길면 17~18페이지를 단숨에 써 내려갑니다. 마치 오래 기다리던 봇물이 일시에 터지듯 단숨에 보를 터트리는 것입니다.

　한동안은 고뇌하고 몸부림치다가 마지막에 가서야 단숨에 완성을 하곤 하는 나의 설교! 이것이 저의 설교 해산의 과정이요 출산을 위한 진통과 아픔의 과정입니다. 그러나 섬광 같은 레마의 감동이 오는 순간, 그리고 그 영감의 레마를 써 내려가는 그 순간, 그리고 그것을 다 쓰고 펜을 놓는 그 순간! 그 순간에 저는 이 세상에서 가장 행복한 목사가 됩니다. 교인들이 내 설교를 어떻게 받건, 반응과 결과는 두 번째이고 설교자로서 하나님 앞에 받아서 증거하는 목사이기 때문입니다.

　저는 가난한 신학교 시절부터 책을 사는 기쁨이 유달리 컸습니다. 그리고 기도하는 학생으로 소문이 났습니다. 지금도 제 책장의 책은 날마다 늘어납니다. 그 책마다 다 제 손때가 묻어 갑니다. 그리고 동시에 저의 기도는 더 감동 있는 설교가 되도록 제 설교의 밑거름이 되어 줄 것입니다. 이것이 소 목사의 설교의 뒤안길에 있는 사연들이기에 말입니다. 그렇다고 아직 완숙한 설교는 아니지만 말입니다.

　그러나 저는 감히 말합니다. 앞으로 더 완숙한 명설교의 선포를 위해서 뜨거운 땀과 정열과 불꽃을 투자할 것입니다. 누구를 위해서 말입니까? 하나님이 저에게 맡기신 소중한 양떼를 기름지게 먹이기 위해서 말입니다. 그러나 한 가지 아쉬움이 있습니다. 훌륭한 강단은 훌륭한 청중(아멘의 성도)을 만나야 빛이 나는 법인데 과연 저의 청중은 소 목사의 설교 뒤안길의 사연들을 아시는지, 모르시는지. 과연 저의 양떼는 이런 진통의 과정을 겪고 해산된 설교를 어떻게 받고 계시는지요?

엿장수 목회 이야기

심장으로 쓴 목회서신

　금주도 성도님들께 편지를 쓰고 싶은 마음이 간절하였습니다. 지금은 토요일 12시 20분입니다. 설교 준비를 해야 한다는 압박을 당하면서도 꼭 성도님들께 편지를 쓰고 싶은 간절한 마음 때문에 어쩔 수 없이 연애 편지(?)를 쓰듯 편지를 씁니다. 어제는 종일토록 성전 건축 현장에 있다가 철야 기도를 인도했기 때문에 책상에 앉을 짬을 못 냈습니다. 성전 건축이 마무리 단계이기 때문에 저 또한 바쁘기 그지없군요.
　사랑하는 성도님들! 저는 피곤에 지쳐 있다가도 성전 건축 현장만 가면 새 힘이 솟습니다. 일하는 사람들보다 더 비지땀을 흘리며 부지런히 몇 바퀴를 돌며 지켜봅니다. 4층에 있는 담임목사 목회연구실에 올라가노라면 가슴이 막 뜁니다. 그곳에서 기도하며 설교 준비할 것을 생각하니 괜히 기분이 산들산들 거립니다. 교육관을 가도 가슴이 설레고 식당을 가도 그렇습니다. 특히 본당 강단 자리에 올라가서 설교할 것을 생각하면 나도 모르게 "할렐루야!" 소리를 외치곤 합니다.

| 성장기 | 엿장수 목회 이야기 |

어제는 본당에 음향 기기가 들어와 음향 테스트를 하는데 얼마나 스피커 소리가 좋은지 너무너무 기뻤습니다. 무선 마이크를 들고 이곳저곳에서 소리를 질러 보는데 온 성전 안이 쩌렁쩌렁하더군요. 정말 어서 빨리 입당을 해서 저 강단에 올라가 힘차게 설교하고 싶은 마음뿐이었습니다. 참으로 그날이 어서 속히 오기만을 고대하고 고대하는 마음 간절하였습니다.

친애하는 성도님들! 어느 교회는 한 장로님이 400억 원을 내놓아 혼자서 교회를 짓는답니다. 다른 성도들은 팔짱을 끼고 구경만 하며 교회를 다닌답니다. 그러니 교인들은 부담이 없어서 좋고 그저 교회 생활이 편해서 좋답니다.

그러나 우리 교회는 그렇지 않습니다. 우리 교회는 우선 담임목사의 핏줄부터 짰습니다. 땀을 짜는 것은 물론 진액과 피까지 짰습니다. 온 성도님들의 눈물과 땀과 진액의 결정체로 성전이 건축되어 왔습니다. 그러므로 저 새에덴 성전은 그 교회와 같이 거대한 성전 규모는 아니지만 적어도 우리 모두의 땀과 눈물과 피의 결정체라고 할 수 있을 것입니다.

어떤 성도님은 전세를 월세로 옮겨 건축 헌금을 했고 어떤 분은 융자를 받고 빚을 얻어서 드렸습니다. 정말 자원하는 마음, 아니 힘에 겨운 헌금을 믿음으로 드렸습니다. 특별히 가락동에서부터 새에덴교회를 섬기신 분들은 땅을 살 때부터 땀과 눈물을 쏟아 오셨습니다. 지나온 역사, 역사들을 돌이켜볼 때 여러분 모두에게 눈물겹게 감사합니다. 특별히 저 멀리 광주에서 매주 올라오시면서 새에덴 성전 건축의 기둥이 되어 오신 문 장로님 부부는 더더욱 그렇습니다. 그 분들을 위해서라도 소 목사는 토요일이 아무리 바빠도 설교 준비에 생명을 걸어야 합니다. 주일 설교에 은혜를 못 끼치면 어떻게 되겠습니까?

심장으로 쓴 목회서신 / 성장기

사랑하는 교우 여러분! 올해는 소 목사의 머리카락이 유난히도 많이 빠진 것 같습니다. 드라이를 해도 머리가 훤히 보일 정도로 많이 빠졌습니다. 그러나 하루하루의 삶이 너무나 보람이 됩니다. 너무 피곤해서 새벽에 못 일어날 때도 있었지만 감격된 하루하루를 살아갑니다. 가장 행복한 목사로 살아갑니다. 바로 여러분 때문입니다.

성전 건축의 부담감 속에서도 끝까지 여러분의 자리를 지켜주신 성도님들! 아니 끝까지 내 사명을 지켜 주시고 희생해 오신 여러분들! 정말 너무너무 고맙습니다. 눈물겹게 감사합니다. 과연 여러분은 소 목사의 자랑이요 무기요 재산이며 영광의 면류관입니다. 죽을 때까지 잊지 않고 여러분을 위해 기도하며 살겠습니다.

이제 그날이 점점 다가오고 있습니다. 확실히 다가오고 있습니다. 오늘은 본당의 바닥을 깔기 시작한답니다. 유리도 진작 끼웠을 텐데 더 색깔이 좋은 유리로 변경하느라 늦었고 내일 모레부터는 반사칼라 유리를 끼우기 시작할 것입니다. 수도시설, 전기시설도 완비되었고 바깥 페인트를 칠하고 나서 성전 안에 필요한 성물들을 들여놓으면 드디어 우리는 영광스런 입당을 하게 될 것입니다.

성도 여러분! 기쁘지 않습니까? 가슴이 설레지 않습니까? 이것은 우리 모두의 기쁨이며 우리 모두의 감격입니다. 우리 모두의 눈물이며 우리 모두의 영광입니다. 이제 우리는 입당을 할 준비를 해야 합니다. 마음의 옷 매무시를 단정히 하면서 감사함으로 그 문에 들어서고 감격함으로 그 궁정에 들어가서 여호와의 영광의 세키나(임재)를 둘러 입고 하나님의 복을 받아야 합니다. 마치 저 바벨론 포로에 잡혀갔다 돌아오던 선민들

| 성장기 | 엿장수 목회 이야기 |

이 70년 만에 예루살렘으로 돌아와 논밭에 씨를 뿌리는 믿음으로 눈물을 뿌리며 건축한 성전! 마침내 그 성전에 그들이 여호와 삼마의 은총으로 하나님의 영광의 광채에 둘러싸이며 입당을 했던 것처럼 우리의 입당도 그렇게 영광스러울 것입니다. 아멘!

성도 여러분! 우리는 지금까지 씨를 뿌렸습니다. 눈물로 씨를 뿌렸습니다. 그러므로 정녕 머지않아 그 열매를 거두게 될 것입니다. 반드시 기쁨으로 거두게 될 것입니다. 그러나 아직도 씨를 덜 뿌린 성도는 안 계신지요? 혹시 씨를 안 뿌려 마음이 꺼림칙한 분은 안 계십니까? 씨도 뿌려야 할 때가 있듯이, 모든 것이 기회가 있는 법입니다. 하나님께 뿌린 씨는 반드시 30배, 60배, 100배 이상으로 거둔다는 사실을 아셔야 합니다. 그것도 꼭 기쁨으로 영광스럽게 거둔다는 사실을 말입니다. 이 글은 12시 20분에 시작하여 정각 한시에 마칩니다.

성도 여러분! 저는 여러분의 목사. 여러분은 저의 성도! 우리는 자랑스럽고 영광스런 '새에덴 맨'입니다. 할렐루야!

엿장수 목회 이야기

사랑하는 전도
특공대원들에게

'불볕 더위', '찜통 더위', '살인 폭염'과 싸우면서 오늘도 그리스도의 구원의 복된 소식을 전하는 전도대원들에게 머리 숙여 존경을 표합니다. 하늘에서 내리쬐는 불볕 광선은 회색빛 콘크리트 숲인 APT 건물들에 반사가 되어 살인 폭염이 계속되고 있지만, 이런 더위 속에서도 오직 주님의 복음 전파와 새에덴교회의 홍보에 열정을 바치시는 여러분을 보노라면 대견스럽기 그지없으며, 가슴이 울먹거리고 눈시울까지 뜨거워집니다.

하나님께서 가정과 남편과 자녀들 걱정은 잠시 뒤로하고 하나님 나라의 선포와 참신한 새에덴교회의 시작을 알리면서 발이 통통 부어오르도록 아파트 계단을 오르내리는 여러분의 가정, 여러분의 남편, 여러분의 자녀에게 왜 복 주시지 않겠습니까? 불쾌지수 80이면 언행에 조심을 해야 하는 짜증나는 날씨인데 요즘처럼 불쾌지수가 95를 웃도는 최악의 상황에서 짜증한 번 내지 않고 선교의 불꽃을 일으키시는 여러분이여! 정말 장하고 위대하십니다. 위에서는 불볕 광선이 내리쬐고 좌우에

> 성장기) 엿장수 목회 이야기

서는 시멘트 건물인 APT들의 열반사가 있고, 게다가 아스팔트의 지열로 인해 뜨끈뜨끈한 길을 밟고 다니면서도 인상 하나 찌푸리지 않고 무엇이 그리도 좋은지 언제나 기뻐하는 여러분의 모습! 그냥 가만히 앉아 있어도 등줄기를 타고 구슬땀이 흐르는 때에도 오직 전도밖에 모르며 지칠 줄을 모르는 여러분의 얼굴! 그러다가 한 가정의 등록을 받으면 어쩔 줄 몰라 뛰며 기뻐하시는 여러분의 모습 앞에 이 종은 다시 한 번 겸손과 감사와 충성을 다짐해 보곤 합니다.

돈을 받고 그렇게 하는 것도 아니고, 월급을 받기 위한 것도 아니며, 특히 여러분은 교역자도 아닌 평신도들인데도 불구하고 온몸에 땀을 비오듯 흘리며 한여름의 힘과 열정을 그리스도에게 쏟으시는 전도 특공대들! 확실히 그것은 인간의 힘, 인간의 열정이 아니라, 여러분 가슴속에 뜨거운 예수 그리스도의 심장이 이식되었기 때문일 것입니다.

그렇기 때문에 심한 모욕과 멸시와 따가운 눈총으로 문전박대를 당할 때가 있었음에도 불구하고, 아파트 경비원들의 봉쇄와 경계의 눈빛에도 불구하고, 기타 수많은 자존심 상하는 일이 있었음에도 불구하고, 여러분은 마냥 기뻐하며 더욱 힘을 내어 전도하는 것을 보면 여러분의 심장이야말로 확실히 예수 그리스도의 심장이 되었다는 사실을 증명해 주는 것 같습니다.

어린 자녀들이 학원에 다녀와서 제때 밥을 챙겨 먹는지, 숙제는 잘 하고 있는지 모르는 가운데에서도 남편들의 적극적인 협조와 지원의 자세! 정말 여러분들이야말로 복 받을 그릇이 아닐 수 없습니다. 주께서는 여러분의 남편, 자녀, 사업, 직장에 반드시 복 주실 것입니다.

여러분의 수고, 여러분의 땀, 여러분의 정성만큼이나 하나님께서는 반드시 몇 갑절로 갚아 주실 것입니다. 하늘 상급은 물론 이 땅에서도 100배의 복을 더해 주실 것입니다. 또한 전도 현장에서도 여러분의 눈물과 땀은 기필코 큰 열매로 맺혀지게 될 것입니다.

여러분이 있었기에 우리 교회는 이만큼 성장했으며 이 정도의 힘있는 교회가 되었습니다. 과연 여러분은 우리 교회의 재산이며 자랑이자 이 소 목사의 보배입니다.

우리 교회에는 눈물 없이는 해낼 수 없었던 수많은 간증들이 있습니다. 순교적 각오로 헌금을 했던 성도들, 순교적 정신으로 순종하며 헌신하는 성도들, 하나님 나라와 교회 성장을 위한 전도라면 기를 쓰고 앞장서시는 복음의 증인들!

그것은 첫째로 주님을 사랑하기 때문이요, 둘째는 몸 된 교회를 사랑하기 때문이며, 셋째는 이 부족하고 어린 목사를 사랑하고 존경하기 때문이었습니다. 이 종은 이 시간도 그 수많은 성도들의 피눈물 나는 충성과 헌신을 생각하며 다시 한 번 깨닫습니다.

'아! 나는 이 세상에서 가장 행복한 목사구나. 난 정말 가장 복 받은 목사야!'

그러나 또 다른 것을 깨닫게 됩니다.

'아! 나야말로 주님께 가장 충성을 해야 할 목사구나. 한 번의 순교는 너무 아쉬워 이 몸이 죽고 죽어 일백 번 고쳐 죽기까지 주께 충성해야 하는 목사구나. 내겐 이런 성도들이 있으니 말이야!'

"오 주여! 이 종에게 이렇게 훌륭한 성도들을 주심을 감사합니다. 사랑의 불, 충성의 불, 순교의 불, 오직 목양일념의 불이 가슴속에 타오르게 하소서. 그래서 언제나 빚진 자의 마음이 되어 이 종의 남은 여생 이 몸, 이 생명을 모두 주께만 드리게 하소서. 그리고 주여! 이 불볕 더위에 수고하는 전도 특공대원들에게 하늘 상급과 땅의 기름진 것으로 채우시고 또 채워 주옵소서."

엿장수 목회 이야기

목사가 성도들에게 제일 미안할 때

목사가 성도들에게 제일 미안할 때가 있다면 그것은 강단에 올라가서 성도들에게 은혜를 끼치지 못할 때일 것입니다. 성도들은 은혜를 사모하는 기대의 눈빛으로 목사를 바라보는데 목사는 성도들의 심령에 아무런 만족도 주지 못한 채 허공을 치는 설교만 하고 강단을 내려올 때면 정말 성도들에게 죄송하기 짝이 없습니다.

정말 죽을 쑤는 설교를 하고서 강단을 내려오노라면 성도들 앞에서 죄인 같을 때가 많습니다. 그래서 자꾸 성도를 만나면 왜 오늘 이렇게 죽을 쑬 수밖에 없었는가에 대해서 변명도 하고 싶고 하소연도 하고 싶은 초라한 심정이 되곤 합니다. 어떨 땐 아예 쥐구멍으로라도 들어가고 싶을 정도입니다.

그런데 이보다 더 미안하고 죄스러울 때가 있습니다. 그것은 담임목사가 외부 강사를 초청했는데 외부 강사가 죽을 쑬 때입니다. 성도들은 지루해하고 있는데 시간까지 길게 끌어 가면서 더더욱 지루하게 만들 때 담임목사는 애가 탑니다. 그래서 예

성장기 〉 **엿장수 목회** 이야기

배가 끝나고 집으로 향하는 성도들을 바라볼 때 목사는 그야말로 흉악한 죄인이 되어 성도들 앞에 서 있는 것입니다.

저는 목사라면 먼저 하나님을 기쁘시게 해드려야 하고, 다음으로 성도들에게 영적인 배부름을 주어야 한다고 생각합니다. 목사는 마땅히 주 안에서 오직 목양일념의 정신으로 사랑하는 양떼들에게 영적 배부름과 행복함을 주어야 합니다. 그것이 목사의 사명이고 의무이며 책임입니다. 그러나 그렇지 못한 목사는 자기 목장을 황폐하게 하고 굶주리게 하며 불행한 기아 성도로만 가득하게 할 것입니다.

몇 년 전 중국을 다녀올 때였습니다. 그때 옆자리에 앉으신 나이 많은 장로님의 이야기를 지금도 잊을 수가 없습니다. 아마도 저는 제 목회 평생 그분의 이야기를 영영 잊지 못할 것입니다. 그분은 고등학교 교사로 정년 취임을 몇 달 안 두신 분이셨고 장로님이 된 지 20년이 넘은 분이셨습니다. 또한 뼈대 있고 예수 믿은 지 몇 대의 역사가 있는 가문에서 태어나 신앙 생활을 하였을 뿐 아니라 큰 목사님들을 많이 섬기신 노 장로님이셨습니다. 바로 그분이 제 손을 꼭 잡고 저에게 이렇게 충고하시는 것이었습니다.

"소 목사님! 앞으로 목회를 하시면서 자신의 양떼를 배부르게 하십시오. 거기에 최고의 우선순위를 두셔야 합니다. 아무리 교회 밖에서 좋은 일을 많이 한다고 할지라도 내 양떼를 배고프게 하고 내 양떼를 굶주리게 한다면 그분은 담임 목사의 자격이 없습니다. 그리고 자신의 똑똑함으로 목회를 하지 마십시오. 똑똑함으로 말하자면 세상에서 닳고 닳아진 장로들과 성도들이 훨씬 더 똑똑하고 영리합니다. 이 똑똑한 성도들 앞에서 목사가 자기 똑똑함으로 목회를 하니까 문제가 생기고 마찰

목사가 **성도들에게** 제일 **미안할 때** | 성장기

이 생기는 것입니다. 오히려 더 똑똑한 장로들이 덜 똑똑한 목사의 실수와 흠을 잡아내는 것이지요. 그러나 목사가 덜 똑똑하더라도 성도들을 영적으로 배부르게 하고 영적 풍요를 제공해 주면 목회는 모든 것이 다 잘될 것입니다. 그러면 목사가 웬만큼 실수를 해도 성도들은 그것이 실수처럼 보이지 않습니다. 성도들은 배가 고프니까 문제를 일으키는 것입니다. 특별히 우리 장로들은 배가 고프니까 목사를 할퀴는 것입니다. 그러므로 소 목사님이 앞으로 목회에 크게 성공하시려면 무엇보다도 성도들을 배부르게 하십시오."

그 장로님 말씀을 들으면서 저는 그 장로님이 영적으로 매우 굶주려 있음을 느낄 수 있었습니다. 그리고 그분에겐 너무 밖으로만 뛰시고 교인을 돌보지 않는 담임목사에 대한 불평이 많음도 느껴졌습니다. 아닌게 아니라 몇 년 후에 그 교회가 큰 시험에 빠지는 것을 보았습니다. 담임 목사님께서 불미스런 스캔들로 인한 오랜 마찰과 진통 끝에 사임을 하시게 되었던 것입니다.

그렇습니다. 그 장로님의 이야기대로 저는 그 전에도 그렇게 했거니와 그후에도 계속해서, 어떻게 하면 우리 성도들에게 영적인 풍요와 행복을 누리도록 할 것인가에 목회의 우선순위를 두었습니다. 그리고 앞으로도 계속 그렇게 할 것입니다.

그런데 요즘은 참으로 성도들에게 죄스러운 마음이 많았습니다. 헌당식 때 좀더 영광스럽고 감동적으로 성도들에게 은혜를 끼칠 수 있었는데 다른 목사님들께 순서를 많이 배분하다 보니 아쉬움이 많았습니다. 또 지난 주일 저녁 예배는 성도들 입에서 말도 많았습니다. 정말 저도 앞자리에서 그분의 설교를 들으면서 성도들에게 송구스러운 마음뿐이었습니다. 모든 것

이 제 탓이라고 느껴졌습니다.

  이런 것을 통해 다시금 깨달은 것이 있었습니다. 제가 더 부지런하여서 내 양떼의 배부름은 내가 책임질 거라고 말입니다. 물론 갈수록 이런 고민은 커질 것입니다. 자꾸 저에게 강단 초청을 요구하는 분들이 많아지기 때문입니다. 그러나 그럴지라도 하나님께서 저에게 맡기신 강단만큼은 제 건강과 영력이 허락하는 한 언제나 기름지게 하고 늘 풍요하게 할 것입니다. 하나님 앞에서 언제나 떳떳하고 성도들 앞에서 죄인이 안 되기 위해서라도 말입니다.

엿장수 목회 이야기
맷집이 좋은 목사

얼마 전 연세대 세브란스 병원에서 서울 시내 3,000명의 목사를 대상으로 해서 건강 진단을 한 결과 1,000명은 지금 바로 병원에 입원을 해야 할 상태라고 발표한 적이 있었습니다. 그만큼 목회자의 건강이 좋지 않다는 말입니다. 통계청의 발표에 의하면 목사는 평균 남자 수명보다 8년을 빨리 죽고, 목사 사모는 12년을 빨리 죽는다는 통계가 나왔습니다.

무엇 때문일까요? 그것은 목회자가 받는 스트레스 때문입니다. 현대인이 도시 생활을 하면서 어찌 스트레스를 안 받을 수 있겠습니까마는 목회자의 스트레스는 정말 생존을 위협할 정도의 위험 수위라고 합니다. 스트레스란 몸에 해로운 육체적, 심리적, 정신적 자극이 가해졌을 때 그것이 정신적 부담을 일으켜 그 생체에 나타나는 반응을 말합니다.

그렇다면 소 목사는 어떤 스트레스를 받고 살까요? 많은 친구 목사님들이 소 목사는 소신 목회를 하기 때문에 스트레스가 거의 없을 것이라고 말들을 합니다. 그러나 아닙니다. 소 목사

> 성장기 > 엿장수 목회 이야기

에게도 스트레스는 가중되게 찾아옵니다. 아마도 목회 현장에서 스트레스를 안 받는 목사가 있다면 그 목사는 천사이든지 아니면 완전한 위선자일 것입니다. 그만큼 목회는 스트레스 현장이기에 말입니다.

(1) 소 목사는 언제나 대기중의 상태로 살기 때문에 스트레스를 받습니다.

실제로 저는 언제나 대기중의 삶을 삽니다. 언제 교인에게서 무슨 일이 일어나 무슨 전화가 올지 모르며, 언제 성경책을 들고 나가야 될지 모르기에 저녁에도 넥타이를 매고 자며, 단정한 머리를 유지해야 하기에 저녁에도 목침(?) 같은 대백과사전을 베고 잡니다. 어찌 그뿐이겠습니까? 하나님의 지시에 대기 중이어야 하기에 언제나 깨어 있는 자세로 순간순간을 보냅니다. 이것이 저도 모르게 스트레스가 될 때가 있습니다.

(2) 설교 과다 때문입니다.

흔히 목사는 입만 벌리면 설교가 나오는 줄 알지만 천만의 말씀입니다. 치약도 다 쓰고 나면 빈 쭉정이에 불과한 법인데 목사인들 다를 바 있겠습니까? 한 편의 설교를 준비하려면 고통의 산실에서 애 낳는 아픔을 겪어야 합니다. 그것도 순산일지 난산일지 보장을 못하면서 말입니다. 더구나 소 목사는 주일낮, 밤, 새벽, 수요 예배, 철야 기도까지 혼자서 다 해야 하니 그 부담은 말로 다할 수가 없습니다. 특히 매설교마다 안타, 홈런을 기대하는 성도들이 많으니 말입니다. 거기에다가 각종 성경공부, 심방 등이 밀려 있으니 그 부담은 자못 크기만 합니다.

(3) 교회란 말이 많은 곳이기 때문입니다.

교회란 백인 백색, 천인 천색의 눈과 입과 귀와 생각들이 모인 집단이기에, 더구나 군대 사회도 아니고 계선조직화된 집단이 아닌 자율 공동체이니 만큼 얼마나 말도 많고 얼마나 생각도 다양한 곳입니까? 우선 열 명만 무작위 추출해서 그들의 여론을 수렴해 보면 제각기 다 생각이 다를 뿐입니다. 그리고 그 여론은 본인에게는 일리가 있는 생각이지만 객관성이 없고 보편성이 희박한 의견들일 때가 많습니다. 소 목사는 이런 현장에서도 사랑하며 섬기는 교회로 이끌어가야 할 부담이 큽니다.

(4) 담임목사 독점성 때문입니다.

열심 있는 교인이라면 누구나 담임목사를 좋아하고 밝히는 습성이 있습니다. 담임목사와 남보다 더 친하고 싶어하고 더 목사에게 인정받고 싶어하고, 담임목사를 더 독점하고 싶어할 뿐 아니라 그것을 남에게 은근히 과시하고 싶어하는 마음까지 있습니다. 그러기에 교인들 대부분은 부목사나 전도사가 심방 가는 것보다 담임목사가 심방 가는 것을 훨씬 더 좋아합니다. 그러나 목사의 몸은 하나인데 언제 설교 준비하고 언제 다 심방을 하겠습니까? 그러니 이것도 큰 스트레스가 될 수밖에요.

(5) 새벽 기도로 인한 수면 부족 때문입니다.

특히 소 목사는 늦게 자고 일찍 일어나며 거의 매일을 새벽 기도 인도를 하게 되니 눈이 침침하고 골이 띵하는 수면 부족의 스트레스가 크기만 합니다.

성장기 > 엿장수 목회 이야기

(6) 높은 윤리성을 요구하기 때문입니다.

교인들은 언제나 목회자에게 큰 기대를 합니다. 일반 성도는 죄를 지어도 목사만은 죄 안 짓는 천사가 되기를 원합니다. 본인들은 함부로 화내고 말을 하며 삐치길 잘하지만 목사의 한마디 실수, 한번의 혈기에 일반 성도는 아연실색을 합니다. 그것이 두고두고 큰 상처가 된다고 합니다. 자기들은 호화롭게 살면서 목사는 언제나 청빈하길 원하며, 목사는 언제나 성자요 천사이길 기대하는 것입니다. 이것이야 당연한 성도의 기대요 순수한 바람이겠지만 그러나 목사도 사람이기에 이것이 얼마나 큰 부담이겠습니까?

(7) 교회는 사랑과 잔인의 집단이기 때문입니다.

이것이 가장 큰 스트레스가 아닐 수 없습니다. 교인은 누구나 담임목사의 사랑과 친절한 관심을 독점하고자 합니다. 그러나 목사가 자기가 아닌 다른 성도를 편애하는 눈길을 보일 때 교인들은 잔인해지기 시작합니다. 혹은 하찮은 일로 본인에게 큰 오해가 있을 때 영적 편집증에 걸려 목사를 증오하기 시작합니다. 그때부터 목사를 긴 손톱으로 긁어 할퀴고 사정없이 매로 두들깁니다. 목사에게서 피를 볼 때까지, 아니면 목사가 급소에 치명타를 맞고 푹 쓰러지는 그 순간까지 말입니다. 물론 때리는 명분은 좋습니다. 언제나 그 명분은 외관상 하나님을 위해서, 진리나 교회의 정화를 위해서라고 하니까요. 그러나 그 속엔 독 묻은 증오만 있을 뿐입니다. 그래서 많은 목사님들이 히스테리성 신경증에 걸려 시름시름 앓다가 쓰러지는 경우가 많다는 것입니다.

미국 캔터키 교회 문제 연구소 소장인 맥스웨이는 말하기를

맷집이 좋은 목사 — 성장기

목사는 맷집이 좋아야 목회에 성공할 수 있다고까지 말하였습니다. 맷집만 좋을 뿐 아니라 매도 급소가 아닌 적당한 곳을 잘 맞는 목사여야 대목회자가 된다고 합니다.

확실히 그건 사실인 것 같습니다. 교회는 죄인이 모이는 곳이며 병든 사람들이 모인 집단입니다. 그러니 그들이 심리적으로, 정신적으로, 신앙적으로 병이 들면 누군가를 패야 합니다. 누군가를 할퀴고 무참히 때려야 합니다. 그 대상이 바로 목사입니다. 그것이 그들의 나음의 길이며 회복의 첩경이기 때문입니다. 모세가 그렇게 맞았으며 바울이 그렇게 무참히 맞았고 수많은 선지자와 사도들이 그렇게 비참하도록 짓밟히지 않았습니까? 그것도 택함받은 성민들에게 말입니다.

확실히 목사는 맷집이 좋아야 합니다. 그래야 큰 목회, 대목회자가 됩니다. 매를 맞고도 웃을 줄 아는 목사, 스트레스가 24시간 빗발쳐도 참고 인내할 줄 아는 목사가 세계의 주역이 될 수가 있습니다.

그런데 다행히도 소 목사는 맷집이 좋은 것 같으니 얼마나 복 받은 목사입니까? 매를 맞는 방법도 알며, 맞고 제법 웃음도 표현할 줄 아니 역시 큰 목사(?), 상머슴 일꾼감(?)이 되지 않습니까? 그러나 아직도 해결하지 못할 일은 실컷 소 목사를 두들겨 패놓고 소 목사를 떠난 경우는 어떻게 해야 할까요? 그런 경우엔 웃어야 할까요? 울어야 할까요?

"주여! 매 잘 맞는 목사 되게 하소서. 맷집 좋은 목사 되어 매 맞고도 웃는 목사 되게 하소서. 이것이 저들을 낫게 하는 방법이기에 말입니다. 그러나 저들이 낫는 데 도움이 되지 않는 매는 한 대도 맞지 않게 하소서. 그 매를 맞고는 웃을 수 없기 때문입니다."

엿장수목회 이야기

여유 있는 삶을 살게 하소서

지금 제 마음은 매우 조급하기만 합니다. 겨우 4시간 자고 일어난 지금 시간이 아침 8시 30분인데 9시 10분까지는—그러니까 30~40분 이내로—이 글을 완성하고 매주 써야 하는 목양 설교란도 채워야 하기 때문입니다. 그러나 아무리 재주가 좋아도 시간상 설교란까지 채울 수는 없습니다.

요즘은 왜 그렇게 바쁜지 모르겠습니다. 매일 새벽 기도회를 인도해야지요, 1만 명 만나기 운동을 위한 원고 준비에 정신을 쏟아야지요, 아침부터 저녁까지 대심방을 하지요, 하루 종일 전혀 여유가 없습니다. 특히 어제 저녁은 1만 명 만나기 운동 원고를 최종 점검하느라 밤을 새워야 했습니다. 그리고 아침 9시 30분에는 심방이 있고 또 심방이 끝나는 대로 성남에 가서 노회에 참석을 해야 하며, 돌아오는 길에는 분당에 들러야 합니다. 그리고 오후 늦게는 출판사 직원을 만나야 하고, 저녁때는 금주의 설교 요약 원고를 작성하여 인쇄소로 보내야 합니다. 그래야 겨우 주보가 구색을 갖추어(?) 나오기 때문입니다.

여유 있는 삶을 살게 하소서 　성장기

　오늘은 아들 성군이가 소풍 가고 또 일곱 번째 생일을 맞는 날인데 저녁 식사라도 함께할 수 있을지 의문입니다. 이 글을 쓰느라 소풍 잘 다녀오라고 말 한마디도 못했는데 말입니다. 그러나 그건 그렇고 적어도 9시 10분까지는 이 글을 써야 합니다. 그래야 세수하는 데 5분, 헝클어진 머리를 빗고 단정하게 하는 데 10분, 넥타이 매고 양복 입는 데 5분, 그리고 교회까지 가는 데 2~3분! 그렇게 되면 아침밥 먹을 시간도 없이 심방을 출발할 것 같습니다.
　이렇게 생각하니 글도 잘 나오지 않습니다. 무슨 이야기를 쓸 것인지 어떤 제목으로 쓸 것인지, 평소에는 쓸 재료도 많더니만 너무 시간에 쫓기다 보니 도무지 조급하기만 하고 글 쓸 재료도 다 어디로 가 버린 것 같기만 합니다. 그러니 마치 안 풀리는 수학 문제를 놓고 연신 시계만 보는 대입 수험생과 같은 심정입니다. 짧은 시간 내에 쓰려면 먼저 생각부터 쉽게 떠올라야 하는데 지금은 머리조차 띵하여 생각이 도무지 나질 않습니다. 한 20~30분만 더 여유가 있어도 좋으련만……, 아니 한 시간만 시간이 있으면 기막힌 글을 써 볼 수가 있겠는데 말입니다.
　하지만 이런 시간의 아쉬움과 시간에 쫓기는 이런 조급한 심정은 오늘 하루뿐 아니라 매일 반복되는 일입니다. 그래서 너무 바쁠 때는 출타하면서 휴대폰으로 전화할 데 전화하고 연락할 곳에 연락을 해 왔습니다. 오늘도 아마 또 그래야 할 것 같습니다. 하여간 어떻게 된 일인지 저는 매일 새벽에 눈뜨면 곧 밤이 되어 버리고 월요일이다 싶으면 곧 토요일이 되어 버리고, 마는 생활을 하고 있습니다. 그러니 보통 정신을 차리지 않으면 흐르는 시간을 붙잡을 수가 없습니다. 촌음을 아끼고 광음

성장기 | 엿장수 목회 이야기

을 절약해서 살아야 하는 것입니다.

그렇다고 뭐 대단하게 많은 일을 하는 것도 아닌 것 같은데 왜 저는 이렇게 시간에 쫓겨 헐떡거리며 살아야 할까요? 더구나 주일이 다가오면 설교 준비에 대한 부담과 압박감은 이루 말할 수 없습니다. 내일도 대심방이 있고 철야 기도회가 있어서 영락없이 토요일에만 설교 준비를 해야 되니, 설교 준비에 그렇게 쫓기고 조급할 것은 자명한 사실인 것입니다.

이렇게 너무 바쁘게 뛰고 정신없이 하루를 살다 보면 종종 건망증이 들 때가 있습니다. 제 자신을 잃어버리고 마는 그런 건망증 말입니다. 저는 왜 이렇게 바쁘기만 할까요? 왜 이리도 시간에 쫓겨야만 할까요? 사실 목사란 너무 바빠서도 안 되는데 말입니다. 좋은 영감과 착상, 그리고 맑은 사고와 정서는 바쁜 가운데 섬광처럼 얻어지는 것보다는 여유 있는 묵상과 깊은 영상 속에서 그 깊이를 더해 주기 때문입니다. 여유 있는 묵상, 여유 있는 삶!

도대체 왜 저는 아직도 사람이 변변찮아서 이렇게 바쁘게만 살고 있는 걸까요? 시간 관리를 효율적으로 하지 못해서 그런 걸까요? 결코 그런 것만은 아닙니다. 아직도 변변찮은 목사이지만 누구보다 바쁘게 열심히 사는 목사임에는 틀림이 없습니다. 하나님과 교회 앞에 눈가림하면서 일하는 목사가 아니라 저는 주님의 일을 만들어서 하고 창조적으로 사역을 하는 목사이기 때문입니다. 그렇다면 이런 바쁜 매일매일의 삶 속에서 작은 여유를 갖고 살 수 있는 길은 무엇일까요? 그것은 상황이 아니라 마음에 있을 것입니다. 환경에 있는 것이 아니라 삶의 태도에 있을 것입니다.

이제 막 시계를 보니 9시 15분이 되어 버렸습니다. 정신없이 써내려 왔는데 벌써 시간이 이렇게 흘러 버린 것입니다. 이제 세수하고 부지런히 옷을 입고 가야 9시 30분까지 교회로 갈 것입니다. 오늘도 아침은 거르고 가야 할 것 같습니다. 그러나 마음은 여유를 가져 봅니다. 눈코 뜰 새 없이 바쁘지만 여유를 가져 보자는 말입니다. 아침은 걸러도 여유, 시간에 쫓겨도 여유! 여유, 여유를 말입니다.

"주여! 이 소 목사의 삶을 아시지요? 촌음을 아껴 주를 위해 충성하며 일촌광음을 잡아서 주를 위해 살고자 하는 저의 충정을 아십니까? 주여! 시간이 아쉽습니다. 제 체력도 아쉽고요. 그러나 무엇보다 여유 있는 마음을 주옵소서. 조급함 속에서 진정한 여유, 진정한 안식의 삶을 살게 하소서."

엿장수목회 이야기

축복송을 부르는 소감

저는 누구보다도 교인들에게 축복 기도를 많이 하는 목사입니다. 무엇보다 성도들이 복 받기를 원하기 때문입니다. 성도들이 복 받는 일이라면 저는 물불을 가리지 않습니다. 그러다가 성도들에게 축복은커녕 실패와 시험이 닥치는 일이 있게 되면 얼마나 속이 상하는지 저는 밥맛을 잃어버리고 맙니다. 그만큼 저는 성도들이 복 받는 것을 원하는 목사입니다. 그러다 보니 저는 어느새 축복론에 아주 정통한 전문가가 되었다고 할 정도로 성경적 축복론을 많이 연구하게 되었습니다. 그래서 매년 초마다 저는 축복론을 주제로 하는 신년 축복성회를 인도합니다.

D. L. 무디에 의하면 설교자가 무엇을 외치고 강조하느냐에 따라 하나님의 역사가 따른다고 합니다. 설교자가 자꾸 은사를 강조하면 성도에게 은사가 많이 나타나고, 신유를 강조하면 신기하게도 그런 것들이 나타난다는 것입니다. 그러기에 저는 성도들에게 복에 대해 많이 이야기하고 축복을 선포하고 기도합

축복송을 부르는 소감 | 성장기

니다. 저는 성도들이 복 받는 것을 원하기 때문입니다.

어떤 목사님은 복에 대해 이야기하는 것은 기독교를 기복 종교로 전락시킨다고 해서 복과는 전혀 상관이 없는 목회를 한다고 합니다. 그러나 생각해 봅시다. 하나님의 복 없는 우리의 삶이 가능할 수 있단 말입니까? 그것은 복에 대한 이해의 부족으로 말미암은 소치일 것입니다. 복을 강조한다고 해서 왜 기독교가 기복 종교로 전락된다는 것이란 말입니까? 어차피 목회는 양을 돌보며 축복하는 것이 아닙니까? 구약의 제사장을 보십시오. 신약의 사도들을 보십시오. 그들은 먼저 하나님의 백성들에게 축복을 선포하는 종들이었습니다. 하나님의 은혜와 평강을 기원하는 사자들이었습니다.

그러기에 저는 누가 뭐라 해도 성도들에게 복 이야기를 많이 할 것입니다. 누가 뭐라 해도 성도들에게 복을 많이 비는 목사가 될 것입니다. 성도들이 복 받는 것이 바로 제가 복 받는 것이며, 성도들의 복이 곧 저의 복이며, 저의 기쁨과 저의 영광이기 때문입니다. 물론 저는 여기서 끝나지 않습니다. 복을 받았으면 반드시 하나님께 사명을 감당하라고 가르칩니다. 복 받은 것 자체로만 끝나 버리면 성도는 반드시 타락을 하기 때문입니다. 그래서 저는 복도 강조하지만 사명을 더더욱 강조합니다. 복을 받은 만큼, 아니 그 이상으로 받은 사명을 위해 헌신하라고 말입니다.

이렇게 성도들이 복 받기를 원하는 저로서는 예배 시간을 그냥 축도로만 마친다는 것이 조금 섭섭한 마음으로 남지 않을 수 없었습니다. 헌금 기도 시간에 아무리 헌금 기도를 많이 해 주고 목양 기도를 많이 해 주어도 마음이 후련하지 않았습니다. 그렇다고 제한된 시간에 10분이고, 20분이고 계속 기도만 할

| 성장기 | **엿장수 목회 이야기**

수 없지 않습니까?
　'뭔가 소 목사도 가슴이 후련하고, 성도들은 예배의 감격과 축복의 뭉클한 감동으로 돌아가게 할 방법이 없을까?'
　이것이 오랫동안 소 목사를 고민하게 만들었던 것입니다. 그러다가 기도 중에 지혜로 얻어낸 것이 담임목사의 축복송입니다. 이것을 위해 설교 전에 광고를 다 해 버리며 설교가 끝나고 찬송을 부른 다음, 은혜 받은 마음에 축복 기도를 하기로 했습니다. 그리고 이어서 담임목사의 독창으로 축복송을 부릅니다. 마치 열린 음악회처럼!
　'그런데 이 담임목사의 축복송 시간이 이렇게 긴장이 될 뿐 아니라 감격스럽고 은혜스러울 줄이야!'
　우선 축복송을 부르는 소 목사부터 먼저 가슴이 울먹거립니다. 온몸이 긴장과 전율로 부르르 떨립니다. 저의 모든 정성과 혼신의 힘을 다해 부르기 때문입니다. 마지막 축도 전 성도들을 떠나 보내기에 앞서 이 축복송을 부르노라면 소 목사의 가슴부터 뜨거워집니다. 가슴이 울먹거리며 눈물이 핑 돕니다. 그리고 코가 시큰해집니다. 이때처럼 하나님을 사랑하고 성도들을 사랑하는 마음이 절정일 때가 드물 것입니다. 그래서 어쩌면 이 순간이 소 목사 목회의 최절정이 되는지도 모릅니다.
　모든 성도들은 눈을 감고 있습니다. 그리고 일제히 기립하여 마음속으로 기도합니다. 이때 저는 뜨거운 가슴으로 축복의 노래를 부릅니다. 목이 쉰 것이 흠이지만 그래도 영혼으로 노래를 합니다. 그러다가 눈을 뜨고 청중들을 바라보노라면 손수건으로 눈물을 닦는 성도들이 부지기수입니다.
　심방을 가서 듣는 이야기이지만 담임목사의 축복송은 집에 와서도 귓전에 메아리로 남는다는 것입니다. 아니 그 노래가

축복송을 **부르는 소감** 〉 성장기

일상 생활 중에서도 영상화되어 눈앞에서 부르는 소리처럼 보여지고 들려진다고 합니다. 그리고 그 노랫소리의 메아리는 결국 그들에게 복의 확신으로 연결이 된다는 것입니다.

그것은 소 목사가 노래를 잘하기 때문인가요? 성량이 풍부하거나 음악성이 뛰어나서일까요? 천만에요! 그것은 소 목사의 열정 때문일 것입니다. 사랑하는 성도들이 복 받기를 원하는 그 열정 때문이라는 말입니다. 하나님의 열심으로 특심을 내어 성도들의 복을 위해 혼신의 힘과 열과 정성을 다했기 때문일 것입니다.

그렇습니다. 하나님은 복의 하나님이십니다. 복의 근원이십니다. 그러기에 저는 저의 성도들에게 하나님의 복을 기원하는 축복 목사가 될 것입니다. 언제나 성도를 위해 축복 기도를 쉬지 않고 축복의 노래를 부르기를 쉬지 않을 것입니다. 진정으로 성도를 사랑하기 때문입니다. 오직 무엇보다 성도를 사랑하는 목양일념 때문입니다.

"오 주여! 제 평생 축복 기도를 쉬지 않는 목사가 되게 하소서. 평생 성도들에게 축복의 노래를 부르는 것을 중단치 않게 하소서. 목이 쉴 때까지, 생명의 불이 꺼질 때까지, 사명의 기운이 다할 때까지 성도들에게 축복 기도를 하게 하소서. 축복의 노래를 부르게 하소서. 아니 이 기도, 이 노래를 하다가 마침내 죽게 하소서. 이것이 소 목사의 평생 소원입니다."

엿장수목회 이야기

이런 설교자 되게 하소서

입당식을 앞두고 가락동 지하실에서 만 7년 전에 했던 첫 예배 설교가 생각납니다. 그때 축하하러 온 분들은 모두 합하여 한 열 명쯤이었을 것입니다. 물론 순수한 창립 멤버는 고작 4명, 그러나 그분들의 집이 양천구와 인천이었기 때문에 밤 예배 때에는 우리 식구밖에 없었습니다. 그럼에도 불구하고 저는 첫 설교를 힘을 다해 외쳤습니다.

'드디어 내가 서울 땅에서 개척을 하다니, 빈손으로 출발한 내가 이 서울 땅에다가 개척을 하다니……'

그러니 지하실도 좋고 사람이 없어도 좋았습니다. 속에서 용솟음치는 기쁨과 감격, 그리고 소망을 가지고 큰소리로 설교했습니다. 어찌나 큰 소리로 설교를 했던지 지하에서 설교를 하는데도 길 가던 사람들이 내려와 들여다보고 갈 정도였으니 말입니다.

게다가 얼마나 설교를 길게 했던지요? 아마 한 시간쯤 했던 것으로 기억납니다. 그러자 아내가 집에 돌아와서 하는 말이

이런 설교자 되게 하소서 | 성장기

"전도사님! 당신이야 기뻐서 시간 가는 줄 모르고 설교하지만 교인들은 얼마나 지루해 하겠어요? 왔다가도 도망가 버리겠네요."

확실히 제 설교는 처음부터 길고 컸습니다. 그러나 저는 상관하지 않았습니다. 오직 하나님의 구속의 은혜를 알려야 한다는 것이 저의 설교의 목적이었기 때문입니다. 하지만 아내의 말이 약간은 걱정이 되지 않을 수 없었습니다. 그래서 그 다음 주에는 새 교인 10명을 보내 달라고 기도하였습니다. 이 말은 아예 길을 다니면서도 중얼거리며 기도할 정도로 입에 붙어 있었습니다. 정말 그 다음 주일에는 정확히 11명이 왔습니다. 그 중에 등록한 사람은 6명! 대단한 성공이었습니다.

이런 식으로 기도는 계속되고, 여전히 설교는 길었으며, 저는 매 설교 때마다 소리소리를 질렀습니다. 물론 지금처럼 말이 세련된 것도 아니요, 지방 촌놈의 사투리가 섞인 설교를 보통 한 시간씩 늘어놓았습니다. 이쯤 되니 어떤 사람은 말하길 "아예 설교로 짓녹이는군……"이라고 할 정도였습니다.

그러나 이 시간은 적어도 저의 성의와 저의 믿음과 저의 능력을 다 쏟는 시간이었습니다. 하나님께서 제 앞에 불러다 모아 주신 교인들에게 제가 할 수 있는 모든 성의를 다하지 않으면 주님을 실망시킬 수밖에 없다는 마음이 들었기 때문입니다. 예배 전에는 기도를 한두 시간씩 하는 것이 보통이었고, 이미 쉬어 버린 목소리로 언제나 소리를 고래고래 질렀습니다. 혹자는 가끔 "설교를 하면 했지 왜 소리를 그렇게 크게 지르느냐?"고 핀잔을 주기도 하였습니다. 또 혹자는 제 설교를 폭탄 소리와 같다고 했습니다. 그러나 어떤 말이 떠돌아도 크게 상관하지 않았습니다. 왜냐하면 설교에 힘을 다하고 목청이 터져라고 소리를 지른다 해도 제 가슴에서 우러나는 뜨거움과 열정을 진

| 성장기 | 엿장수 목회 이야기 |

정시키지 못했기 때문입니다.

  설교가 무엇입니까? 설교란 논문 발표가 아닙니다. 저널리스트의 논설도 아니고 평론도 아니며 에세이스트의 감상문도 아닙니다. 더구나 설교는 철학이나 종교를 강설하는 것도 아닙니다. 설교란 복음이며 하나님의 말씀입니다. 아니 설교란 생명을 전달해서 생명을 낳고 생명을 키우는 것입니다. 그러기에 설교에는 열정이 있어야 하고 격동적 생기가 있어야 합니다. 설교자야말로 항상 불꽃처럼 타오르는 생명의 이글거림이 있어야 하고 생명의 활화산이 심령 안에서 솟구쳐 올라와야 합니다.

  예레미야 선지자를 보십시오. 그에겐 심장이 불 붙는 것 같아서 골수에 사무치도록 뜨겁게 말씀을 전하지 않았습니까? 에스겔 선지자 역시 그의 중심에서 말씀의 불꽃이 이글거리며 타올랐으며, 호세아 선지자도 타는 사랑의 불꽃의 열정으로 하나님의 사랑을 전하지 않았습니까? 바울 또한 가슴에 예수로 피멍이 들도록, 온몸에 예수의 흔적이 낭자하도록 그렇게 복음을 증거한 설교자였습니다. 그뿐입니까? 그 유명한 크리소스톰, 조나단 에드워드, 스펄전, 무디, 휫필드, 찰스 피니, 필립 브룩스같은 위대한 역대의 명설교자들이 다 불꽃처럼 타오르는 설교자들이었던 것입니다.

  그래서 로이드 존스는 말했던가요? 설교는 불 붙는 논리의 말씀이라고! 그러기에 냉담하게 하는 설교는 설교자의 돌이킬 수 없는 과오라고 말입니다. 그렇습니다. 설교자의 가슴에 타오르는 불길이 없어 설교에 감격이 없고 열정이 없다면 아무리 아름다운 언어를 쓰고 재미있는 위트와 웅변적 스피치로 설교를 한다 할지라도 거기엔 생명이 역사하지 않습니다. 어차피 설교란 내용(what)도 중요하지만 설교자(who)가 더 중요하기

이런 설교자 되게 하소서 — 성장기

때문입니다. 설교란 하나님의 말씀이 설교자의 인격이라는 여과기를 거쳐 전달되는 것이기 때문입니다. 이렇게 볼 때 아무리 설교의 내용이 좋고 심오하다 할지라도 설교자의 인격이 죽고 가슴이 싸늘하다면 그 설교는 죽은 설교가 아니겠습니까?

그러기에 저는 설교자로서 하나님의 뜨거운 성령의 불꽃이 내 안에서 언제나 타오르는 삶을 살도록 엎드립니다. 그리고 한 편의 설교를 준비하기 위해 고통의 산실에서 해산의 몸부림을 그 대가로 치릅니다. 그렇게 준비한 말씀을 강단에 올라가서 힘을 다하여 외칩니다. 목이 터져라 선포합니다. 그렇게 해도 제 가슴에서 우러나는 이 열심을 진정시키지 못할 때가 많습니다. 하나님의 말씀의 불길이 제 가슴에서 너무도 뜨겁게 타오르기 때문입니다.

저는 새에덴교회를 이렇게 키워 왔습니다. 조그마한 지하실에서부터 저는 이렇게 설교해 왔고 이런 설교를 통해 오늘에 이르렀습니다. 그리고 앞으로도 B52기가 폭격하듯이 그렇게 설교할 것입니다. 저는 설교를 위해 몸을 아껴 본 적이 없습니다. 설교가 저의 일이요, 저의 직무요, 하나님께서 제게 주신 최고의 은사이기 때문입니다.

'설교하자. 이번 주도 열을 내어 설교하자. 온몸이 젖고 목이 터지도록 외치다가 가자. 그렇게 외치다가 강단에서 피를 토하며 장엄하게 죽자.'

주님은 제게서 이런 것을 원하고 계시리라 믿습니다. 제가 이런 설교자가 되기를 말입니다.

"오 주여! 평생 이런 설교자가 되기를 원합니다. 평생, 평생, 죽는 그날까지 타는 가슴으로 설교하는 이런 설교자가 되기를 원합니다. 이것이 평생 저의 소원이기 때문입니다."

엿장수목회 이야기

헌금 설교를 하는
목사의 마음

처음 교회에 나가는 사람에게 걸리는 것 중의 하나가 헌금 문제입니다. 편한 마음으로 교회 예배에 참석하였는데 느닷없이 긴 자루가 달린 커다란 주머니가 회중 가운데 돌면서 돈을 걷는 것입니다. 대개 미리 짐작하고 예배에 참석하지만 막상 직접 그런 것을 경험하게 되면 도대체 다른 사람들은 얼마를 넣었는지 궁금하기도 하고, 또 그 돈을 다 어디에 쓰는지 물어보고 싶어지기도 합니다. 그리고 교회를 생전 처음 방문하는 사람들 가운데 특히 헌금의 종류가 너무 많다는 인상을 받지 않는 사람은 거의 없을 것입니다. 가장 많은 것이 십일조이고 감사 헌금의 종류가 너무 많으며, 기타 선교 헌금, 또한 건축 헌금이 큰 부담거리가 아닐 수 없습니다.

이렇게 헌금에 관하여 오해를 하거나 큰 부담을 갖게 되면 교회 출석을 크게 저해하는 경우가 많게 됩니다. 그래서 저는 개척 시절 때부터 헌금대를 돌리지 않았습니다. 교회당 입구에 헌금함을 준비해 놓고 미리 자원하는 마음으로 헌금하도록 하

헌금 설교를 하는 목사의 마음 성장기

었습니다. 그러니 절대로 남의 눈치를 보고 헌금을 하거나 누구의 강요에 의해 헌금하는 일이 없었습니다. 어쩌다가 헌신 예배를 드릴 때면 헌금 주머니를 돌릴 때 저는 땅을 쳐다보며 찬송을 불러야 했습니다. 누가 헌금을 하고 안 하는 모습이 눈에 보일까봐서 말입니다.

그만큼 저는 헌금 목회에 자신이 없었습니다. 그런 이유로 헌금 설교는 한 번도 할 수 없었고 심지어 구역 예배시에도 헌금을 하지 않도록 했습니다. 성도들의 성화가 빗발침에도 불구하고 끝까지 저는 고집을 피웠습니다. 그로부터 1년 반 후 결국 성도들의 성화에 못 이겨 드디어 구역 예배 때 헌금 순서를 넣도록 했습니다. 헌금을 처음으로 했던 구역 예배! 저는 얼마나 낯이 뜨거웠는지 시종일관 눈을 감고 구역 예배를 인도해야 했습니다. 헌금하는 것 때문에 말입니다.

성도들은 너무도 자연스럽게 헌금을 하는데 괜히 저 혼자서 미안한 것입니다. 괜히 저 때문에 헌금하는 것처럼 성도들이 생각할까봐서 미안한 마음 그지없었습니다. 그래서 교회 개척 몇 년 동안 헌금을 작정시켜 본 일이 없었습니다. 심지어는 신년 축복 성회를 인도하는 중에도 헌금 작정을 못 시켰습니다. 성도들은 은혜 받아 뜨거움의 절정으로 달려가는데 헌금 이야기만 하려면 겁이 났습니다. '내 오늘은 반드시 작정을 시키리라.' 는 마음으로 강단에 올라가면 또 자신이 없었습니다. 헌금에 관한 설명은 어느 정도 하는데 작정은 죽어도 못 시키겠는 것입니다. 그만큼 소 목사는 헌금 목회에 자신이 없었던 것입니다. 이런 소 목사의 마음을 알고 스스로 건축 헌금 운동이 일어났고 건축 위원장이 앞장서서 작정 운동을 일으켜 성도들 스스로가 작정 헌금을 하게 되었습니다.

| 성장기 | 엿장수 목회 이야기 |

왜 그렇게도 저는 헌금 목회를 못했을까요? 그것은 저의 천성 때문이기도 할 것입니다. 원래 전 부끄러움을 별로 안 타는 성격이었는데 어릴 때부터 남에게 얻어먹는 것이 최고의 부끄러움이었습니다. 그래서 초등학교를 다닐 때 제 손으로 우유가루 배급이나 강냉이 빵과 죽을 타 먹어 본 적이 한 번도 없었습니다. 커서도 웬만한 모임에는 제가 식사비를 냈지 얻어먹지는 않았습니다. 이런 성격 때문에 목회자가 된 후에도 헌금 이야기는 못했습니다.

그러나 더 중요한 이유는 그때까지만 해도 소 목사의 신앙 훈련은 까마귀 훈련 단계였기 때문입니다. 그러나 어느 때부터인가 하나님께서 소 목사에게도 과부 훈련을 시키셨습니다. 하나님의 이름으로, 하나님의 영광을 위하여, 또 그 사람의 복을 위하여 헌금을 하도록 하고 그렇게 하면 정말로 밀가루 통과 기름 통에 기적이 일어나도록 하는 훈련 말입니다. 결국 신앙 생활은 씨를 뿌리며 심는 것이고, 헌금 생활과 정비례한다는 것을 깨우쳐 주신 것입니다. 헌금은 목사를 보고 하는 것이 아니라 하나님께 하는 것이며, 헌금이 하나님께 얼마나 큰 영광이 되며 본인에게 얼마나 큰 복이 되는지를 말입니다. 따라서 성도들을 잘 교육하고 믿음을 가르쳐서 하나님께 헌금을 잘 하도록 하는 것이 신령한 목사라는 사실도 깨닫게 됩니다.

성경을 보면 야곱도 20년 동안 종 노릇하여 모은 예물을 하나님께 드렸으며, 모세도 400년 동안 종 노릇하여 모은 물질을 성전 건축 예물로 드리도록 했습니다. 또한 학개 선지자도 70년 동안 종 노릇하여 모은 물질을 성전 건축 예물로 드리라고 하지 않았던가요? 그뿐입니까? 사도 바울은 헌금은 풍성하고 후하게 드리고 가난한 중에도 힘에 지나도록 드리라고 했으며

헌금 설교를 하는 목사의 마음 성장기

결코 인색하게 드리지 말라고 가르쳤습니다. 왜냐하면 하나님께 헌금을 드리는 것 자체가 위대한 복이기 때문입니다.

그후부터 소 목사도 어느 정도 담대함을 가지고 헌금에 대한 설교를 하기 시작했습니다. 헌금 작정도 담대하게 시켰습니다. 그리고 개인적으로도 성령의 감동과 확신이 오면 서슴없이 건축 헌금을 종용하는 용기도 갖게 되었습니다. 그러나 목표는 단 하나였습니다. 오직 하나님의 영광을 위하여, 그리고 오직 헌금하는 본인의 복을 위해서였습니다. 하나님 앞에서 제 욕심은 추호도 없었습니다. 이것은 과거에도 그랬고 지금도 그렇고 미래에도 그럴 것입니다. 돈에 깨끗하여야 언제나 신령한 목사가 될 수 있고, 돈에 욕심이 없어야 성도 앞에서 자신 있게 설 수 있기 때문입니다. 이런 마음으로 나아가니 하나님도 정말 소 목사를 기뻐하셨고 성전 건축도 은혜 가운데 마무리 단계에 오게 하셨습니다.

그래서 지난 주일 저녁에도 건축 헌금 설교를 하고 건축 헌금을 작정시켰습니다. 넉넉한 마음, 넉넉한 신앙, 넉넉한 사랑만 있으면 하나님께 무엇을 못 드리겠느냐고 핏대를 올렸습니다. 어차피 내 집 신자가 되고 새에덴교회의 주인이 되려면 한 평 값이라도 드리라고 했습니다. 아무리 믿음이 없어도 예수님 장가 한번 보낸 셈치거나 내가 어려운 일 한번 당해서 손해본 셈치고 헌금하자고 말입니다. 시간이 아쉽고 절차상 준비가 아쉬워서 그렇지, 그래도 성도들에게 용기를 다해서 말씀을 던졌습니다. 그리고 많은 성도가 마지막 작정에 참여했습니다. 정말 하나님께 감사를 드리고 성도들에게 감사를 드렸습니다.

그럼에도 불구하고 그날 밤 소 목사는 잠 못 이루는 밤을 맞이해야 했습니다.

'혹시라도 헌금 때문에 마음에 시험이 든 자가 한 명이라도 있을까?'

또 소 목사의 천성이 나오기 시작한 것입니다. 이놈의 인정 때문에 성도들의 얼굴들을 생각하면서 엎치락뒤치락하다가 새벽 기도회에 나갈 수밖에 없었습니다. 아무리 과부 훈련을 잘 받은 소 목사일지라도 다른 사람과 똑같이 밥을 먹고 화장실을 가는 사람이기 때문에 말입니다.

'그러나 꼭 그 설교를 들어야 할 사람들이 그날 밤 나오지를 못했는데, 그 사람들로 인하여 아쉬워하는 마음은 어디서 나오는 마음인가? 왜 그들로 인하여 소 목사는 지금도 아쉬워하는가? 이것은 인정(人情)을 넘어선 신정(神情)이란 말인가?'

엿장수 목회 이야기

밤에 출근하는 남편

확실히 저는 야행성이 강한 사람입니다. 아마도 그것은 생리적인 것 같습니다. 그래서 어린 시절에도 저는 밤새우기를 잘했고 학창 시절 시험 기간에 밤샘 공부에 능했습니다. 그러나 대신 새벽에 일찍 일어나서 공부하는 것은 힘들었습니다. 아무리 일찍 자더라도 이상하게 새벽엔 졸음만 오고 정신이 몽롱하기만 했습니다. 생리적으로 야행성인 데다가 후천적으로도 스스로 야행성 훈련을 해 왔으니 더더욱 야행성이 강한 남자일 수밖에요.

이런 제가 목사가 되어 평생 새벽 기도를 해야 하니 얼마나 새벽 기도가 힘들겠습니까? 아닌게 아니라 지금도 철야 기도에는 능하지만 새벽 기도엔 헤맬 때가 많이 있습니다. 밤늦게 잠을 자는 저로서는 우선 이른 새벽에 일어난다는 것 자체부터가 힘들 수밖에 없습니다. 그러나 반대로 깊고 조용한 밤이란 저에게 천국과 같습니다. 그때 저의 모든 설교의 영감과 목회의 아이디어가 나오게 됩니다. 이런 이유로 특별 새벽 기도회 기

성장기 | 엿장수 목회 이야기

간에는 주로 교회 강단에서 잠을 자는 경우가 많습니다. 깊은 밤 강단에서 기도하며 말씀을 준비하는 제게는 글자 그대로 그곳이 천국이기 때문입니다. 그래서 소위 밤에 출근하여 아침에 퇴근하는 격이 되는 것입니다.

요즘이야말로 소 목사는 밤의 천국을 맞이하고 있습니다. 교회 강단에서 스탠드를 켜 놓고 기도하며 새벽 설교를 준비하는 일, 이것 자체가 저를 행복하게 해줍니다. 저 뒤쪽에서 들려오는 ○ 권사님의 코고는 소리뿐 정말로 저에게 들려오는 소리는 아무것도 없습니다. 그 시간은 참으로 저에게 영감을 주는 시간입니다. 이상하게 ○ 권사님의 코고는 소리마저도 저에게 영감(?)을 보내 줍니다. 바로 이런 시간들이 소위 소 목사의 특별 시리즈 설교들을 산출시켜 주는 것입니다.

그런데 저는 이렇게 행복한 밤의 천국을 누리지만 정말 미안한 사람이 있으니 바로 아내입니다. 지금까지 전 아내에게 빚을 지고 산 사람입니다. 교회의 공적인 목사로서는 A학점이지만 한 아내의 남편이요, 자녀들의 아빠로서는 실격일 때가 많습니다. 아빠로서는 그래도 괜찮을 때가 있지만 남편으로선 정말 빚쟁이 남편입니다.

사실 전 결혼을 사랑 때문이라기보다는 목적 때문에 했습니다. 총각 신분으로 개척하기가 힘든 상황을 깨뜨리기 위해, 즉 교회 개척을 위해 결혼을 한 셈입니다. 그때야말로 더욱 은혜가 충만했을 때입니다. 그때는 예수님과 교제하는 기도 생활이 신이 났고 주님 생각만 해도 눈물이 흘러내리던 저였습니다. 그러니 연애 한번 안 해본 청년임에도 불구하고 신혼 여행을 가는 것은 고사하고 교회 개척을 위해 한푼이라도 아긴답시고 독방 하나 못 써 보고 신혼 기간에 한 방에서 네 식구가 사는 멋진 에피소드(?)를 남기는 난센스를 범하고 만 것입니다. 지금 생각해 보면 어떻게 그렇게 할 수 있었을까 할 정도로 말입니다. 그만큼 저는 교회 개척에 미쳐 있었습니다. 그러면 그럴수록 저는 아내에게 빚진 자가 되는 것입니다. 그러다가 서울 가락동으로 와서 교회를 개척했습니다. 목사 안수를 앞둔 젊은 전도사가 얼마나 열심이었던지 오직 예수, 오직 교회밖에 몰랐습니다.

밤이면 교회 가서 잠을 자며 기도하는 것이 개척 시절의 생활이었고, 교인 하나가 등록하면 아내보다 백 배, 천 배나 위해 주었습니다. 심지어 가난한 교인에겐 저희 집의 생활비까지 도둑질(?)해서 몽땅 주어 버렸습니다. 그러니 아내는 정신적 고생, 육체적 고생, 물질적 고생이 말이 아니었습니다.

이런 일이 계속되자 아내도 불평이 시작될 수밖에요. 그때마다 전 도리어 아내에게 믿음이 없다고 책망을 하기가 일쑤였습니다. 그러면서 혼자 생각하기를 주님 뜻대로 살고 주님께 충성을 하려니 가정이 장애물이 된다고 착각을 했습니다. 그리고 주님을 사랑한답시고 아내를 내팽개치고 금욕적인 길, 더 희생적인 길로 나아갔습니다. 게다가 자꾸 저는 아내에게 "사모가 되어 가지고 좀더 희생하고 믿음으로 살아야지 웬 불평이오?"라고 나무라기가 일쑤였습니다. 아마 그때 하나님의 은혜가 아니었으면 진작 아내는 도망(?)을 가 버렸을 것이고 전 지금 홀아비 목사가 되었을지 모릅니다. 오죽하면 제 주위에 가까이 있는 교인들도 사모 편을 들었겠습니까?

"신앙적으로는 목사님을 존경하지만 남편으로서는 존경하기 힘들어요. 나 같아도 목사님과 같이 안 살 거예요."라고 말할 정도였으니 말입니다. 사실 정 권사님만 안 계셨어도 저는

성장기 〉 **엿장수 목회 이야기**

진작 홀아비가 되었을지도 모릅니다. 그런데 나이가 한살 한살 들어 가면서 아내를 꾸짖고 책망하는 일이 없어지고 남편으로서 빚진 자가 되었고, 아내에게 미안하기 짝이 없는 마음만 들어가는 이유는 무엇일까요? 그래서 요즘은 이렇게 말을 합니다.

"미안해! 늙어서 보상해 줄게. 조금만 참아! 나이 들면 잘해 줄게!"

오늘은 미안한 생각이 많이 듭니다. 집에서 배 집사 아이를 보고 집 안에 묻혀 사는 것을 볼 때, 특히 밤에 제가 출근하면 혼자 남아 있을 아내를 생각하니 더욱 미안한 마음이 듭니다. 사실 아내의 이해 덕분에 오늘 저녁도, 이렇게 밤에 출근하여 강단에 있지 않습니까?

오늘밤도 참 좋은 밤입니다. 어제는 잠을 늦게 자고 수면이 부족해 온종일 눈이 침침한 상태로 활동했지만 또 이 밤에 강단으로 올라오니 시야가 선명해진 것 같습니다. 마음도 편합니다.

'이런 내가 새 성전에 입당을 하면 내 서재실에서 온종일 파묻혀 살고 밤이면 내려가 강단으로 출근하지는 않을까? 그러면 나는 더욱 아내에게 빚을 지게 될 게 아닌가? 어찌하면 좋을까? 내가 빨리 늙어야 할까? 빨리 나이가 들어야 할까?'

어젯밤은 광주를 다녀와서 피곤한 몸으로 늦게 잤더니 몸도 이상스레 부어 올랐습니다. 생전 한 번도 부어 보지 않은 몸이었습니다. 이상하게 제가 암에 걸려 곧 죽게 될 듯이 말입니다. 갑자기 어젯밤의 몸 생각을 하니 새삼스런 마음이 또 듭니다. 아내에게 더 미안한 마음 말입니다. 그러나 주님이 아시겠지요.

엿장수 목회 이야기
양심에 부끄러움이 없는 목회

요즘 제 생활은 하루의 일도 예측할 수 없을 정도로 분요하고 산만합니다. 갑자기 예상치 않는 일이 터져 밤늦게 누구를 만나야 하거나 뜻하지 않은 일로 그날의 계획을 포기하고 눈앞에 직면한 사건을 처리해야 할 때가 있습니다. 또 밤늦게 전화를 받고 잠이 깨면 더이상 잠을 자지 못하고 밤을 지새우는 경우도 있습니다. 그래서 새벽 기도회나 구역장 교육 시간에 늦거나 빠지는 경우도 있습니다. 이러다 보니 성도들 가정을 심방하지 못하고 새 교우 심방도 거의 못하는 것이 요즘의 형편입니다. 특별한 유고 심방 외에는 말입니다.

어느 정도로 짬내기가 힘드냐면 한 성도님이 소 목사 건강을 염려해서 가락동 한의원에 돈을 미리 지불해 놓고 보약을 짓도록 했는데 진맥하러 갈 시간이 없어 아직 보약을 못 짓는 형편입니다.

이런 생활 속에서 지난주 토요일은 결혼 주례를 마치고 오후에 설교 준비를 하는데 어찌나 현이가 거실에서 떠드는지 참을

성장기 | 엿장수 목회 이야기

수가 없었습니다. 조용히 하라고 몇 번이나 고함을 질렀는데도 여전히 떠들었습니다. 정말이지 유별나게도 떠들었습니다. 그러자 저는 그만 참지를 못하고 때릴 데도 없는 가냘픈 현이 등과 엉덩이를 사정없이 때려 주었습니다. 다른 때는 괜찮은데 설교 준비할 때 떠드는 것은 못 참기 때문입니다. 그러자 현이는 억울하고 서럽다고 징징 울 수밖에요.

사실 현이로 말할 것 같으면 저에게는 너무 미안한 딸입니다. 교회를 개척해서 한창 어려울 때 잉태한 아이라 먹여 주지도 못했습니다. 아내가 먹고 싶다는 것을 단 한 번도 사 준 기억이 없을 정도입니다. 얼마나 못 먹고 고생을 했던지 막 출산했던 현이의 모습은 차마 볼 수가 없었습니다. 그것도 크리스마스 트리를 하다가 산모의 과로로 인해 세상을 일찍 본 팔삭둥이였으니 말입니다.

현이가 출생한 이후에도 저는 아빠로서 특별히 돌봐준 적이 별로 없었습니다. 아들 성군이에게는 많은 신경을 썼지만 딸에게는 그러지를 못했습니다. 이 녀석은 왜 그렇게 밥도 잘 안 먹는지, 게다가 저를 닮아서 그런지 키도 잘 안 큽니다. 옆방 사는 에스더는 안 주어서 못 먹을 정도인데……. 이런 가냘픈 현이의 모습을 보면 육신적으로 가슴이 아플 때가 있습니다. 그런데 저를 닮아서인지 입은 야물어서 언제나 입은 조잘거리고 말이 사랑스러워 여성스럽기 그지없습니다. 그러다가 결국 저에게 얻어터졌지만…….

아무튼 밥만 잘 먹고 키만 불쑥불쑥 크면 좋으련만, 그렇지 않은 것이 아빠로서 아쉬운 마음이었습니다. 그래서 이런 현이에게 언젠가 밥 잘 먹고 키 잘 크는 보약을 좀 지어 주리라고 마음을 먹어왔습니다. 그런 참에 제가 한의원에 갈 때 현이를

양심에 **부끄러움이** 없는 목회 　성장기

같이 데려가려고 했는데 그것도 짬내기가 힘들어 못 갔던 것입니다. 더구나 토요일 날 무정하게 철없는 애를 때린 것이 너무 마음이 아파서(?) 이번 주에는 꼭 가려고 하였습니다.

드디어 D-day를 목요일 오후로 잡았습니다. 그런데 하필이면 그 날 차가 고장이 나서 차를 공장에 맡겨야 했습니다. 그렇게 수리를 했는데도 지금도 주행 중 차가 서는가 하면 사소한 곳에서 속을 썩이기 일쑤였긴 하지만, 왜 하필이면 그날 공장에 들어가야 했는지……. 그래서 택시라도 타고 가려는데 마침 전화가 왔습니다. 양 전도사님에게서 온 전화인데 분당 차병원에 한 성도님 아기가 이름 모를 병으로 입원해 있으니 빨리 와서 기도를 해 달라는 것이었습니다. 차마 고통스러워하는 것을 눈뜨고 볼 수가 없다는 것입니다. 또 보나마나 시간이 겹쳐서 가락동 행은 취소해야 할 것 같았습니다. 그래서 저 대신 정 권사님만 가시게 할까 하는 마음도 생겼으나 그것은 제 목회 양심에 저촉되는 것이었습니다. 제 보약과 현이 보약보다 더 급한 것이 성도님의 아이였기 때문이었습니다.

그래서 택시를 잡아타고 차병원으로 갔습니다. 물론 현이도 데려갔습니다. 하나님이 쉽게 역사하시어 기도 시간이 짧아 약속한 저녁 7시까지 도착할 수만 있으면 병문안 후 가락동으로 가려고 했기 때문입니다. 저는 차병원으로 출발하면서 마음속으로 간절히 기도했습니다.

'주여! 종연이의 질병이 무엇입니까? 병원에서도 병명이 무엇인지 모른다는데 왜 열이 나고 피부에 부스럼이 생깁니까? 이 종이 가서 손을 얹고 기도하자마자 열이 물러가게 하옵소서. 피부가 가라앉게 하옵소서. 아이가 새근새근 잠들게 하옵소서. 아니 이 종이 도착하기도 전부터 주님이 역사해 주소서.'

| 성장기 | 엿장수 목회 이야기 |

그런데 이 웬말입니까? 정말 제가 기도한 대로 그렇게도 보채고 울며 참을 수 없었던 종연이가 제가 그리로 간다는 전화를 받고 나서부터 갑자기 울음을 그치더라는 것입니다. 그렇게 견딜 수 없이 보채던 아이가 새근새근 잠을 자더라는 것입니다. 병실에 도착하여 정 권사님과 함께 사랑을 다하여 간절히 기도하였습니다.

"하나님! 사랑하는 마음으로 왔습니다. 제 계획을 포기하고 제 자녀를 찾아오듯 우선 순위로 달려왔습니다. 주님! 고쳐 주세요. 병마의 권세가 쫓겨나게 해 주세요."

이렇게 기도하자 마음에 평안이 왔습니다. 확신이 왔습니다. 하나님이 확실하게 고쳐 주신다는 영감이 온 것입니다. 그래서 그 성도님에게 이런 확신과 위로의 말씀을 건네주고 드디어 가락동으로 갈 수 있게 되었습니다. 가는 길에 차가 막혀 약속 시간보다 한 시간 가까이 늦게 갔는데 한의원 문을 닫았으리라고 생각했던 원장님이 그때까지 기다리고 계셨습니다. 뿐만 아니라 현이의 약값도 한 푼도 받지 않고 성군이 보약까지 선물로 지어 주지 않겠습니까? 물론 돈을 애써 주려고 했지만 저를 그냥 문 밖으로 밀어내다시피 하여 몸싸움만 하고 와야 했습니다. 그뿐 아니라 저의 간장을 위한 초음파 및 한방 진찰까지 하고 오게 되었습니다.

오는 길에 곰곰이 생각해 보았습니다. 제 성격에 공짜로 약 선물을 받아 온 것입니다. 마음이 대견스럽기 그지없었습니다. '내가 만일 차병원에 들르지 않고 바로 이곳으로 왔더라면 하나님은 나를 어떻게 보셨을까? 내 계획, 내 몸, 내 자식 건강만 생각하고 이곳으로 왔더라면 나는 하나님 앞에 어떤 종이라고 할 수 있을까?'

양심에 **부끄러움이** 없는 목회　성장기

　아무리 정 권사님이 가셔서 기적을 일으켰다고 할지라도 저에게 있어서는 양심에 화인 맞는 사건이 되고 말았을 것입니다. 내 중심을 보시는 주님! 내 양심의 판단과 마음의 동기를 보시는 주님께서 내 마음을 보시고 내가 도착하기 전부터 역사해 주셨던 것입니다.
　이튿날 다시 병원에 전화해 보니 종연이 아빠가 전화를 받았습니다. 종연이가 아주 좋아졌다고 기뻐하는 음성이었습니다.
　"하나님! 언제나 양심에 저촉되지 않는 목회를 하게 하소서. 목회자로서 목회의 양심을 따라 목회하는, 주님 보시기에 참목자가 되게 하소서. 그러나 요즘은 소 목사의 환경, 상황이 아쉽습니다. 그러나 제 형편, 제 상황, 제 환경 속에 양심을 저버리지 않게 하소서."

엿장수목회 이야기
사랑하는 딸 현에게!

　사랑하는 딸, 현아! 어쩌면 그렇게도 아빠를 쏙 빼닮은 너의 모습을 볼 때마다 네가 나의 사랑하는 딸임을 새삼스럽게 느낀다. 크리스마스가 다가올 때마다 아빠는 너의 탄생에 관한 일들을 생각하지 않을 수가 없구나. 특별히 올해에는 에스더 동생의 탄생을 보니 너의 탄생에 관한 추억이 더 역력하게 떠오르는구나.
　사실 오빠도 그랬지만 너의 잉태 역시 계획에 전혀 없었던 것이었단다. 오빠는 교회 개척을 위해서 낳지 않으려고 했던 것이 불청객(?)으로 잉태되었고 너 역시 교회 개척 후 교회 성장에만 전념하던 아빠에게 불청객(?)으로 잉태된 것이었단다. 네가 엄마에게서 잉태될 때쯤 아빠는 목사의 사명감에 불타 있었고 교회 성장에 미쳐 있었지. 기도, 설교 준비, 전도, 심방을 위해 나 혼자 몸으로 뛰느라 하루가 어떻게 지나가는지 모를 때였어. 게다가 그때는 아빠가 교회에서 받은 생활비 전부를 1년 동안 건축 헌금으로 드렸던 때인지라 생활이 몹시 어려울

사랑하는 딸 현에게! 성장기

때였단다.
 더구나 엄마는 너를 잉태하고 나서 입맛이 없어 하루에 한 끼도 못 먹을 때가 더 많았단다. 물론 밥은 못 먹더라도 가끔 먹고 싶은 과일이나 고기는 있었는데 아빠에게 미안해서 먹고 싶다는 말을 전혀 하지 않았단다. 하긴 먹고 싶은 것이 있다고 아빠에게 말을 하였어도 아빠는 엄마 말에 신경도 못 썼을 것이다. 오직 교회 일에만 전념하였기 때문에 말이다. 또 돈이 없어서도 그랬을 거야.
 그래서 엄마는 야윌 대로 야위어 얼굴이 노랗다 못해 황달기까지 보일 정도였단다. 힘줄이 얼굴에까지 푸르스름하게 보였고 얼굴이 노랗기도 하고 검푸를 때도 있었단다. 설상가상으로 가락동 김○○ 산부인과에서는 뱃속에 있는 현이까지 위태롭게 되었다고 널 아예 포기하라고 했었어. 도저히 넌 이 땅에 태어날 수 없는 아이니 차라리 산모의 건강을 위해서 미리 널 포기하라는 거야. 그래도 아빠는 하나님을 믿었다. 네가 내 딸이 되어 이 땅에 태어날 것을 말이야. 그래서 아빠가 기어코 엄마를 만류하고 수술을 못하게 했던 거야. 아마 그때 아빠의 믿음과 결단이 너에게 두고두고 자랑할 수 있는 이야깃거리가 되겠지?
 그러나 그때 널 위해 엄마에게 보약이라도 한 재 지어 먹이기는커녕 엄마가 그토록 먹고 싶어했던 과일도 못 사 주고 외식 한번 못 시켜 주었으니, 지금 생각하면 얼마나 원통해 죽겠는지 모른다. 엄마가 먹고 싶은 것은 곧 뱃속에 있는 네가 먹고 싶은 것이었으니 말이야. 하긴 그땐 지금도 잊혀지지 않는 5·27 총동원 주일을 준비하느라 아빠는 아무런 경황이 없었단다. 아빠는 집에도 들어가지 않고 계속 교회에서 잠을 자면서 5·27 총동원 주일 준비에 미쳐 있었던 거야. 그러니 엄마가 밥을

| 성장기 | 엿장수 목회 이야기 |

먹는지, 잠을 자는지 사정을 전혀 몰랐어. 원래 너의 출생 예정일은 1월 하순경이었다. 그런데 산월이 다가오는데도 엄마 배는 불러오지 않는 거야. 외숙모(에스더 엄마) 배처럼 남산만하게 불러와야 하는데 말이야.

크리스마스가 다가올 무렵, 그때만 해도 개척 교회인지라 엄마가 크리스마스 트리를 장식하다가 그만 너무 무리를 한 탓으로 양수가 터져 버렸던 거야. 그래서 넌 행복(?)하게도 한 달을 빨리 이 세상에 나와 버렸지. 엄마의 뱃속에서 양수가 터지던 날, 엄마가 아침 일찍 급하다고 하며 차병원까지 태워다 달라고 부탁을 했었지. 그러나 아빠는 그날 너무 바쁜 탓으로 엄마 혼자 택시를 타고 가라고 했단다. 마침 할머니도 광주에 심방 차 가 계셨으니 엄마는 쓸쓸하게 혼자 병원에 가서 너를 낳게 된 거야.

네가 태어났다는 소식을 듣고 아빠는 그때야 병원으로 달려가 보았지. 신생아실 유리문을 통해 비쳐진 불쌍한 내 딸아이의 모습! 뱃속에서 너무 못 먹어 얼굴은 차치하고 손가락 마디마디까지 쭈글쭈글한 모습! 얼굴이 주름살로 얼마나 쭈글쭈글했는지 주름살 사이에 피가 고여 있을 정도였으니 아빠는 그만 너를 보고 울지 않을 수 없었단다. 다른 애들은 그렇게 얼굴이 포동포동하고 생기가 충만한데 너는 죽지 못해 산 아기처럼 얼굴을 찌푸리며 힘겹게 눈을 뜨는 모습이 아빠의 가슴을 미어지게 하였어. 나중에 널 집에 데려와서 네 몸 전체를 보았을 때 아빠는 오기가 발동(?)하기까지 하였다. 온몸이 쭈글쭈글, 주름 사이로 핏기까지 겹쳐 있는 너의 모습 때문에 말이다.

"아! 하나님이 살려 주셨구나. 네가 생명이기에, 이미 내 딸이기에 하나님이 살려 주셨어."

그런데 난 널 위해 무엇을 했던가? 좋다. 이제부터라도 내 딸을 잘 먹이자. 이제부터라도 잘 키워 보자. 아빠의 특유한 오기의 발동으로 너에게 가장 비싼 우유를 먹이기로 하였단다. 그제서라도 아빠의 사명을 실천하려고 말이야. 그러나 그것도 잠깐, 또 목회에 미친 아빠는 널 멀리해야 했단다. 네가 우유를 잘 먹는지, 네가 밥을 먹는지도 모르고 아빠는 교회만을 위해 뛰었던 거야. 그래서 너에게 지금까지 실격된 아빠가 되고 말았다.

그런데 금번에 에스더 동생이 그렇게 포동포동하며 건강하고 아름다운 모습으로 태어난 걸 보면서 문득 네 생각이 나는구나. 그래서 실격당해야 할 아빠는 미안해서 널 보기조차 죄스럽기 그지없구나.

그러나 현아! 넌 하나님이 키우셨단다. 누구보다 건강하고 누구보다 아름답고 누구보다 훌륭하게 키워 주실 거야. 어쩌면 넌 아빠 딸로 태어난 것이 행복일지도 몰라. 오히려 그것이 너에게 더할 나위 없는 복이 될 거야. 언젠가 넌 소 목사의 딸이 된 것을 세상에서 바꿀 수 없는 영광이라고 확인하게 될 때가 있을 것이다. 어쩌면 아빠가 널 사랑해 주지 못한 것이 널 사랑하는 것이고, 교회일에 전념하고 사명에 전념하는 것이 너에게 전념하는 것이며, 그것이 도리어 널 사랑하는 것일지도 모른다. 왜냐하면 아빠의 사랑은 목사로서 역설적 사랑일 때가 있기에 말이다. 바로 이 역설적 사랑이 널 최고로 복 받은 딸이 되게 할 거야. 이 역설적 사랑을 보증하사 하나님께서 친히 널 최고로 영광스런 아빠의 딸이 되게 할거야. 모리아 산 제사를 통해 이삭에게 복을 주셨던 하나님께서 역설적 은혜로 너 현이에게 복을 주실 것이야.

아빠는 지금 개척자의 길을 뛰고 있다. 자생하는 개척자로서

| 성장기 | 엿장수 목회 이야기

이 황무지와 사막 땅에서 승리의 꽃을 만발하게 하기 위해 아빠는 지금도 온몸에 땀을 흘리고 있단다. 현아! 이제 승리가 눈앞에 보이고 있다. 조금 있으면 꽃들이 만발하게 될 것 같구나. 사랑하는 현아! 넌 참 아빠를 쏙 빼닮았다. 아빠를 닮았으니 너는 더 지혜롭고 더 도전적이고 더 성공적으로 살아가게 될거야. 더욱 그렇게 될거야.

지금도 제 딸 현이를 볼 때마다 마음속으로부터 느껴지는 것이 있습니다. 저는 분명히 하나님께 예속된 종이라는 사실! 반드시 소명의 은혜 안에서 갇힌 종으로 살아야 한다는 사실! 그래야 제 가정도 잘되고 자녀도 잘되며 제 목회 현장에도 풍성한 하나님의 복이 임한다는 사실을 깨달으며 살아갑니다.

엿장수 목회 이야기
목사의 인격과 신용도

　얼마 전 한국 갤럽조사 연구소가 직장인들의 정직 및 윤리성에 대한 여론조사를 한 결과를 모 일간지 신문이 보도한 바가 있습니다. 그 조사 결과에 의하면 신부가 1위(62.6%), 교수가 2위(48.1%), 승려가 3위(44.9%), 그리고 목사는 4위(41.6%)를 차지했습니다. 또한 고급 공무원, 경찰, 일반 공무원은 저조한 순위였으며 특히 대기업 사장과 국회의원은 꼴찌를 차지했습니다.
　이 조사가 잘됐든지 잘못됐든지 간에 우존선상에 들어가 있는 직업인 부류는 좋겠지만, 열비후하에 끼어 있는 직업군에서는 기분이 좋을 리가 없을 것입니다. 아마 이런 조사 결과로 선량한 사람까지 마음의 상처를 받았을지도 모르겠습니다. 사실 경찰, 공무원, 대기업 사장, 국회의원 중에도 얼마나 정직하고 진실한 사람이 많이 있겠습니까? 그런 의미에서 무슨 직업이 됐든지 윤리적인 것을 논한다면 인격적, 도덕적인 것과 직결된 것이니만큼, 아무리 여론조사 하는 전문 기관이라 할지라도 함

성장기 〉 **엿장수 목회** 이야기

부로 직업의 등급을 매겨서는 안 될 것입니다. 어떤 단편적인 설문조사로 특정 직업을 재단하는 일이 매우 부적절하기에 말입니다.

그럼에도 불구하고 왜 목사는 4위로 쳐져야만 했습니까? 왜 신부만도 못하고 승려만도 못했으며 심지어 TV 아나운서나 기자만도 못하게 나타났습니까? 목사의 한 사람으로서, 특히 소장파 목사로서 울분이 치밀어 오르고 겉옷을 찢고 싶을 정도입니다. 이번 기회를 통해서 한국 교회 목사님들은 자성해야 할 것입니다. 아니 여기 소 목사부터 정말 자각해야 하겠습니다.

그러나 목사 중의 한 사람으로서 소 목사에게도 할 말이 있습니다. 이번 조사 결과는 세밀하게 관찰해 보면 우존선상에 들어가 있는 직업군은 대중과 깊은 접촉이 없는 경우가 많고, 열비후하에 끼어 있는 직업일수록 대중과 접촉이 많은, 특히 대중의 손익과 많은 관계를 이루어 접촉이 잦은 직업들임을 발견할 수가 있습니다. 그렇게 볼 때 이 조사 결과는 매스컴에 의한 대중의 선입견이나 대중과의 관계, 접촉으로 인한 경험적 표현의 결과라고도 할 수 있을 것입니다.

예컨대 종교인들만 보더라도 신부나 승려는 세상과 별로 접촉을 하지 않습니다. 그들은 사회의 밀실(?)과 온실 속에서 성스러운 가운과 구별된 승복을 입고 삽니다. 그러면서 그들은 세속적인 일들에 거의 손을 대지 않습니다. 그러니 웬만한 인간적 모습은 밀실 속에서 감추어질 수밖에 없습니다. 중세의 수많은 신부들의 범죄와 승려들의 실수는 지금까지도 밀실 속에 묻혀 있지 않습니까?

그러나 목사의 경우는 다릅니다. 목사의 삶은 너무나 세상과 밀접되어 있고 사회와 깊은 접촉을 이루며 살고 있습니다. 특히 개척 교회 목사들은 그들이 하지 말아야 할 일까지 하면서 세상 사람들과 접촉할 수밖에 없습니다. 예컨대 교회 임대 월세를 직접 주다가 늦기도 하며 기타 다른 실수도 할 수 있습니다. 이렇게 목사의 삶 자체는 남녀노소 빈부귀천을 막론하고 많은 사람에게 나타나고 관계하고 깊은 접촉을 할 수밖에 없기에 사회로부터 긍정적 신용을 얻는 경우도 많겠지만 때로는 부정적 인상을 남기는 경우도 배제하지는 못할 것입니다.

소 목사의 경우만 보더라도 최근에 얼마나 많이 세상 속에 개입을 해야 했습니까? 교회 건축으로 인해 관공서도 들락거리고 일반 각계 각층의 사회인과 깊은 접촉을 해야 했습니다. 아무리 진실을 담보로 하고 사는 소 목사라 할지라도 직업적인 일로 소 목사를 만난 많은 사람은 소 목사에 대한 인상이 어떻게 남았을까요? 그러나 신부와 승려는 거의 그런 일을 하지 않습니다. 그들은 밀실 속에 살고 있으니까요.

직업인의 윤리성, 도덕성을 말하는 것은 그 사람의 인격을 말하는 것입니다. 그러면 인격이란 무엇입니까? 우리는 인격이 무엇인지를 알고서 그 사람의 인격을 이야기해야 할 것입니다. 인격이란 원래 헬라어의 '프로소폰'에서 유래된 말입니다. 이 말을 라틴어에서는 '페르소나'로 번역하여 썼고, 영어의 'person'으로 발전되었던 것입니다. 이 말의 원래 의미는 '가면, 연기'를 가리키는 말이었습니다. 즉 연기자의 mask, function과 같은 것이었습니다.

그러므로 세상에서 말하는 인격이란 남에게 나타나 보이는 모습, 그것을 말합니다. 소위 연극의 연기자나 드라마의 배우처럼 진정한 내가 아닌 다른 사람의 모습처럼 연기하여 경건하고 거룩하여 인격자다운 모습만 풍겨도 세상에서는 얼마든지 인격자로 인정받을 수 있습니다. 사실이 그렇지 않음에도 불구하고 말입니다. 이것이 대중이 말하는 인격입니다.

그런데 헬라어의 '휘포스타시스'라는 단어가 기독교에 영향을 주면서 인격의 개념에 새로운 이해가 생기게 하였습니다. 페르소나가 가면처럼 상황과 때에 따라 교체될 수 있는 외면적 인격이라면, 휘포스타시스는 교체될 수 없는 그 사람의 실존적 개체성으로서의 내면적 인격으로 이해되게 되었습니다. 즉 인격을 기능으로만 본다면 그 기능은 다른 사람에 의해 바꾸어질 수도 있지만, 개체성과 실체성으로서의 인격은 그 사람에게만 있는 고유한 인격인 것입니다.

그런데 이 실존적 인격도 관계성 안에서 존재하는 것입니다. 인간이란 나면서부터 무덤에 이르기까지 사회적 관계성 속에서 존재해야 하기 때문입니다. 그러므로 인격이란 내가 다른 사람과의 관계성 속에서 다른 사람과의 존재에 참여하면서 서로를 나누고 서로 교통하는 데서 나타나는 것이라고 할 수 있습니다.

이렇게 볼 때 그 사람의 윤리성과 인격은 밀실에 숨어 있는 것도 가면 속에 숨겨져 있는 것도 아니며 선입견에 의한 것도 아닙니다. 그것은 사회적 관계성 속에서 수많은 접촉과 교통(교제)을 통하여 나타나야 하는 것입니다. 그 어떠한 경우에도 참인격은 가면도 아니고 마스크도 아니며 연기도 아닙니다. 참인격은 참된 그 사람의 실존성과 개체성이 사회 관계성 속에서 나타나는 것입니다.

그런데 갤럽 연구소는 이걸 알고 조사를 했을까요? 모르고 했다면 열비후하의 직업인들에게 사과를 해야 할 것입니다. 그렇다면 밀실 속에서 사는 신부나 승려가 목사처럼 세속과의 깊

목사의 인격과 신용도 성장기

은 접촉을 이루며 살 때 그들의 인격과 신용의 순위가 어떻게 나타날까요?

목사의 인격은 휘포스타시스의 인격이어야 합니다. 결코 페르소나의 인격이어선 안 됩니다.

'그렇다면 이 소 목사는 하나님 앞에서 어떤 모습으로 보이고 있을까? 사랑하는 성도 앞에 어떤 목사로 느껴지고 있을까? 아니 나를 믿고 있는 모든 사람은 나를 어떤 사람으로 보고 있을까?'

"주여! 성도 앞에 위선자가 되지 않게 하소서. 하나님 앞에 가면을 쓰지 않게 하시고 저를 알고 있는 모든 사람 앞에 마스크를 쓰지 말게 하소서. 이 종을 참으로 진실된 인격자로 만드소서. 아멘."

엿장수목회 이야기
긴장이 습관화된 목사

저의 목회는 언제나 역동적 예배를 추구하는 목회입니다. 전통적인 예배는 주로 회개로 통회를 강조하는 예배였습니다. 그러나 거기엔 예배를 통한 감격과 기쁨이 별로 없었습니다. 그래서 최근에 와서는 예배를 축제 운동으로 일으키는 움직임이 많습니다. 예배가 너무 통회와 자복 쪽으로 기울어진다면 예배가 너무 소극적이고 어두운 면이 많으므로, 축제 분위기의 예배를 통하여 감격과 기쁨과 자유함을 더 누려 보자는 것입니다.

그러나 이 축제의 예배에도 결점이 있는데 너무 축제 분위기로 예배가 치우치면 이 예배엔 경건의 모습과 거룩의 모습이 보이지 않게 됩니다. 따라서 저의 예배 철학은 통회와 축제가 함께 조화되고 회개와 감격이 서로 어우러진 예배, 소위 역동적인 예배를 지향하는 것입니다.

그래서 저는 예배 처음 부분은 참회와 통회 자복의 패턴으로 집례를 함으로 거룩과 경건의 분위기를 유도하고, 찬양대 순서부터는 서서히 축제의 분위기로 집례하여 설교와 찬송, 그리고

긴장이 습관화된 목사 | 성장기

축도에 이르기까지 마지막으로 가면서는 축제의 패턴으로 예배를 이끌어 가게 됩니다. 그러므로 이 역동적 예배에는 감격, 자유, 기쁨 그보다 더 근원적이고 원초적인 생명이 흐르게 됩니다. 예배에 언제나 생동감이 있고 활기가 있으며 예배 자체가 살아 있는 무드로 가득 차게 됩니다. 그 생명의 무드가 사람들에게 감동으로 다가오든지, 통회로 유도되든지, 아무튼 회중에게는 생명의 흐름을 느끼고 하나님께는 향기롭게 상달되는 그런 역동적인 예배를 저는 추구하고 있는 것입니다.

역동적인 예배가 내적으로는 진한 생명이 넘쳐 흐르는 무드라면, 외적으로는 일종의 생동감이 넘치는 드라마처럼 연출되어야 합니다. 그래서 예배 집례자는 예배 연출자가 되어서 예배를 기획적으로, 창의성 있게 이끌어 가야 되는 것입니다. 그러기 위해서 예배 인도자는 반드시 적당한 긴장이 항상 예배 전에 있어야 합니다.

그러기에 이 역동적 예배의 편집과 연출을 위해 목요일부터 저의 긴장은 시작됩니다. 모든 예배가 다 그래야 되겠지만 특별히 주일 낮예배는 그 긴장의 비중도가 더하기만 합니다. 그 긴장이 목요일부터 시작되어 금요일에는 무르익더니 서서히 시간에 쫓기고 긴장이 저의 목을 조이기 시작합니다. 그리고 토요일이 되면 저는 초긴장 상태에 들어갑니다. 그래서 목요일부터 저는 마음을 구별하고 몸을 구별하고 시간을 구별하게 됩니다.

특별히 토요일은 절대로 외출을 삼가합니다. 마침내 토요일 밤이 되면 초긴장의 심정으로 교회에 갑니다. 교회에 가서 비전 기도를 하는 것입니다. 강단 위에 올라가서 예배 연출가로서 내일의 예배를 상상하고 그 예배를 위해 기도합니다. 그리

| 성장기 | 엿장수 목회 이야기

고 의자를 만지며 이곳에 와서 제 설교를 듣고 예배에 참여하게 될 성도들의 모습을 상상하며 기도합니다. 역동적 예배로 말미암아 생동감이 가득한 성도, 은혜 충만한 성도를 상상하면서 말입니다.

짧은 시간이지만 언제나 토요일 초저녁이면 이렇게 비전기도, 이런 상상기도를 합니다. 이 시간에 저는 예배 연출가로서 예배의 레이아웃, 편집, 연출 등을 상상하며 기도하는 것입니다. 앞으로 성전 건축이 완료되어 드라마 예배를 연출할 때는 반드시 토요일 저녁 예배의 리허설이 필요하게 될 것임을 전망하면서 지금은 이렇게 저 혼자만이라도 그렇게 하는 것입니다.

"주여! 내일의 예배가 성령 충만, 감동 충만의 예배가 되게 하소서. 이 의자에 앉은 성도 한 사람, 한 사람이 생동감에 푹 젖어 은혜의 순간들이 되게 하소서"

이런 소 목사에게 왜 긴장감이 찾아오지 않겠습니까? 토요일 밤부터 저는 불면증과 싸워야 되고, 입술이 마르며 침이 마르고 혀가 타는 증세와 씨름해야 합니다. 그러면서 저는 영적으로 매우 날카롭고 예민한 목사가 됩니다. 그렇게 호탕하고 대범한(?) 마음을 가졌음에도 불구하고 이때는 예민하기 짝이 없는 목사가 됩니다. 그래서 새벽에 일어나서 아내와 말 한마디를 나누지 않습니다. 정 권사님과도 말 한마디 안 합니다.

저의 첫 마디를 주님께 드리고 싶어서입니다. 그리고 차에서도 교회 가는 동안 말 한마디 안 하고 오직 기도만 하는 것은 자칫해서 말 한두 마디가 저의 이 거룩한 긴장을 깨뜨릴까 싶어서이기 때문입니다. 그때엔 저의 가장 가까운 사람이 제게 시험거리로 다가올 수 있습니다. 말 한두 마디가 내 예민한 마음을 자극할 수 있기 때문에……

긴장이 습관화된 **목사** | 성장기

　강대상에 올라가서 저는 무조건 박하사탕 하나를 깨무는 습관이 있습니다. 혀가 타고 침이 마르기 전에 일부러 입 안에서 침이 나오도록 유도하기 위해 사탕을 깨무는 것입니다. 그리고 설교하는 동안 침을 달라고 기도합니다. 만약을 몰라 강대상에 떠 놓은 물도 그냥 생수가 아니라 침을 유도하는 시큼한 물을 떠놓게 합니다. 침이 마를 땐 그 물을 마셔서 침이 나오도록 하기 위해서 말입니다. 마침내 전 죽을 힘을 다해서 간절히 엎드려 기도합니다.
　"주여! 이번이 제 마지막 설교라고 생각합니다. 이번이 저의 마지막 예배 집례로 생각합니다. 이번 한 번만, 저를 지켜 주소서. 이번 한 번만 저를 봐 주소서."
　이런 심정과 기도의 자세로 강단에 설 때 비로소 그 예배는 틀림없이 역동적인 예배가 되는 것입니다. 물론 꼭 그렇게 하지 않더라도 예배는 잘 인도할 수 있습니다. 그러나 그 예배는 적어도 역동적인 예배가 될 수 없습니다. 그 예배 속에 진정한 생명이 흘러 넘치지 않기 때문입니다.
　전 원래 어려서부터 겁이 없는 사람이었습니다. 아주 모험을 좋아하고 담대하기로 유명한 아이였습니다. 남 앞에 서는 것이 전혀 떨리지 않고 두려움이 조금도 없었습니다. 그러나 이제는 저에게 거룩한 이 긴장이 습관화되어 버렸습니다. 반드시 예배 전이 아니라도 신학교 강의실에 설 때도, 성경공부 인도 시간에도 침이 마르고 목이 탈 때가 있게 되었습니다.
　'이렇게 긴장이 습관화된 소 목사! 이 긴장, 이 침 마름의 의미는 무엇인가?'
　그렇게 담대함과 내 잘난 멋으로 살았던 사람이 이제는 주님 없이는 못 사는 목사가 되어 버린 것입니다. 모든 일을 하나님

성장기 > 엿장수 목회 이야기

을 의지하지 않고서는 할 수 없는 목사가 되어버린 것입니다.
 "오 주여! 그렇습니다. 저는 평생 주님이 함께하지 않고는 목회할 수 없는 목사입니다. 그러므로 언제나 예배 전 거룩한 긴장을 주소서! 언제나 긴장된 삶을 살게 하소서! 이것이 없을 때 제 설교가 바리새인의 강론이 되어 버리고, 이것이 없을 때 율법사와 서기관의 죽은 예배가 되어 버리고 말기 때문입니다. 오 주여! 긴장이 습관화된 목사가 되게 하소서!"

엿장수 목회 이야기

그때의 눈물, 지금도 주소서!

작년 추석이 엊그제 같더니 벌써 한 해가 쏜살같이 지나고 또다시 한가위 추석을 며칠 앞두고 있습니다.

아무리 과학 문명이 발달하고 산업 사회가 되었다 할지라도 8월 한가위 하면 여전히 온 국민이 명절 분위기에 들뜨게 됩니다. 그래서 향수에 젖어 어머니의 품과 같은 고향을 찾으며 조상의 무덤을 찾고 선물 꾸러미를 들고 다니면서 친척과 집안 어른을 찾아 인사합니다. 확실히 추석이라는 명절은 우리 민족의 축제요, 대명절이요, 즐거운 연휴가 아닐 수 없습니다. 추석날 제사 지내는 것만 빼놓고는요. 그리고 추석은 회색빛 콘크리트 문화 속에 사는 메마른 도심인의 가슴속에 아름다운 옛 어린 시절의 추억과 향수로 가슴을 설레게 하고도 남습니다. 그런 의미에서 추석이란 우리 신도시 도심인들에게 있어서 향수의 명절이요 추억의 축제일입니다.

목사인 저도 해마다 추석만 돌아오면 가슴이 시리고 저리도록 잊을 수 없는 하나의 추억이 떠오르곤 합니다. 20대 초반,

성장기 | 엿장수 목회 이야기

그러니까 스물한 살의 나이에 시골에서 교회를 개척하고 있던 중 처음으로 그곳에서 추석을 맞이했습니다. 시골인지라 추석이 돌아오니까 온 동네가 유달리 들뜬 분위기였고 시끌시끌한 바람이 불어 왔습니다. 벌써부터 부락 청년들은 콩쿠르 대회를 한다느니, 연극을 한다느니 부락 유지들을 찾아다니며 기금 마련을 한답시고 야단 법석이었습니다. 그래서 다 쓰러져 가는 집에서 천막을 치고 개척을 하고 있는 교회인데도 그 부락의 유지 기관이요 지도 단체라고, 콩쿠르 대회 기금 조성을 하는데 기부금을 좀 내달라고 청년들이 찾아왔습니다. 기부금은 고사하고 먹을 양식도 떨어져 라면 가지고 연명을 하고 있는 처지였기 때문에, 이런 나에게 기부금을 내달라고 하니 무어라고 대답을 해야 할지 기가 콱 막혔습니다.

그러나 그들에게 기죽기 싫고 없는 체하기는 싫어서, 은행 통장에 돈이 있는데 오늘 시내 나가서 돈을 찾아서 내일 줄 터이니 내일 보자고 얼른 그렇게 말을 해 버렸습니다. 그렇게 당장의 체면 유지는 했지만 그들을 보내 놓고 나서 눈앞이 캄캄했습니다.

'내일 무슨 돈으로 체면치레를 해야 할까?'

쌀이 없어서 밥 못 먹는 것도 서러운 일인데 교회 전도사가 허풍을 쳤다고 소문날 것을 생각하니 정신이 아찔하기까지 했습니다. 얼마나 제 자신이 초라하고 비참하게 느껴지던지요. 그래서 천막교회 속에 들어가 그냥 맹목적으로 엎드렸습니다. 엎드려서 제 자신의 비참한 모습을 돌아보니 갑자기 서러운 마음이 생기기 시작했습니다. 왜 그리도 내 자신이 위축되는지요.

저는 그냥 막 울기 시작했습니다. 이 어린 나이에 아직은 나 자신 하나도 감당 못할 이 철부지 나이에, 벽촌에 와서 복음을

그때의 **눈물, 지금도 주소서!** / 성장기

전하다가 내 이 무슨 꼴을 당하고 있느냐고 하는 기막힌 생각이 들어 막 울어대기만 했습니다. 무슨 눈물이 그렇게도 펑펑 쏟아지는지 아마도 서러운 인생의 눈물보가 제대로 터져버린 모양이었습니다. 그렇게 울면서도 천국 은행에서 무슨 소식이나 있을까 하고 기대하며 밤새껏 기도해 보았지만 제 영감의 레이다 앞에 아무런 소식이 오지 않았습니다. 따라서 그날 저녁은 그야말로 아무 응답의 확신이 없었던 신라의 달밤(?)으로 보낼 수밖에 없었습니다.

그러나 이틀날 아침 무작정 광주 시내로 나갔습니다. 누가 오란 곳도 없고 약속한 곳도 없으며 갈 곳도 없어서 그냥 무작정 거리를 두리번거리며 서성거리기만 하였습니다. 남들은 선물 꾸러미를 사들고 무엇이 그리도 기뻐서 저렇게 들떠 있는지……. 정말 그들이 부럽기만 했습니다.

'나도 돈이 있으면 저렇게 할 수 있을 텐데…….'

점심 때가 이르니 배가 고프기 시작했습니다. 다리도 아프고 피곤해서 금남로에 있는 모 은행에 들어가 지친 몸을 잠시 맡겼습니다. 무슨 돈이 그렇게 많은지 저마다 통장에서 돈을 찾아가는 모습들이 정말 부럽기만 했습니다.

'주여! 천국 은행의 내 통장엔 얼마나 들어 있습니까?'

이런 마음의 기도가 다시 한 번 저 자신을 초라하게 보이게 하였고 제 눈에 눈물이 핑 돌게 하였습니다. 은행에 너무 오래 앉아 있으니 눈치가 보여서 다시 밖으로 나왔습니다.

그때 제 마음과 발걸음은 성령의 분명한 이끌림으로 어디론가 향하고 있음을 느낄 수 있었습니다. 바로 그곳이 제가 잘 아는 유 장로님의 사무실이었습니다. 그곳에 이르자마자 애써 태연한 척 체면을 유지하려고 노력을 다했습니다. 그런데 그 장

| 성장기 | 엿장수 목회 이야기 |

로님이 저를 보시자마자 식사 대접부터 해 주시더니 제법 두툼한 봉투를 하나 주시는 것이었습니다. 이상하게 어제 저녁부터 괜히 소 전도사가 생각이 나 자꾸 염려되는 마음이었다는 것입니다. 그래서 봉투를 하나 준비해 놓고 오전 내내 오기를 기다렸는데 마침 제가 찾아왔다는 것입니다. 만일 오후에도 제가 안 오면 저에게 연락할 참이었다니…….

그 말을 듣고 그 돈봉투를 보는 순간 감당할 수 없는 눈물보가 터져 버리고 말았습니다. 다른 사람 앞에 눈물을 보이지 않는 강인한 저였지만, 그때는 체면이고 자존심이고 소용이 없었습니다. 난생 처음 다른 사람 앞에서 그런 눈물을 보여 버리고 만 것입니다. 그런데 그런 저의 모습을 보더니 유 장로님께서 또 하나의 봉투를 책 앞에 놓으시는 것이 아닙니까?

"애써 번 돈! 소 전도사같이 순수하고 열정적인 종을 돕지 않고 누굴 돕겠소? 이 돈 가지고 추석에 교인들과 한바탕 잔치나 하십시오."

저는 사무실을 나와 교회까지 오면서 버스 안에서 또다시 눈물을 흘렸습니다. 그리고 천막교회에 들어와서 강대상 앞에 엎드려 그 봉투를 붙잡고 이번엔 아예 방성대곡을 하며 울어 버렸습니다.

'이 눈물, 이 감격, 내 결코 잊지 않으리라. 내가 장차 까만 자가용을 타고 다니고 지갑에 수십만 원의 용돈을 가지고 다닐 때가 있어도 이 눈물을 결코 잊지 않으리라. 죽어도 이 짜디짠 눈물을 잊지 않으리라.'

실컷 울고 나서 당장 부락 청년들을 오라고 해서 돈을 건네 주었습니다. 이 돈은 신성한 돈이니 부락 노인들을 대접하는 데 써 달라고 하면서 말입니다. 그리고 이튿날 대목 장에 가서

그때의 눈물, 지금도 주소서! 성장기

그 눈물 어린 돈으로 사랑하는 성도들을 섬기고 싶어서, 오토바이에 선물을 한 차 사 가지고 와서 교인들에게 모조리 나누어주었습니다.

추석이 오는 길목에서 오늘도 다시금 그때의 눈물이 생각납니다.

"주여! 제 평생에 그때의 눈물을 잊지 않게 하소서. 제 배부를 때, 돈이 차고 넘칠 때에도 아무런 부족함이 없을 때에 더욱 그때의 눈물을 잊지 않게 하소서. 이 눈물이 메마를 때 제 생명과 제 목회의 불빛이 꺼지고야 말 것이기 때문입니다. 주여! 금번 추석에도, 아니 영원히 이런 눈물을 주소서. 지금 그 눈물을 주소서."

엿장수목회 이야기

불사조(不死鳥) 같은 목사가 되리

불사조(不死鳥)! 이 새는 '피닉스(phoenix)'라는 상상 속의 새입니다. 이집트의 신화에 의하면 원래 '비누(bynw)'라고 하는데 이 비누라는 말을 그리스(헬라) 말로 번역할 때 피닉스라고 하는 것입니다.

상상 속의 새인 이 피닉스(불사조)는 세상에 단 한 마리만 존재하는 것으로 아라비아 사막에서 산다고 합니다. 빛나는 진홍과 금빛 찬란한 깃털을 지녔고, 독수리만한 몸집을 지녔는데 음성 또한 기가 막히게 아름답습니다. 그러나 이 피닉스 역시도 오래 살다 보면 어찌 늙지 않겠습니까? 500~600년을 살고 나면 피닉스도 죽을 때가 되어 스스로 죽음의 길을 선택합니다.

향내를 물씬 풍기는 향나무를 태산처럼 쌓아 놓고 불을 지른 다음 자기의 거대한 날개로 부채질을 한 후 불길을 절정에 오르게 하여 그 불길 속으로 스스로 곤두박질을 해서 불 속에서 타 죽고 만다는 것입니다. 그 결과 피닉스 같은 거대한 몸집도 한두 줌의 잿가루로 남게 되고 맙니다. 그런데 놈은 그 재 가운

불사조(不死鳥) 같은 목사가 되리 　성장기

데서도 싱싱하고 더 활기찬 새 피닉스의 모습으로 부활한다는 것입니다. 그래서 다시 한 번 더 멋지고 활기찬 피닉스의 삶을 계속 살게 됩니다. 피닉스란 바로 이런 특성을 가지고 있기에 세상 사람들은 이 새를 가리켜 불사조라고 불렀던 것입니다.

피닉스 설화! 이 세상의 모든 식물과 동물, 그리고 사물까지도 모름지기 죽어야 새 생명이 얻어지듯이 우리 인간에게 있어서도 참생명이란 반드시 죽어야 한다는 사실! 참 의미 있는 삶도, 참된 신념의 꿈과 역경의 열매도 죽음이라는 통로를 거쳐야 진정으로 실현된다고 하는 사실! 바로 이같이 인간 신념과 정신력이 표방하여 상상해 낸 것이 불사조라는 새요, 불사조 신화인 것입니다. 그렇다면 이 불사조야말로 인간 신념의 표방이요, 불사조 신화야말로 인간 정신 세계가 추구하는 영원 사모의 내면적 결정체가 아니겠습니까?

요즘은 이상하게도 불사조라는 것이 자꾸 생각납니다. 언제라고 그립지 않았겠는가마는 요즘이야말로 다시 태어나도 또다시 목회자가 되리라는 생각이 자꾸 반복되기만 합니다. 이상하리만큼 불사조 인생을 살아야 하겠다는 결심이 자꾸 내 안에서 되풀이됩니다.

거울을 볼 때마다 요 근래에 나이를 몇 살 더 먹은 듯한 얼굴을 거울 속에서 보면서 성전을 건축하는 것이 이토록 힘든가를 생각하지 않을 수 없습니다. 영적 목회가 이렇게 힘들고 대목회하려는 것이 이토록 고달프며 찬란한 약속을 향해 전력질주하는 것이 이토록 험한 길인지를 새삼스럽게 느껴 봅니다.

지난 두 주간은 소 목사의 피를 말리는 시간 시간이었습니다. 그러나 그 시간 시간들이 더욱 주님을 사랑하고 주님을 의지하며 한 마리의 지렁이가 되어 주님께 매달리는 진귀한 시간들이었습니다. 입이 말라 혀가 타면 주께서 생수를 한 모금씩 먹여 주시는 것을 체험했고, 내 안에서 피가 마르면 주님의 보혈을 공급해 주는 것을 체험할 수 있는 순간들이었습니다. 그럴수록 주님의 교회를 더욱 염려하고 성도들을 더 사랑하며 소 목사 인생은 역시 불사조 인생이요, 소 목사의 목회는 불사조의 목회라는 것을 더 깊이 깨달을 수 있었습니다.

그렇습니다. 이 세상엔 철새 교인도 많고 철새 교역자도 많습니다. 또한 앵무새 교역자도 있고, 칠면조 교인도 있으며, 밤이 되면 그저 슬피 우는 두견새와 소쩍새 종들도 있고, 밤(어둠)에만 눈을 뜰 수 있는 부엉이나 박쥐 같은 성도도 있습니다.

그러나 불사조! 이것이 소 목사의 속성이며, 소 목사의 인생과 목회 사역의 표상이 아니겠습니까? 이것이 소 목사의 목회 신념이며, 이것이 소 목사의 필승의 심벌입니다.

어둔 밤이 온다고 울지 않고, 계절이 바뀌어 떠나야 할 일이 생겨도 떠나지 않고, 죽을 일이 생겨도 겁내지 않고 불길 속에 뛰어들 수 있는 불사조!

오직 주님의 이름과 주님의 그 영광과 주님의 일을 위해서는 울지 않고, 도망하지 않고, 오히려 불에라도 뛰어들고마는 불사조!

불길 속에 뛰어들어 다시 잿더미 속에서 새로운 모습으로 부활하여 일어나는 불사조!

바로 이것이 소 목사의 목회 신념이며 좌우명입니다. 이것이 바로 저의 믿음의 의지이며, 신앙의 결단입니다. 그러기에 목양일념! 죽어도 목양일념! 다시 태어나도 목양의 길을 택하렵니다. 죽어도 다시 불사조로 태어나는 불사조 같은 목사가 되렵니다.

불사조(不死鳥) 같은 목사가 되리 〔성장기〕

1차 대전 당시 미국의 항구도시 뉴올리언즈의 어느 술집에서 건달들끼리 싸움이 붙어 술집이 순식간에 아수라장으로 변했습니다. 신고를 받고 경찰이 도착했을 때는 홀 자체가 텅텅 비어 있었습니다. 그런데 무대 앞에서 흑인 소년 한 명이 눈을 지그시 감은 채 무대에 서서 미친 듯이 나팔을 불고 있었습니다. 경찰은 그에게 달려가 나팔을 뺏고 사건의 경위를 물었습니다. 그러나 이 흑인 소년은 자다가 깬 사람처럼 어리둥절할 수밖에요. 바로 그 흑인 소년은 현장에서 무슨 일이 일어난지도 모르고 도통한 경지에 다다른 사람처럼 나팔 부는 데만 전념을 하였던 것입니다. 바로 이것이 재즈의 왕으로 불리게 된 암스트롱(Arm Strong 1900~1971)의 소싯적 일화입니다.

가난한 흑인의 아들로 태어나 잡초처럼 자라던 중 나팔만 불 수 있다면 식음도 전폐하던 소년, 나팔만 불면 자기 앞에 패거리 싸움이 일어난 것도 몰랐던 소년, 이런 그가 어찌 훗날 나팔 도사가 되지 않을 수 있으며 세계적인 재즈 왕이 되지 않을 수 있었겠습니까?

'그렇다. 소 목사는 나팔만 불자. 복음의 나팔! 축복의 나팔! 승리의 나팔! 그리하여 목회의 왕이 되자. 사랑의 나팔! 용서의 나팔! 섬김의 나팔을 불자. 오직 나팔 부는 불사조가 되어 목회의 영웅이 되자. 내 앞에 싸움이 일어나고 전쟁이 일어나도 두견새나 소쩍새가 되지 말자. 내 앞에 무슨 일이 일어나도 칠면조가 되지 말자. 오직 불사조가 되자. 그리고 불사조 성도, 불사조 교인을 만들자. 주님 오시는 그날까지! 아멘.'

엿장수목회 이야기

잠 못 이루는 토요일 밤

　성경에 의하면 잠은 분명히 하나님의 복의 선물이라고 했습니다. 불면의 고통에 시달려 본 경험이 있는 자는 잠이야말로 하나님이 인간에게 주신 가장 고귀한 선물임을 알게 될 것입니다. 두 마리의 쥐를 놓고 짓궂은 실험을 해 본 결과 밥을 주지 않고 굶기는 쥐보다 잠을 못 자게 했던 쥐가 훨씬 먼저 죽더라는 보고도 있습니다. 그만큼 잠은 음식보다도 더 중요한 하나님의 고귀한 선물 중의 선물입니다.
　그런 의미에서 저는 하나님의 선물을 많이 받은 사람입니다. 복을 한몸에 다 받은 것 같습니다. 왜냐하면 잠만큼은 어느 누가 말려도 잘 자니까요. 그저 밥 먹고 눕기만 하면 잠이 스르르 옵니다. 일찍 자건, 늦게 자건 잠을 청하는 데는 언제 어디서나 문제가 안 됩니다. 심지어 한 번 잠이 들었다 하면 침대에서 바닥으로 떨어져도 그대로 잡니다. 이렇게 잠을 잘 자는 제가 잠을 자는 것을 절제해야 하니 얼마나 힘들겠습니까? 지금도 새벽 기도가 몸에 안 배었는지 새벽에 일어나는 것이 무척 힘이

잠 못 이루는 토요일 밤 　성장기

들고 부담스러울 때가 있습니다. 직분과 사명 때문이지 저도 평신도라면 아마 새벽 기도를 많이 걸렸을 것입니다.

　잠자는 것으로 둘째가라면 서러워할 제가 잠 못 이루는 밤을 경험하는 때가 있습니다. 단 한 번의 예외도 없이 잠을 설치는 밤! 바로 그 밤이 주일을 앞둔 토요일 밤입니다. 토요일이 되면 괜히 신경이 곤두서고 가슴이 설렙니다. 아침을 먹자마자 서재에 들어가면 나올 줄 모르고 설교 준비에 여념이 없습니다. 하루종일 설교 준비에 온 신경을 다 쓰고 밤이 되면 피곤해서 어느 때보다 잠이 더 잘 와야 되는데 웬일인지 잠이 안 옵니다.

　'내일은 교인이 얼마나 모일까? 몇 명쯤 모이고, 몇 명쯤 결석할까? 그리고 말씀을 어떻게 능력 있게 전할 수 있을까? 불같이, 검같이, 빛과 같이 말씀이 역사해야 될 텐데⋯⋯. 해도해도 나는 왜 이리 무능하기만 할까?'

　여러 가지 상념 속에서 상상의 나래를 타고 우주를 몇 바퀴 돌고 나면 통상 새벽 한시가 보통입니다. 그래도 눈은 여전히 또렷또렷하고 잠과는 거리가 멉니다. 그때쯤 되면 교인들 얼굴이 하나둘 눈앞에 떠오릅니다. 어려운 가정, 기도해야 할 가정, 꼭 응답받아야 할 가정⋯⋯, 할 수 없이 일어나서 그들을 위해 기도를 해 봅니다. 그래도 잠이 안 올 때가 있습니다.

　'주일날 결석이 없어야 할 텐데, 새신자는 몇 명이나 올까?'

　이런 기대와 염려로 쉽사리 잠이 올 리가 없습니다. 자동차 소리도 멈추고 인기척도 사라지고 강아지 짖는 소리까지 멈추는 적막한 때에 마지막으로 제 영혼은 하나님과 깊은 만남 속에 들어가게 됩니다. 제 몸뿐 아니라 생각, 상념, 모든 공상의 나래까지 주께 다 바치고 주님과 함께 손을 맞잡고 다시 지구촌을 몇 바퀴 돌고 나서 저도 모르게 스르르 잠이 들게 됩니다.

| 성장기 | 엿장수 목회 이야기 |

그래서 토요일은 보통 두 시간 내외를 자고 주일 새벽 새벽 기도회에 임합니다.

　잘하는 일일까요? 못하는 일일까요? 그러나 잘하는 일이건 못하는 일이건 이것이 아예 습관이 되어 버렸습니다. 주일 밤이야 녹초가 되어 눕자마자 코를 고는데 아무리 피곤해도 토요일 밤은 예외가 없이 거의 뜬눈입니다. 주일을 기다리는 마음! 양 무리를 사랑하는 마음! 준비한 말씀을 놓고 가슴 사무치는 마음! 이런 설렘 때문에 토요일 밤, 저는 잠 못 이루는 밤을 꼭 경험하는 것입니다.

　'이런 일이 언제까지나 지속될 것인가? 교인이 몇천 명 몇만 명 모이고 예배당도 하늘 우뚝이 지어 놓게 되면 그때는 토요일 밤에 잠이 잘 오게 될 것인가?'

　"주여! 언제까지나 주일을 사모하는 토요일 밤이 되게 하소서. 언제나 양 무리를 기다리며 말씀의 꿀을 놓고 두근거리는 토요일 밤이 되게 하소서. 그리고 언젠가 이런 밤에 주님 재림하소서. 영원히 깨어 있는 밤, 영원히 주일을 기다리는 밤에 주께서 홀연히 오소서. 이 밤에 주님 오시는 것이 제 평생 소원입니다."

엿장수 목회 이야기

10년 만에 찾은 벧엘

광주! 그곳은 저에게 있어서는 참으로 미묘한 곳입니다. 고향이 아니건만 하나님께서 절 그곳에 보내셔서 훈련을 시키셨고, 무엇보다 거기서 정 권사님을 만나게 하셨으며, 또 문 장로님 부부도 만나게 하셨습니다. 온갖 눈물을 흘린 곳이며 하나님을 뜨겁게 만나 저의 청년 시절을 불태운 곳이기도 합니다. 거기서 저의 목회의 꿈을 꾸고 환상을 노래하였으며 결혼도 하고 첫 아들을 낳기도 하였습니다. 따라서 광주는 아직도 저의 인생 발자국과 젊음의 눈물과 신앙의 탯줄들이 아름다운 추억으로 남아 있는 제2의 고향과도 같습니다.

그럼에도 불구하고 전 서울이 좋아서 서울로 왔습니다. 문 장로님 같은 분이 광주에 계셨고 김 권사님과 함께 좋은 조건에서 개척을 할 수도 있었건만 광주보다 서울이 좋아서 서울로 왔습니다. 무엇보다 중요한 이유는 하나님의 인도 때문이었습니다. 그러나 거기서 큰 상처도 받았습니다. 준목고시 수석 합격에도 불구하고 낙방의 쓴잔을 마셔야 했습니다. 이유는 ○○

| 성장기 | 엿장수 목회 이야기 |

○ 교수의 우파라는 이유 때문이었습니다. 저의 뒤에서 힘이 되어 주시는 분이 한 분만 계셨더라도 쓰라린 상처를 받지는 않았을 텐데……. 그 정도로 당시 제가 소속해 있던 교단은 정치 바람이 거센 곳이었습니다.

그런데 금번에 목회자 계절대학원 참석차 모처럼 광주에 내려가게 되었습니다. 도저히 내려갈 수 없는 여건이었지만 금번 학기 신학교 강의안 작성을 위해서, 또 계절대학원 장소가 헐몬수양관이기에 장소의 매력 때문에 참석하게 되었습니다. 헐몬수양관은 저의 신학생 시절 무던히도 눈물을 많이 흘렸던 곳이기에 말입니다. 그곳을 10년 만에 처음으로 가게 된 것입니다.

오랜만에 내려가 본 광주! 역시 소 목사의 위치와 인식도가 확실히 달라져 있음이 분명했습니다. 옛날의 소 전도사가 아니었습니다. 인사하는 사람마다 교회를 몇 평 지었느냐, 교인수가 얼마나 모이느냐가 인사의 주내용이었습니다. 수요일이 되니까 몇몇 교회에서 수요 설교를 해달라고 부탁해 왔습니다.

그러나 모처럼 비가 그친 수요일! 오늘은 반드시 산에 올라가 기도를 하리라고 마음을 먹었습니다. 월요일은 밤늦게 도착을 했고, 화요일은 비가 종일 내렸으며, 목요일 저녁은 서울로 올라가야 하고, 그러니 산기도 하는 날은 수요일밖에 없었습니다. 10년 만에 온 발걸음! 전도사 시절, 저 홀로 앉아서 울고 울고 또 울던 기도 바위 위를 꼭 올라가 보고 싶었기에 말입니다.

배고파서 올라가 울며 기도하던 곳! 엘리야의 능력을 7갑절이나 달라고 생떼를 쓰던 곳! 아니 백암교회를 짓기 위해 눈보라치던 겨울날에 쌓인 눈 속에서 몸부림치며 기도하던 곳! 그러다가 도무지 응답이 없어 저 바위 낭떠러지로 떨어져 죽어버리려고 했던 곳!

10년이 넘어서 그 헐몬수양관에 다시 왔으니 반드시 그곳에 올라가 보고 싶었습니다. 그것도 깜깜한 밤에 말입니다. 그래서 강의가 끝나자마자 손전등을 들고 산을 올랐습니다. 비가 온 후인지라 길이 몹시 미끄러웠습니다. 게다가 옛날 제가 다니던 길은 보이지도 않았습니다. 아마도 그 길은 제가 안 다닌 이후로 사람들이 다니지 않았나 봅니다. 할 수 없이 나뭇가지를 꺾고 우산으로 길을 헤쳐서 가야만 했습니다. 그러다가 길이 미끄러워 사정없이 넘어지기도 하였습니다.

그렇게 해서 바위 위에 도착하게 되었습니다. 얼마나 땀이 나는지 아무도 없는 곳이라 그만 웃통을 다 벗어 버렸습니다. 그러고 보니 옛날 소낙비가 내리는 가운데 웃통을 다 벗고 기도하던 때가 생각이 났습니다. 누구도 보는 사람이 없으니 메리야스를 계속 벗은 채 기도를 하였습니다. 갑자기 주마등처럼 옛날의 기막힌 순간들이 눈앞에 스쳐갔습니다.

추석이 되어 기숙사생들은 모두 집에 갔지만 저는 집에서 쫓겨났기에 갈 곳이 없어 이곳에 올라와 기도하며 밤을 새우던 일! 배고픔 속에서도 앞산에 있는 나무들이 미래의 나의 성도들이라 생각하며 설교하던 일! 산을 움직이는 믿음, 한 시대를 이끌어 가는 능력의 종이 되게 해달라고 목이 쉬도록 부르짖던 일! 아니 백암교회를 개척하던 시절 교회를 짓기 위해 매일 출근하여 기도하던 일들! 기도원에 등록할 천 원이 없어서 저 반대편 산 바위 위에 올라가다가 길이 험해서 넘어지고 자빠졌던 일들! 그렇게 극성스럽게 기도해도 도대체 응답이 없어서 하나님께 오기를 부린답시고 낭떠러지로 떨어져 죽어 버리려 했던 순간들…….

이런 생각 저런 생각이 스쳐가면서 저도 모르게 눈물이 쏟아져 나왔습니다. 그러면서 '주여'를 외치며 만 5시간을 부르짖었습니다. 가랑비가 살짝 내리는 깜깜한 밤, 바로 옆에 허름한 무덤이 하나 있는데도 전혀 무서움 같은 것을 느끼지 못하고 5시간이나 기도를 하였습니다.

마치 그곳은 저에게 있어서 창세기 28장에 나오는 벧엘과도 같았습니다. 야곱이 형 에서의 낯을 피하여 도망가던 날 밤, 루스라고 하는 고적한 땅에서 하나님을 만났듯이, 그리고 그 땅을 통해서 복을 받아 그 땅을 '벧엘'이라 불렀듯이 바로 그곳이 저의 벧엘 땅만 같았습니다. 저도 집에서 쫓겨나 신학교를 다닐 때 그곳을 저의 집처럼 올라가 그곳에서 하나님을 만났기 때문입니다. 백암리에서 쫓겨날 뻔하였을 때 그곳에 올라가 사닥다리의 환상을 보곤 하였기 때문입니다.

'과연 내가 그곳에서 야곱의 하나님을 얼마나 많이 만났던가? 그곳에서 얼마나 사닥다리 환상을 많이 보았던가? 가난뱅이 신세로서 자기 배 하나 채우지 못하던 시절! 맑은 하늘의 별과 푸른 소나무들을 바라보며 얼마나 많은 꿈을 먹고 마셨던 곳인가?'

아! 과연 이곳이 저의 벧엘이었습니다. 이 벧엘을 10년 만에 찾아온 것입니다. 물론 이곳에 처음으로 온 지는 16년이 되었지만.

"주님! 이 소 목사가 10년 만에 벧엘을 찾아왔습니다. 소 전도사가 소 목사가 되어 왔습니다. 가난뱅이가 부자가 되어 왔습니다. 신학생이던 소 전도사가 큰 교회를 건축한 목사가 되어 왔습니다. 그러나 지금 제 모습은 어떻습니까? 저의 속 중심은 어떻습니까? 주님을 사랑하는 마음은 그때와 지금 어떤 차이가 있습니까? 그것을 알고 싶어서, 그것을 깨닫기 위해서 설교를 하러 가지 않고 벧엘을 찾아왔습니다. 주여! 옛날의 마음을 주소서. 가난한 시절의 믿음을 주소서. 그때의 눈물과 사랑을 더욱 주소서. 그때의 열정을 7배나 주소서. 그것만이 제가 사는 길이요, 그것만이 소 목사의 생존의 의미이기 때문입니다."

깜깜한 밤 5시간을 기도한 후 산을 내려오는 소 목사의 마음은 날아갈 듯하였습니다. 큰 교회에 가서 설교를 하고 식사 대접을 잘 받는 그것보다 더 보람되고 더 가치가 있었습니다.

'바로 이 부요한 마음, 넉넉한 축복의 마음을 가지고 이제 문 장로님 댁으로 가야지! 이 마음을 그 가정에 뿌려 줘야지……. 아멘.'

엿장수 목회 이야기

성숙기

한계에의 도전
하나님이 침묵하실 때
참 신뢰와 사랑을 위하여
진돗개 교훈
지금은 울고 있지만
지금은 본질을 회복할 때
이 한 몸 한 장 벽돌 되어
울보 목사
설교자의 어려움과 성도의 은혜
사단장님 헬기 앞에서
만년 부목사
마침내 보이던 예수님 얼굴
갈대 목사
엿장수 목회
심원(心園)을 잘 가꾸어야 합니다
사람을 좋아하는 목사
양심 수술과 지혜로운 처신
한 영혼을 귀중히 여기는 목회
이런 목사 되기 원합니다
생명의 신비 앞에서
우리가 살아야 하는 이유
부흥 목회
끈끈이의 교훈
목사가 죄책감을 느낄 때
안경을 닦는 습관
'허준'을 보고 – 나의 길, 목양의 길
생명 사랑, 영혼 사랑
목사이기에 없는 병
오늘을 행복하게
일과 쉼 사이에서의 갈등
여전히 목양일념뿐입니다
내 속에 농축되어 있는 나
영혼을 사랑하는 목회자의 한 도전

엿장수목회 이야기
한계에의 도전

지난 월요일 날에는 제게 충격적인 일이 생겼습니다. 추석 연휴라고 해서 오랜만에 집에 들어가 딸 현이와 함께 놀아 준 후 추석 선물 대신 만 원짜리 한 장을 건네주었습니다. 그러자 현이는 그 돈을 손에 쥐고 쏜살같이 제 방으로 달려가는 것이었습니다. 아마 저금 통장에 넣으려고 가는 것이려니 하고 생각을 했지요. 그런데 한참 후에 나온 현이의 눈에는 눈물이 제법 고여 있었습니다. 오후에는 기도원을 가려던 참이었기에 자녀들에게 미안한 마음으로 만 원씩을 더 나누어 주었습니다. 그랬더니 현이가 막 울면서 제 품에 안기지 않겠습니까?

"아빠! 나 눈물 나오는 걸 어떡해요." 하면서요. 처음엔 영문을 몰랐습니다. 조금 있다가 겨우 깨닫게 되었는데 이유인즉 너무나 오랜만에 아빠가 와서 사랑을 주고 자상하게 놀아 주더니 선물 사라고 돈까지 주는 것이 여덟 살 난 딸에게는 엄청나게 감격적이었던 것입니다.

7년 전 너무나 애처럽고 가냘프게 태어났던 현이가 이렇게

한계에의 **도전** | 성숙기

커 버렸다니 순간 저 역시도 깜짝 놀랐습니다. 그리고 언제나 딸 앞에서는 죄인 같았던 저는 더 아빠로서 미안하고 죄스러운 마음이 들었습니다. 그래서 기도원은 내일 가기로 하고 그날은 현이와 함께 놀아 주기로 했습니다.

온 가족이 오후에 등산을 갔습니다. 믿음의 어머니요, 장모님이신 정 권사님을 선봉장으로 앞세우고 교회 뒷산에 올라간 것입니다. 얼마나 성군이와 현이가 좋아하는지요. 그러나 얼마 후부터는 현이의 즐거움도, 성군이의 환호성도 보이지 않고 들리지도 않았습니다. 너무나 힘겹고 지쳤기 때문입니다. 얼마나 숨이 차고 두 다리와 허리가 무거운지 금방이라도 헉헉거리며 쓰러질 것만 같았습니다. 정말 그때는 누가 성군이와 현이를 잡아가도 속수무책일 것 같았습니다. 물론 정 권사님과 아내도 저를 앞질러 올라갔습니다. 제가 맨 꼴찌였습니다. 어떤 사람은 배낭을 짊어지고도 평평한 길을 걸어가듯 올라가고 70대 노인 역시 숨도 차지 않고서 저를 앞질러 가는데 제가 제일 빌빌거렸습니다. 제가 너무 힘들어하자 정 권사님은 그만 내려가자고 하셨습니다. 그래도 이를 악물고 기어코 정상까지 올라갔습니다.

정상에 올라가자 탄천 언덕 위에 세워진 우리 교회 모습이 너무나 아름답게 보였습니다. 무지개 같은 아치형 철탑이 정말 멋있어 보였습니다. 그런 교회의 모습을 바라보면서 한참 깊은 생각에 잠겼습니다. 정말 누구보다 건강했던 저였습니다. 어렸을 때부터 병원 한 번, 약국 한 번을 가 보지 않았던 사람이었습니다. 오죽하면 다른 애들처럼 약 한 번 먹어 보고 입원 한 번 해 보는 것이 소원이었겠습니까? 정말 건강만큼은 누구보다 자신했던 사람입니다. 달리기, 마라톤, 수영, 등산……. 학생 때

| 성숙기 | **엿장수 목회** 이야기 |

에도 그런 것은 공부보다 더 끝내 주는 사람이었습니다.

'그런데 왜 내가 40도 훨씬 못 되어서 이렇게 빌빌거릴까? 왜 70대 노인만도 못할까?'

한편으론 서글프기도 했습니다. 그만큼 저는 지금껏 제 몸을 돌보지 못했습니다. 건강 관리에는 조금도 신경을 못 썼습니다. 운동하는 것 자체도 시간이 너무 아까웠습니다. 사우나 갈 시간도 못 내고 그나마 탁구 좀 치려면 정 권사님이 가로막으시고 말입니다. 가정도 모르고 식구도 외면할 때가 많았습니다.

'사실 저 교회를 짓기 위해서만도 얼마나 많은 진액을 쏟아야 했던가? 저 교회를 짓다가 교통 사고를 당했을 때도 물리 치료 한번 제대로 받아 보지 못하지 않았던가? 오늘의 이 시간이 있기까지 얼마나 소 목사는 몸을 혹사시켰던가?'

어찌 보면 그렇게 몸을 혹사시키고도 이렇게 살아 있는 것만으로도 감사해야 할지도 모릅니다. 적어도 소 목사는 예수 믿을 때부터 밥굶기를 일삼아 왔고 집에서 쫓겨난 이후로 지금껏 지쳐서 한계 상황선에 이르도록 충성하며 살아왔습니다. 그러나 결론은 이제부터라도 장기 목회를 위해 몸을 단련시켜야 한다고 생각했습니다. 그래서 다음날 아침에도 다시 산에 올라가 보았습니다. 그런데 다음날은 첫날보다 더 힘이 들었습니다. 온몸의 근육이 다 뭉쳐 있었기 때문에 더 힘들 수밖에요.

그 다음날 수요 예배를 앞두고 한 등산은 그야말로 지옥행 같았습니다. 정 권사님과 백 목사님에게도 뒤지는 것은 물론 모든 사람들로부터 다 낙오를 당한 신세가 되었습니다. 70대 노인들도 그냥 잽싸게 지나갑니다. 그런데 저는 그만 땅바닥에 푹 주저앉고 말았습니다. 그러자 저 위에서 정 권사님이 그만 내려가자고 합니다. 그래도 저는 다시 일어섰습니다.

한계에의 도전 | 성숙기

'고지가 바로 저기인데 여기서 그만둘 수 있으랴?'
마침내 저는 저의 등산행을 제 목회행전으로 연상시켰습니다. 그리고는 죽을 힘을 다해 기어 올라갔습니다. 한계에 도전하는 마음으로, 목회를 위해 사력을 다하는 마음으로 뛰고 뛰었습니다. 그러다 보니 어느새 힘이 났습니다. 몸에 새 힘이 솟는 것이었습니다. 그래서 저를 앞질렀던 노인들도 아낙네들도 앞질러 정상에 오를 수 있었습니다. 얼마나 통쾌하고 감격스러웠는지요?

또 정상 위에서 우리 교회 모습을 바라보았습니다. 참으로 고고한 모습이었습니다. 저의 진액과 사력이 쏟아진 교회요 한계상황에서의 충성이 바쳐진 교회였습니다. 그 교회를 내려다보면서 다시 결심했습니다.

'좋다. 제2의 도약을 위해 다시 한 번 내 진액을 쏟아내 보리라. 제2의 새에덴 시대를 위해 소 목사의 한계에 도전해 보리라. 사력을 다해 내가 받은 사명을 새에덴 교회와 나의 성도들에게 충성을 하고 내 땀과 피를 쏟아내리라.'

진보를 위한 몸부림, 얼마나 아름다운 일인지요? 한계에의 도전, 특히 사명을 향한 그것! 그것은 하나님과 합하는 거룩한 사역입니다.

저는 화요일에 기도원에 가서도 산에 올랐습니다. 그리고 당분간 교회 뒷산의 정상을 가벼운 몸으로 오를 때까지 몸을 단련시키며 그 단련된 몸으로 제2의 도약을 향해 한계에 도전하리라고 결심했습니다. 한계에의 도전, 이는 참으로 하나님께서 소 목사에게 주신 너무나 귀한 추석 선물이었습니다.

엿장수목회 이야기

하나님이 침묵하실 때

일본의 기독교 작가인 '엔도 슈사쿠'의 「침묵」이라는 작품이 있습니다. 일본에 처음으로 기독교가 들어가던 때의 이야기를 엮은 소설입니다. 그 책을 보면 이루 말 할 수 없는 박해를 받으면서도 하나님께 대한 믿음을 끝까지 지켜서 순교하는 사람들이 나오고, 믿음이 약해서 배교하는 사람들도 나옵니다. 이들을 지켜보면서 복음을 전파하러 온 선교사는 한없이 괴로워합니다.

박해자들은 썰물 때에 바닷가에 십자가를 세워놓고 거기에다 크리스천들을 매달아 놓습니다. 밀물 때가 되어 바닷물이 밀려들어오면 물에 잠겨서 몸무림치다가 죽도록 한 것입니다. 또는 저 뜨거운 광야에 십자가를 세워 놓고 거기에 매달아 놓은 채 배가 고프고 목이 말라 몸부림치다가 말라 비틀어져 죽도록 그렇게 잔인하게 박해를 하는 것입니다. 그러면서 예수를 믿지 않고 부인하면 살려 준다고 유혹을 합니다. 그럼에도 불구하고 수많은 사람들이 순교해 갔습니다.

이때 이들에게 믿음을 심어 주었던 선교사는 너무나 답답해

하나님이 침묵하실 때 | 성숙기

서 이런 기도를 드립니다.

"하나님이여, 저들에게 능력을 나타내 주옵소서. 사드락과 메삭과 아벳느고처럼, 다니엘처럼 저들을 구원하여 주옵소서." 하며 피땀 흘려 기도합니다. 그러나 하나님께서는 능력을 나타내지 않으셨고 그들을 구원하지 않으셨습니다. 그러자 선교사는 하나님께 이렇게 항의합니다.

"하나님이여! 왜 당신은 침묵만 하고 계십니까?"

그때 선교사에게 들려오는 뚜렷한 음성이 있었습니다.

"나는 침묵하고 있는 것이 아니라 그들과 함께 고통을 나누고 있을 뿐이다."

그렇습니다. 하나님은 우리에게 침묵하실 때가 있습니다. 그 전능하신 하나님께서, 그 선하시고 자비하신 하나님께서, 언제나 좋은 길로 인도하시고 언제나 최상의 것으로만 바꾸어 주시던 하나님께서 우리가 고난을 당할 때 침묵만 지키실 때가 있습니다. 언제나 만사형통, 승승장구의 길로 인도하시던 하나님께서 우리의 고난과 고통을 돌아보시지 않고 눈을 감고 팔짱을 낀 채 침묵만 하실 때가 있단 말입니다.

그러나 그 하나님의 침묵은 우리에게만 있는 것이 아니라 예수님에게도 있었습니다. 단 하나밖에 없는 독생자 예수님께서 십자가에 달리셨을 때 하나님의 침묵은 계속되었습니다. 하늘로도 버림받고, 땅으로도 버림을 받고, 어쩌면 저 한 마리의 애벌레나 구더기 한 마리가 막대기의 못에 찔려 꿈틀거리듯 주님께서 참으로 저주스러운 모습으로 십자가에 달려 계실 때 하나님은 끝까지 침묵을 지키셨습니다.

그럼에도 불구하고 주님은 끝까지 자기를 보내신 하나님을 신뢰하십니다. 자기를 향하여 침묵을 하시지만 하나님을 끝까

| 성숙기 | 엿장수 목회 이야기 |

지 믿습니다. 왜냐하면 그분이 누구이신가를 알며 어떤 분이신가를 너무나 잘 아셨기 때문입니다. 그래서 주님은 마지막으로 이렇게 기도하시지 않습니까?

"아버지여! 내 영혼을 부탁하나이다." 그리고 "내가 다 이루었다."라고 하셨습니다. 그분은 그 외면당하던 고통 속에서도 자기의 인격과 사역의 정체성이 분명하였고 아버지와의 인격적 관계를 너무도 잘 알고 계셨기 때문에 그 십자가의 고통을 이길 수 있었던 것입니다.

그렇습니다. 진정한 그리스도인의 믿음은 하나님의 침묵이 시작될 때 그 진가를 나타내는 것입니다. 선하신 하나님께서 항상 좋은 길로 인도하시고 만사형통의 길로 인도하시며 최상의 것으로만 채워 주실 때는 누구나 그 하나님을 찬양하며 노래할 수 있습니다. 누구든지 좋은 믿음을 보이고 나타낼 수 있습니다. 그러나 정작 내가 말할 수 없는 고통 중에 있고, 하나님은 아무런 말씀을 하지 않으시며 침묵만 지키실 때 우리는 좌절하며 주저앉습니다. 그리고 하나님께 갖은 항의와 불평을 쉬지 않습니다. 한없는 의심과 회의와 갈등을 합니다.

그렇지만 참된 그리스도인은 말없이 살아갑니다. 하나님을 믿기에 그의 섭리를 받아들이며 소망 중에 미래를 바라보며 참습니다. 그러다가 순교하기도 하고 주님의 이름으로 끝까지 인내하기도 합니다. 참된 순교자는 말없이 죽습니다. 죽어야 할 이유를 알고 가야 할 세계를 알기에 다투거나 시비를 걸지 않습니다. 그것이 그리스도인의 참된 믿음이라는 것을 잘 알기 때문입니다. 믿음이란 하나님의 인격과 약속을 믿고 죽어도 흔들리지 않는 것이지, 상황과 현실에 따라 흔들리고 변하는 것이 아니라는 것을 잘 알기에 말입니다.

하나님이 침묵하실 때 성숙기

바벨론에 끌려가 종 노릇하던 이스라엘 백성들, 그들 중 많은 사람들이 불우한 현실을 보고 좌절해 버리고 말았습니다. 하나님은 그들을 버렸고 자기들을 떠났다고 생각했습니다. 그러나 참된 이스라엘 백성들, 곧 남은 자들은 끝까지 하나님을 믿었습니다. 70년이나 되는 하나님의 기나긴 침묵 속에서도 살아 계신 하나님을 믿었습니다. 그래서 그들은 열심히 씨를 뿌렸습니다. 눈물로 씨를 뿌렸습니다. 결국 그들은 그 뿌린 씨의 열매를 영광스럽게 거두지 않았습니까?(시 126편)

정녕 IMF시대를 살아가고 있는 우리 자신들이 이렇게 살아가야 할 때라고 생각합니다. 요즘과 같은 때일수록 하나님께서 우리에게 침묵하실 때가 많으신 것 같습니다. 참으로 하나님께서 너무하신다는 생각이 들 때가 있습니다. 그렇지만 바로 이 때가 우리의 진정한 믿음의 모습을 보여야 할 때입니다. 오히려 이때 우리는 하나님께 거룩한 믿음의 씨앗을 뿌려야 할 때입니다. 언젠가 하나님께서 상큼한 미소를 지으시며 그 열매를 거두게 하실 때가 있을 것을 기대하면서 말입니다.

오늘의 글은 왠지 설교 한 편과도 같습니다. 이 글이 성도들의 가슴에 새겨졌으면 좋겠습니다.

엿장수목회 이야기

참 신뢰와 사랑을 위하여

지난 주에는 남원 ○○○교회 부흥회를 인도하고 왔습니다. 남원을 내려갈 때마다 지리산을 꼭 들르고 싶은 마음이 강렬히 생깁니다. 오염이 없는 거대한 산에 올라가서 수려한 경관을 보고 깨끗한 공기를 마시노라면 자동적으로 은혜가 임한 듯 마음이 깨끗해지고 상쾌해지기 때문입니다. 산에만 오르면 마음이 그렇게 초연해지고 왠지 산이 되고 싶은 마음이 들곤 합니다. 산에만 가면 '주여' 소리와 찬송 소리가 자동적으로 터져 나옵니다. 그것은 높고 큰 산일수록 더 그렇습니다.

그래서 이번에도 남원에 내려간 김에 꼭 지리산에 다녀오려고 했습니다. 그러나 집회 시간에 쫓겨서 도저히 다녀올 시간이 없었습니다. 다행히 마지막 집회를 마치고 섬진강에 가서 점심식사를 할 수 있게 되었습니다. 섬진강에 가서 식사를 한다고 생각하니 그렇게 기쁠 수가 없었습니다. 저는 장엄한 산도 좋아하지만 깨끗한 물도 좋아하기 때문입니다.

깨끗하게 흐르는 물을 보면 왜 그렇게 마음도 맑아지는지요?

그래서 운전을 하면서 가다가도 계곡에서 흘러오는 깨끗한 물이 보이면 무조건 차를 세워 놓고 가서 세수를 합니다. 정말로 맑은 물이면 손으로 떠서 꿀꺽꿀꺽 마시기도 합니다. 작년에도 지리산에 갔을 때 물이 보이는 곳마다 물을 마시고 다니느라 물로 배를 다 채웠습니다. 저는 그런 물을 보기만 해도 정말 마음이 깨끗해집니다. 그러니 아직은 오염이 되지 않은 깨끗한 섬진강, 그 깨끗한 물이 도도하게 흐르는 모습을 보았을 때 마음이 상쾌하고 신선해졌습니다. 당장이라도 뛰어 내려가 세수를 한 번 하고 싶었습니다. 그러나 내려갈 수 없는 상황(제방 시설) 때문에 길 위에서만 흐르는 강물을 내려다보며 콧노래로 찬양을 하였습니다.

거기서 저는 자연산 쏘가리 회를 먹었습니다. 생전 처음 먹어 보는 쏘가리 회였습니다. 이 쏘가리는 정말 드문 고기가 아닙니까? 1급수에서만 사는 민물고기의 왕이기에 말입니다. 그래서 그런지 쏘가리 회는 꿀맛 같았습니다. 이 쏘가리 회 한 번으로 며칠 동안 비오듯 흘린 땀으로 인해 손실된 영양분을 다 공급받은 것 같았고 무보수(자비량) 집회에 대한 충분한 보상과 대접을 받은 기분이 들었습니다. 기왕에 섬진강에 왔으니 시간만 허락되면 쏘가리 회를 한 끼쯤은 더 먹고 싶은 마음이 들었습니다. 또한 이런 곳에서 식사할 수 있다면 또다시 집회를 오라 해도 다시 가고 싶은 마음이 들었습니다. 그만큼 저는 그곳이 좋았습니다. 그래서 꼭 그날 저녁까지만이라도 거기에 있고 싶은 욕구가 일어났습니다.

그러나 저는 가야 했습니다. 그날 오후 6시와 9시에 심방을 하기로 성도와의 약속이 있었기 때문입니다. 물론 전화해서 다음날로 하자고 양해를 구할 수도 있었습니다. 그러나 그런 일로 그렇게 하는 것은 제 목회 양심에 어긋나는 일이었습니다. 그래서 저는 부지런히 택시를 타고 광주 공항으로 와서 비행기를 타고 서울로 왔습니다.

그런데 아뿔사! 마침 서울엔 비가 와서 올림픽대로가 얼마나 막히는지요? 분당에 오니까 저녁 7시 30분이 넘어 버렸습니다. 또 분당에서 용인까지 가야 하는데 정말 야단이 났습니다. 그래서 저는 서둘러 용인 치킨나라 생산공장으로 향했습니다. 1분이라도 빨리 가려고 올림픽 대로에서부터 기름이 다됐다는 신호등을 무시하고 무조건 목적지로 향했습니다. 주유소가 몇 개나 나왔는데도 1분이라도 아끼려고 그냥 지나친 것입니다.

그런데 이것이 웬일입니까? 인가도 없는 시골길을 가다가 그만 엔진이 꺼져 버린 것입니다. 제가 정말 어리석었던 것입니다. 그곳은 길이 좁아서 주차도 못할 형편이었습니다. 그래서 한참 동안 자동차를 밀고 갔습니다. 나중에 그럴 힘마저 빠져 버렸습니다. 겨우 자동차를 주차할 수 있는 공간이 나와서 거기에 주차를 하고서 터벅터벅 걸어갔습니다.

가랑비는 내리고 머리와 옷은 젖어 가는데 왠지 그런 상황이 재미가 있었습니다. 기분이 나쁘고 불평이 나와야 할 상황인데 감사와 찬양이 나왔습니다. 그것은 제가 너무 어리석었긴 했지만 여전히 제게 목양일념의 정신이 살아 있다는 깨달음 때문이었습니다. 그리고 그 '엔꼬' 사건으로 인해 스가랴 4장 6절의 말씀을 너무너무 실감나게 깨달을 수 있었기 때문입니다.

"이는 힘으로 되지 아니하며 능으로 되지 아니하고 오직 나의 신으로 되느니라"

저는 과연 하나님이 도와주지 않으면 절대로 살아갈 수 없다는 신앙 고백을 하면서 그 말씀을 입으로 중얼중얼거리면서 은혜 충만한 마음으로 심방에 임할 수 있었습니다. 첫 심방을 끝내고 저는 저녁 9시에 가겠다던 가정에 밤 11시 30분에 갔습니다. 사실 제 몸은 너무나 피곤하여 온몸이 무너져 가는 것 같은 것은 물론, 두 눈이 가시에 쿡쿡 찔리는 것 같았습니다. 그래도 기어코 갔습니다. 당장에 죽는 한이 있다 해도 가고 싶은 마음이 들었습니다. 그런데 그 가정에 도착을 하니 그때까지 친척들과 함께 사람들이 모여 저를 기다리고 있는 것이 아니겠습니까? 정말 꼭 가기를 너무나 잘했던 것입니다. 친척들도 가지 않고 그 늦은 시간까지 제가 오리라는 확신을 가지고 기다리고 있었으니 말입니다.

집으로 오는 길에 생각해 보았습니다. '지리산의 유혹, 섬진강의 유혹을 이기고 과감하게 올라온 것! 너무도 잘했구나. 1분이라도 빨리 가려고 기름을 넣지 않고 갔던 것, 비록 어리석긴 했지만 내겐 아직도 목양일념의 정신이 살아 있구나. 또한 12시가 다 된 시간에도 끝까지 그날의 약속을 지키려고 한 것으로 보아 나는 여전히 영혼을 사랑하는 목사인가 보구나.'

이런 생각과 함께 주님께 간절히 기도하며 집으로 왔습니다. 주님 오시는 그날까지 계속 이런 목사가 되게 해달라고 말입니다.

엿장수목회 이야기

진돗개 교훈

목요일 저녁 9시, KBS뉴스 말미에서 북한의 풍산개를 잠깐 소개하는 시간이 있었습니다. 독일에서 그렇게 자랑하는 세퍼트와 싸우는데 그 조그마한 풍산개가 자기 덩치보다 두 배 이상 큰 세퍼트를 이기는 모습이 나왔습니다. 참으로 용맹스럽고 대단한 모습이었습니다. 이 풍산개는 주인을 향한 충직함도 대단하다고 합니다.

그 모습을 함께 보던 아들 성군이가 용맹스러운 면에서는 북한의 풍산개와 남한의 진돗개가 비슷할지 모르지만 주인을 향한 충직함에 있어서는 진돗개가 훨씬 높다고 코멘트를 합니다. 그리고는 이어서 진돗개에 대한 이야기를 해주는데 진돗개 박사와도 같았습니다. 진돗개에 대한 책과 만화를 수없이 읽었으니 그럴 수밖에요. 저는 아들로부터 진돗개 이야기를 들으며 은혜를 받기 시작했습니다.

진돗개는 어디를 가든지 주인을 찾아온다고 합니다. 진도의 한 가난한 농가에서 돈이 없어서 다 큰 진돗개를 팔았답니다.

진돗개 교훈 | 성숙기

이 진돗개는 각각 대전과 부산으로 팔려 갔습니다. 그러나 이 팔려 간 진돗개는 각각 1주일을 전후로 해서 다시 주인집으로 돌아와 버렸답니다. 얼마나 달려왔던지 다리를 절뚝거리고, 얼마나 배가 고프고 피곤했던지 두 눈엔 눈곱이 가득 끼어 있는 채로 주인에게 돌아왔다는 것입니다. 얼마나 충직한 개입니까? 그래서 주인은 그 개의 충직함에 감동하여 개를 사간 사람에게 받은 돈을 돌려주고 말았다고 합니다.

이런 일이 실제로 가능할까 해서 국견협회에서 진돗개 한 마리를 해남으로 옮겨 놓아 보았답니다. 그랬더니 진돗개는 3일 만에 주인집으로 영락없이 돌아오더랍니다. 어디서 다쳤는지 앞다리에 피를 줄줄 흘린 채 말입니다.

한번은 서울의 어느 가정에서 진돗개 도둑을 맞았답니다. 너무나 총명하고 영리한 개라 욕심이 나서 누가 그 개를 마취한 후 도둑질을 했는데 그 개 역시 정확히 2주 만에 다시 집으로 찾아왔다고 합니다. 대도시 한복판에서 차를 피하고 사람을 피하면서 집을 찾아오느라 얼마나 힘들고 얼마나 굶었는지 바싹 몸이 말라 뼈만 앙상하게 남은 채 절뚝거리며 주인을 찾아왔다는 것입니다. 얼마나 주인이 좋고 사모하는 존재였으면 이렇게 충직함을 발휘하였을까요?

진돗개는 적어도 주인이 주지 않는 음식은 먹지 않는다고 합니다. 다른 사람이 주는 음식은 독약이 있을지도 모르기 때문입니다. 진돗개는 주인만 철저히 신뢰하는 셈이겠지요. 그러다가 주인의 신변에 어떤 이상이 생기면 철저히 주인을 보호하고, 주인을 괴롭히거나 해롭게 하는 사람이 있으면 당장 그 사람을 공격해 버린다고 합니다. 전라북도 오수에 가면 개가 주인을 구조해 준 전설도 있지 않습니까? 그것은 진돗개도 아닌

183

| 성숙기 | **엿장수 목회 이야기** |

똥개인데 말입니다.

한번은 개 훈련장에서 이런 시험을 해 보았답니다. 여러 마리의 개에게 몇 끼니를 굶게 한 다음 그 개들 옆에서 주인이 쓰러진 것처럼 하게 했답니다. 그리고 나서 다른 사람이 와서 그 개들에게 먹을 것을 보이며 오라고 손짓을 했답니다. 그러자 다른 개들은 다 그 사람을 따라가 버리는데 진돗개는 유독 주인 곁에 남아서 주인을 지키고 있더랍니다. 참으로 충성스런 개가 아니겠습니까? 몇 끼니를 굶어 배가 고파 죽겠는데 먹을 것을 따라가지 않고 주인을 끝까지 지키다니 말입니다.

저는 이런 이야기들을 들으면서 갑자기 가슴이 뭉클하고 눈물이 핑 돌았습니다. 진돗개 이야기를 통해 큰 은혜를 받게 된 것입니다.

'아! 나는 진돗개처럼 주님께 충직한 종인가? 세상 어떠한 죄악의 장소, 유혹의 장소에 던져 놓아도 나는 주님만을 찾고 주님을 따라 나올 것인가? 아무리 사탄 마귀가 나의 약점을 알고 그렇게도 속기 쉬우며 넘어지기 쉬운 유혹의 미끼로 나에게 손짓한다 해도 나는 주님의 십자가 옆에서 끝까지 남아 있을 것인가? 정말 주님을 위해 죽기까지 충성하며 주님의 십자가에 거꾸로라도 달려 죽을 수 있을 것인가?'

물론 저는 얼마든지 그렇다고 대답할 것이고 그렇게 결단하고 있습니다. 그래서 저는 예수님 때문에 집에서 쫓겨나면서부터 지금껏 죽기를 각오하고 뛰어왔습니다. 그러나 솔직히 말해서 개만도 못할 때가 있었던 것 같습니다. 살다가 보니까 진돗개만큼의 충직함도 잊어먹고 살 때가 아주 가끔씩 있었던 듯싶습니다.

옛날에는 새벽 기도회에 한 번 빠지면 난리가 나고 죽는 줄

진돗개 교훈 | 성숙기

알아 멀리 가서도 새벽 기도회를 인도하기 위해 먼 길을 달려 왔는데 지금은 부교역자가 있다고 요일을 정해 놓고 빠질 때가 있습니다. 물론 교회가 커지면서 그만큼 몸도 피곤하고 효율적이며 장기적인 사역을 위해 그럴 필요가 있다고 생각되어 그렇게 하고는 있지만 한편으론 마음이 찔리기도 합니다.

옛날에는 몸을 돌보지 않고 무조건 죽으면 죽으리라고 밀어 붙였는데 지금은 롱타임 목회를 위해 몸을 사릴 때도 있습니다. 물론 이것은 주님의 명령이요 지시이기도 하지만 그래도 어딘가 찔리는 곳이 있는 것 같습니다.

옛날에는 무조건 계산하지 않고 믿음으로 밀고 나갔지만 요즘은 계산을 많이 합니다. 물론 이 역시 성숙한 목회를 위해서는 필연적이지만 얼마만큼 순수하느냐를 놓고 볼 때는 꺼림칙할 때가 있습니다.

그날 밤 잠은 오지 않고 자꾸 진돗개 생각만 났습니다. 그냥 일어나 울고만 싶었습니다. 울며 기도하며 찬송하고 싶었습니다. 당장이라도 진돗개를 사다가 키우고 싶었습니다. 언제나 진돗개를 바라보면서 하나님께 대한 충직함에 도전을 받고 싶기에 말입니다. 결국 일어나 이렇게 기도하였습니다.

"주님! 개만도 못한 종이 되어서야 되겠습니까? 누구보다 주님 중심적이고 주님밖에 모른다 하던 이 소 목사가 진돗개만도 못해서야 되겠습니까? 제발 진돗개보다는 더한 종이 되게 하소서. 주님을 향한 충직함, 그 충성심이 죽음에 이르게 하소서. 그 충성심, 그 충직함을 주님 오실 때까지, 이 몸이 죽을 때까지 인정받게 하소서."

엿장수목회 이야기

지금은 울고 있지만

　수요일 2부 저녁 예배 때였습니다. 예배 시간이 다가왔지만 제 마음은 우울하기만 하였고, 울고 싶은 마음뿐이었습니다. 정말 설교하고 싶은 마음이 전혀 들지 않을 정도로 어두운 마음이었습니다. 목사가 오해를 받을 때, 바로 그때가 제일 힘든 때입니다. 누구도 알지 못하는 심정, 하나님만이 알아주셔야 할 마음이기 때문입니다.

　이럴 땐 누가 대신 설교를 해주었으면 하는 마음이 듭니다. 그러나 그럴 형편이 되지 못할 때 목사의 마음은 더욱 심란하기 그지없습니다. 이런 무거운 마음으로 강단으로 향했습니다. 그런데 교회 안으로 들어서자 하나님을 찬양하는 소리가 우렁차게 들렸습니다. 많은 성도들이 손뼉을 치며 피곤한 기색이 없이 활기차게 찬양을 하고 있었습니다. 그것은 "나의 힘이 되신 여호와여"라는 제목의 찬양이었습니다. 그 찬양은 수요 예배 1부에서도 제가 많이 불렀던 찬양입니다. 그리고 수요 2부 예배에서도 많이 부를 생각이었습니다. 그런데 그 찬양을 다시 들으니 새삼스럽게도 그 가사 내용과 찬양을 드리는 분위기가 얼마나 좋은지 강단에 올라앉아 같이 힘차게 박수를 치며 불렀습니다.

> 나의 힘이 되신 여호와여 내가 주님을 사랑합니다…… 주는 나의 반석이시며 나의 요새시라…… 나의 하나님 나의 하나님 생명의 면류관으로 내게 씌우소서……

신령한 용기와 소망이 있는 가사, 신령한 기쁨과 감격이 있는 찬양, 저는 그 찬양을 부르며 저도 모르게 찬양에 도취되었습니다. 그래서 어느 정도 회복이 된 마음으로 강단에 올라갔습니다. 그리고 정금성 권사님의 하늘 보좌를 움직이고 온 성전을 진동케 하는 대표 기도가 저의 어두운 마음을 환하게 치료해 주었습니다.

권사님이 대표 기도를 하는 순간 제 마음엔 따뜻한 안도의 눈물이 왈칵 솟았습니다. 저의 진실을 알고 기도하시는 분이었기 때문이지요. 저는 그런 마음으로 설교를 시작했습니다. 어느 정도 확신이 오고 새 힘이 오기 시작했습니다. 말씀에 서서히 능력이 나타나기 시작했습니다. 그때 저는 설교를 하다 말고 다시 그 찬양을 인도했습니다.

> 나의 생명이신 여호와여 내가 주님을 찬양합니다…… 주는 나를 이끄시어 주의 길 인도하시며 나의 생의 목자 되시니 내가 따르리라…… 나의 하나님, 나의 하나님, 기적의 면류관으로, 축복의 면류관으로, 승리의 면류관으로 내게 씌우소서……

성숙기 > 엿장수 목회 이야기

　　어느새 마음엔 힘찬 성령의 감동이 오고 새 힘이 생겼습니다. 그리고 눈에는 소망의 눈물이 고였습니다. 그때 저는 힘차게 외쳤습니다. 선악과를 선택하지 말고 꼭 생명나무를 선택하자고 말입니다. 선악과를 선택하면 지금은 아무리 행복하고 여유로운 것 같아도 훗날은 계속 저주와 불평과 근심의 노예가 되지만, 생명나무를 선택하면 지금은 울어도 훗날은 풍성한 생명과 기쁨과 자유와 엄청난 복이 흐르게 될 것이라고 핏대를 올려가며 외쳤습니다.
　　그렇습니다. 저는 요즘 우리 성도들의 눈물을 알고 있습니다. 그 눈물을 알고 저도 자주 눈물을 흘립니다. 그래서 성도들의 아픔을 위로해 주고 눈물을 닦아 줘 보려고 800만 원을 넘게 들여 '한여름 행복찾기의 밤'도 마련했습니다. 제가 인도하는 집회보다 좀더 성도들에게 더 큰 은혜가 되지 않을까 하고서 말입니다. 물론 결과적으로는 가정 세미나보다 더 중요한 것은 말씀 사역이라는 것을 다시 한번 깨달았지만요. 그래서 마지막 날 저는 선악과를 선택하지 말고 꼭 생명나무를 선택하라고 간절히 외쳤던 것입니다. 글을 쓰고 있는 지금 "옥진이의 시"가 기억납니다.

　　조금 아프면 울지만 많이 아프면 울지 못합니다.
　　조금 아프면 죽음도 생각하지만 많이 아프면 아무 생각도 할 수 없습니다.
　　조금 아파 죽음을 생각하고, 조금 아파 울더라도, 조금만 아팠으면 좋겠습니다.
　　조금 아파 울어도 보고 조금 아파 죽음도 생각해 보니 조금 아픈 것은 참 고마운 아픔입니다.

가슴이 찡하게 공감되는 시가 아닙니까? 우리가 살다가 보면 어려운 일을 많이 당하게 됩니다. IMF로 우리가 많은 아픔도 겪습니다. 그러나 우리는 이런 작은 아픔 때문에 울기도 하고 한숨도 쉬지만, 어쩌면 이 작은 아픔으로 인해 우리는 생명나무를 생각하고 선택할 기회를 잡게 되는 것입니다. 지금은 이 작은 아픔으로 우리가 울고 있지만 생명나무를 잡으면 영원한 생명과 축복의 물꼬가 우리 삶 속에 넘치도록 흐르게 되니까요.

그러므로 성도 여러분! 우리 모두 생명나무가 되시는 예수 그리스도를 붙잡고 이럴 때일수록 더 열심히 신앙 생활에 최선을 다합시다. 좋은 환경만 주어지면 아무리 수준 이하의 사람이라도 잘할 수 있습니다. 기분 좋고 일이 잘 될 때만 하나님을 찬양하고 감사한다면 우리가 불신자보다 나을 게 없다고 생각합니다. 오히려 어려울 때 더 감사하고 울고 싶을 때 생명나무를 붙잡고 하나님께 찬양한다면 그것이 하나님이 기뻐하시는 바요 참 신앙인의 모습이 아니겠습니까? 바로 그런 자는 지금은 울고 있지만 가까운 훗날엔 은혜와 축복의 물꼬가 터지고, 머지않아 넘쳐 흐르고 말 것입니다.

그러기에 우리 모두 지금은 조금 아프고 울고 있지만, 금주에도 생명나무를 붙잡고 설레는 가슴으로 시작해 봅시다. 주님께서 금주에도 나의 삶을 어떻게 인도하실지 어떻게 내 생애를 주관하실지 기대하여 봅시다. 지금은 울지만 내일은 웃을 것을 기대하며 말입니다.

엿장수목회 이야기

지금은 본질을 회복할 때

>	4월은 가장 잔인한 달
>	죽은 땅에서 라일락을 키워내고
>	추억과 욕정을 뒤섞고
>	잠든 뿌리로 봄비를 깨운다
>	—T. S. 엘리어트의 「황무지」 중에서

과연 시인 엘리어트(Eliot)의 말대로 4월은 가장 잔인한 달입니다. 그래서 해마다 4월은 가장 자살이 많은 달이기도 합니다. 만물이 약동하고 소생하는 생명에 비하여 텅 빈 집 같은 인생을 살아가는 자기 자신이 너무 허무하다고 느끼기 때문입니다. 더구나 요즘 우리에게는 IMF라는 한파가 4월을 더욱 잔인한 달로 만들어 가고 있습니다.

요즈음 우리 주위에 어깨를 확 펴고 다니는 사람을 과연 얼마나 볼 수 있습니까? 특히 요즘 한국 남자들 중에서 어깨를 의젓하게 펴고 다니는 사람을 보는 것은 참으로 힘든 일입니다.

사업하는 남자이건 직장 생활 하는 남자이건 기가 다 빠져 버렸는지 코가 석 자나 된 모습들입니다. IMF라는 한파로 인해 한국의 대부분의 남자들은 실직의 두려움이나 부도의 공포 등에 대한 스트레스를 받고 있기 때문이지요. 그러기에 직장에서도 저들은 한시의 여유도 없이 서로가 서로의 눈치 보기에 여념이 없다는 것입니다. 혹시라도 내가 먼저 감원 대상이 되지 아니할까 하는 조바심 때문이랍니다.

그렇습니다. 다달이 갚아 가던 주택 부금과 자녀의 학비를 대기 위해 숨가쁘게 일했던 직장인에게 실직이라고 하는 사건은 분명히 엄청난 충격임에 틀림없습니다. 어디 수입원만 끊기는 것입니까? 그것은 신분의 손상, 감정상의 문제이기도 합니다. 그동안 소중하게 지켜 왔던 자아(自我)의 상실을 어떻게 극복할 수 있단 말입니까? 이런 분노와 좌절의 너절한 마음……, 자부심을 갖고 살기 위해 얼마나 노력했는데 세상에 그런 내가 해고를 당하다니 말입니다.

더구나 사업하는 심정이야 오죽하겠습니까? 지금까지 쌓아 온 사업의 성이 하루아침에 와르르 무너져 버린다면 그것은 마치 사형 선고를 받은 사람의 심정과도 같을 것입니다. 아니 정녕 스스로 죽음의 길을 선택하고픈 마음이 들고야 말 것입니다. 이 모든 것이 잔인한 4월의 모습입니다.

과연 올해의 4월은 유난히도 잔인합니다. 모든 대지엔 새싹이 이미 움터 올라왔고 철쭉꽃, 개나리꽃, 벚꽃들도 만발하였는데 왜 이리도 4월은 우리의 삶을 잔인하고 비참하게 만들어 가고 있단 말입니까? 참으로 올해의 4월은 우리의 인생 현장을 완전히 황무지로 만들어 버렸습니다. 황폐한 광야의 땅으로 만들어 버렸습니다.

성숙기 | 엿장수 목회 이야기

　그러나 우리는 이 잔인한 4월에 이 황폐한 황무지에서 텅 빈 인생의 집의 노래만 부르고 있을 수는 없습니다. 텅 빈 집에 홀로 누워 공허하고 쓸쓸한, 그리고 어이없는 미소만 짓고 있을 수는 없습니다. 무엇보다 지금은 우리 모두가 신앙의 본질을 회복할 때입니다. 마치 시인 엘리어트가 세계 1, 2차 대전으로 황폐해진 유럽의 황무지로부터 하나님의 구원을 갈망하는 영혼의 노래를 부르고 또한 개인적인 그의 결혼 생활의 실패와 아내의 죽음으로 인한 뼈저린 고통 속에서 참된 속죄와 영적 구원의 완성을 이룰 수 있었듯이, 오늘날 우리 모두도 IMF라는 황무지에서 신앙의 본질을 회복할 때입니다.

　지금 우리에게는 실직이나 구직, 혹은 승진 같은 것이 중요한 것이 아닙니다. 사업의 도산이나 성공이 중요한 것도 아닙니다. 외형적 성공이 중요한 것이 아니라는 말입니다. 교회 역시도 외적인 부흥이나 물량적인 결과가 그리 중요한 것이 아닙니다. 이 모든 것들은 자칫 거품일 수가 있습니다. 이 외적인 거품에 먼저 우리의 가치나 표준을 두게 되면, 거품이 빠지게 되면서 우리는 끝없이 좌절하게 되고 황무지 인생으로 전락될 수밖에 없는 것입니다. 그러나 우리가 이 황무지 위에 서게 될 때가 비로소 신앙의 본질을 찾을 수 있는 기회인 것입니다.

　'나는 누구인가? 나는 과연 하나님 앞에서 어떤 존재인가? 나는 하나님과 어떤 관계를 유지하며 살아가야 할 것인가? 그리고 나의 돌아갈 영원한 궁극지를 위해 나는 어떻게 살아야 하는가?'

　이런 마음으로 우리는 인생 황무지에 엎드려 기도해야 합니다. 엎드린 채 주님의 음성을 들어야 합니다. 그리고는 잃었던 주님, 빼앗겼던 그분의 사랑을 다시 되찾아야 합니다. 그래서 하나님과의 진실되고 바른 관계를 형성하고 다시 인생을 시작하는 것입니다. 즉 신앙의 본질을 다시 찾고 회복하여 새 생활을 하자는 말입니다.

그럴 때 드디어 얼어붙은 땅에서 라일락을 키워내는 새봄의 힘이 우리의 삶에 찾아오게 됩니다. 죽음의 땅에서 라일락을 싹트게 하는 하나님의 부활의 권세, 그 복이 우리의 삶에 새롭게 역사하게 됩니다. 바로 이 때문에 하나님은 우리에게 잔인한 4월을 허락해 주신 것입니다. 이 때문에 IMF 황무지를 허락해 주셨습니다. 그러나 아무리 잔인한 4월이라도, 아무리 IMF 황무지 벌판이라도 신앙의 본질을 회복한 자에게는 죽음의 땅에서 라일락을 키워내는 영광스런 부활의 복이 있을 뿐입니다.

엿장수목회 이야기
이 한 몸 한 장 벽돌 되어

하나님! 저희는 이 예배당을 성전 신앙으로 건축하였고 봉헌을 합니다. 저희는 이 건물을 단순히 교회당으로만이 아니라 하나님의 성전으로 믿고 있기 때문입니다. 물론 구약에서 말하는 성전은 아닙니다. 구약의 성전은 더이상 없습니다. 예수님께서 3일 만에 새로운 성전을 세워 주셨기 때문입니다.

그러나 건물의 기능 면에서 볼 때 저희가 지어 봉헌한 이 집은 만민이 기도하는 집입니다. 오직 말씀만 전파하고 찬양을 하며 하나님께 예배만 드리는 집일 뿐입니다. 또한 이 건물은 전도의 기지이며 선교센터로 쓰이고 성도들의 교제 장소이기도 합니다. 더구나 이 집은 사람의 소유가 아니고 사람을 위해 지은 것도 아니며 오직 하나님을 위해서, 하나님만의 소유물로 지어 드렸습니다. 특별히 저희는 이 건물을 하나님께서 내 집이라고 성역화시켜 주셨고, 언제나 이곳에 함께해 주시며 임재해 주심을 믿습니다. 이런 의미에서 저희 모두는 아직도 이 집을 하나님의 성전으로 믿습니다. 그리고 이 성전 신앙으로 저희 모두는 이 집을 지어 하나님께 봉헌하고 있는 것입니다.

어떤 이는 차관으로 호텔을 짓고, 또 많은 사람들이 은행 돈으로 큰 빌딩을 지었습니다. 지금도 수많은 사람이 각종 빌딩을 짓고 건물을 짓고 있습니다. 그러나 그 모든 건물들은 그들만이 왕래하려고 지은 것입니다. 자기들의 성을 쌓았고 자기들의 길만 닦았을 뿐입니다. 그곳들 중 어느 한 곳도 주님이 기쁘게 머무시는 곳이 없습니다. 주님의 통로도 없습니다. 물론 주님은 상천하지 어느 곳에나 무소부재하신 분이지만 그들은 그것들을 주님을 위해 짓지 않았습니다.

하지만 저희 모두는 이 집을 주님의 전으로 지었습니다. 주님의 거룩한 성으로 지었고 세상 어느 누구도 감히 내 것이라고 할 수 없는 집, 오로지 주님만이 내 소유라고 할 수 있는 주님의 전으로 지었습니다. 주님은 너무나 위대하셔서 주님의 임재를 하늘과 하늘들의 하늘이라도 용납지 못할 것(대하 6 : 18)이 분명하지만, 그래도 저희들은 코 묻은 손으로 이 집을 주님의 전으로 지었습니다.

이 집을 주님의 전으로 믿었기에 부족하지만 이 집을 짓느라 저희의 모든 희생을 드릴 수가 있었습니다. 건물의 규모나 건축 비용으로 볼 때 세상의 호화로운 호텔, 빌딩과는 비교할 수도 없겠지만, 그럼에도 불구하고 이 작은 건물에는 저희들의 땀과 눈물과 피가 묻어 있습니다. 모든 헌금마다 성도들의 짜디짠 땀과 눈물 그리고 비린내 나는 피가 묻어 있었기 때문입니다.

어떤 이는 자기 집을 드렸고, 어떤 이는 전세금을 드렸으며, 어떤 이는 곗돈이나 적금을 타서 드렸고, 어떤 이는 빚을 얻기도 하고 파출부 일을 해서도 헌금을 드렸습니다. 그래도 바칠

| 성숙기 | 엿장수 목회 이야기 |

것이 없는 분은 교통 사고로 나온 보상금을 드렸고, 퇴직금을 가불까지 해서 드린 분도 있습니다. 한마디로 이 한 몸 벽돌 한 장 되겠다는 눈물 어린 심정으로 드린 것입니다.

이렇게 드려진 헌금으로 이 성전이 지어졌습니다. 이런 희생으로 지어졌지만 여전히 건축 부채는 남아 있었습니다. 그러나 돈 때문에 수많은 사람이 실의에 빠지고 목숨을 끊는 이 IMF시대에도, 모든 성도들이 다시 한 번 땀과 눈물과 피를 짰습니다. 건축 부채를 다 갚아 버리고 온전한 헌당식을 하기 위해서 말입니다. 그러자 이 힘든 IMF시대에도 전혀 기대치 않던 새신자들까지도 또한 실직 가정에서까지도 다 헌당 대행진 헌금에 동참하여 오늘의 헌당식에 이를 수 있게 되었습니다.

"이 한 몸 한 장 벽돌 되어……."

이것은 우리 모든 성도들의 성전 신앙 고백이었습니다. 그리고 부족한 종 소 목사의 고백이기도 합니다. 성전 건축시 공사가 중단되려고 할 때마다 모든 성도들이 한 장의 벽돌이 되는 심정으로 성전 완공을 사모하면서 불렀던 노래이기도 합니다. 과연 저들은 한 장 한 장의 벽돌이 되고도 남았습니다.

원래 이 부족한 종은 지갑이나 핸드백에 수백, 수천만 원의 수표를 용돈으로 가지고 다니는 부자를 보내 달라고 기도했었습니다. 그런 사람을 통해 성전을 건축하고 싶었습니다. 그러나 하나님께서는 그런 사람을 보내 주시지 않았고, 평범하고 가난한 이들의 눈물을 통해 주님의 전을 짓게 하셨습니다. 새 에덴의 처음은 이렇게 시작되었고, 지금도 이렇게 이루어지고 있으며, 앞으로도 이렇게 이루어질 것입니다. 아니 미래의 새 에덴은 이보다 더한 역사로 오게 될 것입니다.

주님! 이 못난 종에게 이렇게 아름다운 성도들을 붙여 주심을 감사합니다. 이 어린 소 목사에게 주님은 너무나 아름다운 성도들을 붙여 주셨습니다. 이 어린 종은 장점보다 약점이 더 많은 종이었지만 저들은 거의 한 번도 불평하지 않았습니다. 모두가 순종하였으며, 모두가 이 종을 앞세우며 하나님께 희생했던 성도들입니다. 그리고 저들은 앞으로 새에덴의 제2의 도약을 위해 또한 더 큰 새에덴의 제 2성전 건축을 위해 "이 한몸 한 장 벽돌 되어"의 신앙 고백이 준비되어 있는 성도들입니다.

그러므로 주여! 오늘 저들 모두의 눈물과 피로 헌당 예배를 드리는 이날, 하늘 문을 여시고 저들에게 마음껏 복을 내려 주소서. 만국을 진동하는 복으로, 세계 민족 위에 뛰어난 복으로 부으시고 쏟아 부어 주옵소서. 아멘.

엿장수목회 이야기

울보 목사

    금주 한 주간 저는 많이도 울었습니다. 마음속으로도 울었고 겉으로도 울었습니다. 저의 무능함 때문에 울었고, 전도에 대한 부담감과 교회 성장에 대한 부담감 때문에 울어야 했습니다. 왜 그렇게 많은 분들이 우리 교회에 도움을 청하는지요? 어떤 곳에서는 수십만 원, 어떤 곳에서는 수백만 원, 어떤 곳에서는 2억, 그리고 5억만 도와달라고 합니다. 모두가 끊을 수 없는 선후배, 모교, 은사, 제자의 관계입니다. 그러니 마음 같아서는 다 도와주었으면 좋으련만 그렇지를 못해서 울었습니다. 마치 빚쟁이처럼. 다 도와주지 못하는 저의 무능함을 탓하면서요.

    그러나 무엇보다 저를 울게 만든 것은 전도와 교회 성장의 부담감 때문입니다. 교회를 짓기 전에는 성전 건축을 위해 울었습니다. 그토록 어려운 건축을 위해 몸부림을 치면서 울었던 저였습니다. 그러나 이제는 전도를 생각하면 마음이 울먹거려집니다. 교회 성장을 생각하면 마음에서부터 흐르는 눈물을 참을 수가 없습니다. 부담감 때문입니다. 눈만 감으면 손짓하는

울보 목사 | 성숙기

영혼들이 보입니다. 그리고 1부와 4부 때의 예배당 빈 자리가 교차됩니다. 그러면서 성전의 빈 자리는 제 마음의 빈 자리처럼 느껴집니다. 그러니 울 수밖에요.

그 옛날 전도 특공대들! 그렇게도 야성과 용기가 가득했던 전도 특공대들! 그런데 왜 지금은 그들에게서 그런 야성과 열정적 용기를 볼 수가 없을까요? 성전 건축을 하느라 애를 썼다고 제가 너무 긴 전도 방학 기간을 주었기 때문입니다. 방학을 너무 오래 연장시켜 준 저 자신이 밉기도 합니다. 그들은 전도 방학 기간에 주로 교회 내적인 사역에 열중해 왔습니다.

여선교회원들이 지난주에는 내내 학교 졸업 시즌을 맞이하여 꽃 장사를 한다고 열심이었습니다. 시키지도 않았는데 그렇게 열심히 할 수가 있을까요? 역시 '새에덴 맨'들입니다. 그러나 저는 그런 모습을 보면서 불안하기도 했습니다. '전도를 저렇게 열심히 하였으면 얼마나 좋을까?' 하는 마음으로 말입니다.

아무튼 지난 한 주간은 마치 '병사를 잃은 장군' 같은 참담한 심정으로 울고 우는 시간의 연속이었습니다. 왜 이렇게 마음이 조급해지고 부담감으로 가득 차기만 할까요? 어차피 목회는 장기적인 일이고 평생 할 것인데 왜 이다지도 제 마음은 전도와 교회 성장에 압박을 받고 있을까요? 그래서 전 기도했습니다.

"하나님! 왜 저에게 이렇게도 전도에 대한 부담감을 주십니까? 왜 이리도 교회 성장에 대한 압박감을 주십니까?"

그런데 잠시 후 이 부담감은 엄청난 하나님의 복이라는 것을 깨닫게 되었습니다. 하나님께서는 한 시대를 변화시키기 위해서 먼저 그의 종들에게 엄청나게 큰 부담감을 주셔서 시대를 움직여 왔다는 사실을 깨닫게 해주셨기 때문입니다. 예레미야,

성숙기 > 엿장수 목회 이야기

이사야, 바울, 무디, 피니, 스펄전이 그랬지 않았던가요?
 그러므로 부담감은 곧 사명입니다. 다시 말하면 살아 있는 사명자는 부담감을 갖지 않을 수 없는 것입니다. 쉽게 만족하고 쉽게 자족하는 것은 결코 복이 아닙니다. 그것은 배부른 돼지의 삶일 뿐입니다. 오히려 사명자에겐 사명 때문에 고민하고, 영혼 때문에 밤새 부르짖는 삶이 되는 것이 큰 복이 아니겠습니까? 물론 소 목사 정도 되면 목회에 1차적으로 안심할 수 있습니다. 또 만족할 수도 있습니다. 사실 제 나이에 이 정도면 남부럽지 않다고 할 수 있지 않습니까?
 그러나 저는 제 목회에 한 번도 만족을 느껴 본 적이 없습니다. 수직적으로 하나님께 언제나 감사는 하지만 수평적으로 만족은 못합니다. 왜일까요? 그것은 저의 사명 때문입니다. 어떤 의미에서 오늘의 저와 새에덴교회는 전도에 대한 부담감과 사명을 위한 눈물에서부터 시작되었다고 해야 옳을 것입니다.
 과연 통곡이 없는 신앙은 죽은 신앙임에 틀림없습니다. 울음이 없는 목회 역시 죽은 목회에 불과합니다. 예루살렘에는 통곡의 벽이 있습니다. 바로 이 통곡의 벽이 이스라엘을 살리지 않았던가요!
 그렇습니다. 사명을 위해 부담감을 갖는 자는 소망이 있습니다. 사명을 위해 우는 자는 생명의 역사가 풍성하게 일어날 것입니다. 그러기에 오늘도 저는 웁니다. 전도를 놓고 울고, 교회 성장을 놓고 울고, 저의 모든 목회의 사명을 놓고 웁니다. 앞으로도 사명의 부담감으로 울고 또 울 것입니다. 거룩한 불만을 품고 거룩한 부담감을 가지고 날마다 우는 울보 목사가 될 것입니다.
 저는 지금도 하나님께 감사할 것이 있습니다. 제가 저의 성도들을 생명을 걸고 사랑한다는 것입니다. 제 건강보다 성도가 중요하며, 제 생명보다 제 목회, 제 사명을 더 중요하게 생각하기 때문입니다. 다른 교회 성도 100명과도 바꿀 수 없는 저의 성도 한 명 한 명, 그들이 제 옆에 있다는 것만으로 저는 행복하고 감사합니다. 저는 이들을 위해, 그리고 저의 사명을 위해 죽을 수 있는 각오와 사랑이 있습니다. 이 각오와 사랑 때문에 저는 울지 않을 수 없습니다. 전도, 교회 성장, 영혼에 대한 부담감……, 이런 것들이 저를 울게 만듭니다.

아! 울보 목사가 되렵니다. 저 자신의 무능 때문에, 아니 불타는 소명감 때문에 울고, 울고, 또 우는 울보 목사가 되렵니다. 그러나 이보다 더 중요한 것은 저의 울보 기질이 성도들 가슴으로 전달되는 것입니다. 저의 울고 싶은 감정이 성도들의 심령 속으로 전이되는 것입니다. 그래야 울보 성도가 되고 울보 사명자가 되지 않겠습니까?

"주여! 이 종을 울보 목사가 되게 하소서. 그리고 우리 새에덴 성도들이 울보 성도가 되게 하소서. 사명을 위해 울고, 교회를 위해 울고, 전도를 위해 우는 울보 성도가 되게 하소서. 왜냐하면 우리의 눈물이 떨어진 곳에만 생명샘의 근원이 있고, 우리의 울음에만 영혼을 살리고 교회를 살리는 비밀이 있기 때문입니다."

엿장수목회 이야기

설교자의 아쉬움과 성도의 은혜

목회의 연륜이 깊어질수록, 목회자로서 조금씩 성숙해 갈수록 이상하게 설교가 어렵고 설교에 대한 부담이 커져 감을 느끼곤 합니다. 어찌 보면 보다 많은 경험과 숙달된 노련미로 인해 설교가 좀 쉬워지고 노숙해질 수 있을 텐데, 저 자신에 있어서는 그렇지가 않습니다. 그래서 가면 갈수록 설교 준비에 더 큰 비중을 두고 더 많은 관심을 갖습니다. 아주 특별한 일이 있을 때를 제외하고는 토요일만큼은 하루종일 설교 준비하는 날로 구별을 해 놓습니다.

초창기 목회 시절에도 그랬거니와 지금도 여전히 설교 한 편을 생산하기 위해 반드시 고통의 산실을 통과해야만 합니다. 거기서 마치 아이 낳는 해산의 진통을 겪듯이 설교를 준비합니다. 그런 몸부림의 대가를 지불하고서야 비로소 주옥 같은 한 편의 설교가 출산됩니다.

그러나 그렇게 준비해서 강단에 올라가 실제로 설교를 하다 보면 정말 허탈하고 실망스러울 때가 많이 있습니다. 저는 이

설교자의 아쉬움과 성도의 은혜 〉 성숙기

정도의 기대치를 가지고 설교하는데 성도들의 반응이 별로인 것처럼 느껴지고, 그러다가 애들 우는 소리와 떠드는 소리, 혹은 주변에서 주위를 산만하게 하는 다른 일들이 벌어질 때 마침내 그날 설교는 죽을 쑤어 버리고야 맙니다. 어떨 땐 아무런 장애 요인도 없었는데 설교가 뜻대로 되지 않을 때가 있습니다. 그럴 땐 너무나 아쉬운 마음으로, 너무나 분통 터지는 마음으로 초라한 모습이 되어 내려옵니다.

설교자가 제일 초라할 때는 자기 설교로 청중에게 은혜를 못 끼칠 때입니다. 목회자가 성도들에게 제일 미안할 때는 심방을 못 갈 때가 아니라 은혜를 못 끼쳤을 때입니다. 정말 그럴 땐 교인들과 인사하지 않고 빨리 서재로 올라가 숨어 버리고 싶어집니다.

'오늘 설교를 망쳤으니 다음 주일에는 성도들이 덜 나올 거야. 특별히 새신자나 설교를 들어 보고 등록하려는 성도는 다시 나오지 않을 거야.'

별의별 생각을 다하면서 강단에서 내려옵니다. 이런 생각을 하면서 성도들과 인사를 할 때면 예상 외로 성도들마다 큰 은혜를 받았다고 인사하며 갑니다. 한두 사람도 아니고 수많은 사람들이 말입니다. 그야말로 역설적인 반응입니다. 어떨 땐 '저 사람들이 날 놀려 주려고 하는 소리 아닌가?' 하고 생각될 정도입니다. 그러나 그들은 그럴 사람이 아닙니다. 그들의 말은 '순수', '진실' 그 자체였습니다.

청와대 기독 신우회 예배에서도 그랬습니다. 어찌 된 일인지 한 쪽 마이크가 작동되지 않아 처음부터 저는 음향에 신경이 쓰였습니다. 설교자에게 마이크와 스피커는 생명과도 같기 때문입니다. 또 시간에 제한을 받아 쫓기는 마음인지라 자꾸 설

성숙기 〉 엿장수 목회 이야기

교가 더듬거려지는 것 같았습니다. 그러다 보니 웬 땀이 그렇게 많이 납니까? 제가 땀을 많이 흘리는 것은 우리 교인들이 잘 아는 사실 아니겠습니까?

이 땀 흘리는 모습이 안쓰럽게 보였는지 두 명이나 연속해서 설교단에 수건을 가져다 주었습니다. 그런데 아뿔사, 두 번째 수건을 가져올 때는 "시간이 많이 갔으니 설교를 끝내 주면 좋겠습니다."라는 메모지를 가져오는 줄로 제가 착각을 하고 더 긴장을 해 버렸습니다. 그곳 예배는 시간 엄수가 칼 같다는 귀띔을 미리 받았기 때문이었습니다. 하긴 그토록 긴장할 수밖에요. 이 촌놈이 청와대까지 가서 설교를 하니 그럴 수밖에 없지 않겠습니까? 더구나 지금까지 청와대에 다녀간 목사님들 중에 제가 최연소자라 하였으니 더더욱 그럴 수밖에요.

그래서 전 영락없이 죽을 쑨 줄 알았습니다. 준비한 것도 다 못하고 너무나 아쉬움을 많이 남겨 둔 채 설교를 끝내 버리고 말았기 때문입니다. 그런데 이게 웬일입니까? 모두들 다 은혜를 받았다는 것입니다. 그때 그곳에 계신 성도님들은 그 열광적인 아멘 소리와 박수 소리를 기억하실 것입니다. 예배가 끝나고 하나같이 은혜 받았다는 인사에 저는 몸둘 바를 몰랐습니다. 그러나 다음날 청와대로부터 전화를 받고서야 그것이 사실인 줄을 깨닫게 되었습니다. 설교가 너무나 은혜스러워서 설교 테이프를 제작하여 대통령 영부인을 비롯한 모든 분들에게 보급을 한다는 것입니다. 그리고 감사패와 기념품을 준비하여 신우회 회장님이 직접 우리 교회를 방문한다는 것입니다. 그뿐 아니라 저를 다시 한 번 초청하는 것은 물론 청와대 신우회 부흥회 강사로 초청하자는 이야기가 나온다는 것입니다.

기막힌 반응이 아니겠습니까? 저는 그렇게 죽을 쑤었고 아쉽게 설교를 끝냈다고 생각했는데 청중의 반응은 이렇게 정반대였던 것입니다. 설교자는 그토록 아쉬움으로 내려왔는데 청중은 그토록 은혜를 받았던 것입니다.

그래서 저는 깨달았습니다. 설교는 설교자가 판단할 것이 아니라고 말입니다. 설교자가 아무리 만족하고 흡족하게 생각한 설교도 성도들이 아무 은혜도 못 받았다면 그것은 허공을 치는 설교일 뿐인 것입니다. 그것은 설교자의 교만이요 허세일 뿐입니다. 그러므로 설교자는 잘했다고 흡족해 하지만 성도들은 전혀 은혜를 받지 못하는 편보다, 차라리 설교자는 아쉽게 내려와도 성도들이 은혜 충만히 받는 편이 훨씬 더 나을 것입니다. 어쩌면 그것은 하나님께서 의도적으로 설교자를 더 겸손한 인격으로 낮추시고 겸허한 목자로 만드시려는 계획 때문일지도 모릅니다.

아무리 생각해 봐도 과연 설교는 설교자가 하는 것이 아니라 하나님이 하시는 것 같습니다. 어쩌면 하나님께서 설교자의 겸손과 성결을 위해, 설교자에게는 아쉬움으로, 성도에게는 은혜 충만으로 역사하시는 것이 아닐까요? 그래서 기도합니다.

"주여! 제가 평생 모노 드라마 설교를 하지 않게 하소서. 자기만 혼자서 잘했다고 만족하는 나르시시즘적인 설교를 하지 않게 하소서. 저는 못내 아쉽고 부끄러운 마음으로 내려와도 성도들은 은혜 충만하여 마음과 얼굴이 밝아지는 역설의 결과가 있게 하옵소서. 그리하여 제 평생 하나님만이 진정한 설교의 근원이심을 잊지 않게 하옵소서."

엿장수목회 이야기

사단장님 헬기 앞에서

요즘 저는 저의 인간성, 제 자신의 휴머니티(humanity)한 모습을 생각해 볼 때가 많습니다. 어쩔 땐 그렇게도 철인처럼 굽힐 줄 모르고 야성의 기질이 넘치는 강인한 사람 같지만, 어쩔 땐 어린애같이 단순하고 천진난만할 때가 많기 때문입니다. 아니 솔직히 말해서 저는 단순하다 못해 남들에게 봉 노릇 당할 때가 많을 정도입니다.

지난주 12사단 군종 집체 교육 때였습니다. 얼마나 집회가 은혜스러웠는지 겉옷까지 땀을 촉촉히 적시며 말씀을 증거하였습니다. 그들에게 정열적으로 말씀을 증거하다 보니 갑자기 군목이 부러워지는 것이었습니다. 또한 정말로 군인들이 사랑스러워 보였고 친동생처럼 다정하게 느껴졌습니다. 갑자기 가지고 있는 모든 것을 다 주고 싶어졌습니다. 그래서 주머니를 털어서 군 선교비를 내고 왔을 뿐 아니라 작정 헌금까지 하고 돌아왔습니다.

마지막 날 오후였습니다. 사단장님께서 친히 오셔서 격려해

사단장님 헬기 앞에서

주신다고 군종들은 야단이 났습니다. 화장실 청소, 식당 청소, 운동장 청소 등을 하기에 바빴고 사단장님 도착 20분 전부터 운동장에 집합하여 대기하고 있었습니다. 마침내 사단장님이 헬기를 타고 도착했습니다. 온 운동장엔 마치 원자폭탄이 터진 것처럼 먼지가 솟아 올라왔습니다. 한참 후에 어느 정도 먼지가 가라앉자 사단장님이 헬기에서 내렸습니다. 그 모습이 얼마나 멋있고 당당해 보여 부럽던지, 강사석에 앉아서 그 모습을 지켜보던 저는 그만 넋을 잃어버리고 말았습니다. 사단장께서 저의 이름까지 기억하며 저에게 오셔서 악수를 해주실 때도 먼지를 뽀얗게 일으키며 헬기에서 내리는 그 모습만 아른거릴 정도였습니다.

사단장님이 다시 헬기를 타러 갈 때에 저도 모르게 그 뒤를 따라갔습니다. 인사를 하려고 따라가는 것이 아니라 헬기 타는 모습이 하도 부러워서, 헬기를 타 보고 싶은 마음 때문에 저도 모르게 헬기 가까이 따라갔던 것입니다. 한 번 상상해 보세요. 이 소 목사가 점잖게 양복을 입고 헬기 가까이 쫄랑쫄랑 따라가는 모습을 말입니다.

'사단장님! 저 헬기 좀 태워 주세요. 제가 헬기 좀 타 보고 싶거든요.'

제 목까지 이런 소리가 올라왔지만 차마 그런 말을 못하였습니다. 그래서 내심 사단장님께서 저에게 이런 말을 건네주기를 원하였습니다.

"소 목사님! 혹시 헬기 한 번 타 보고 싶습니까? 그렇다면 타시죠. 나랑 한바퀴 돌아봅시다."

그러나 사단장님은 그 정도로 눈치가 빠른 분은 못 되었습니다.

성숙기 | 엿장수 목회 이야기

드디어 헬기가 온 운동장에 먼지를 뽀얗게 일으키며 하늘로 붕붕 떴습니다. 저는 그 먼지 속에서 하늘로 뜬 사단장의 헬기를 멍하니 바라보았습니다. 참으로 그런 저의 모습은 천진무구한 어린아이의 모습이었습니다. 이래뵈도 해외를 수십 번 나다녔고 비행기도 기백 번을 탔던 저였는데 갑자기 사단장 헬기 앞에서 어린애가 되어 버렸던 것입니다.

이제 헬기는 사단본부 쪽으로 날아가 더이상 소리도 들리지 않았고 그 모습도 보이지 않았습니다. 갑자기 마음이 허전하고 못내 아쉬움으로만 가득하였습니다.

'젠장! 헬기 한번 타 보고 싶었는데……'

그러나 제 입에서는 무심코 이런 말이 중얼거려졌습니다.

"주님! 지금은 헬기를 못 탔지만 제가 천국 갈 때는 헬기보다 더 좋은 하늘의 불말과 불수레를 타겠지요? 저도 먼지를 뽀얗게 일으키며 많은 사람에게 손을 휘저으면서 저 사단장님보다 더 영광스런 병거를 타고 올라가겠지요? 그때까지 하늘 나라 군사요 십자가의 정병으로서 저의 군대 장관이신 주 예수 그리스도께 충성을 다하겠습니다."

집으로 오면서 곰곰이 생각해 보았습니다.

'그까짓 헬기를 타는 게 뭔데 내가 그리도 헬기 밖에서 순진한 행동을 했을까? 왜 이렇게 나는 단순한 사람인가? 왜 이리도 나라는 사람은 어린애 같을 때가 많은가?'

수요일 저녁 교단 총회 선교사 후보생 헌신 예배를 드리던 날 밤도 저는 잠을 못 이루었습니다. 그 선교사 후보생들이 너무나 가련하고 불쌍해서였습니다. 그날 밤 내내 선교사 후보생들의 얼굴이 눈앞에 어른거려 제가 그들 대신에 선교사로 나가고 싶어졌습니다. 그래서 아내에게 "차라리 우리가 선교사로

사단장님 헬기 앞에서 　성숙기

나갈까?" 하고 제의도 해 보았습니다. 그랬더니 현실주의자인 아내는 당신은 왜 그렇게 마음이 여리느냐고 제게 쏘아대는 것이었습니다. 그토록 강할 땐 강하고 굽힐 줄 모르는 투혼의 목사가, 어떨 땐 왜 이토록 감정이 여리느냐는 것입니다.

그렇습니다. 제가 생각해도 저라는 사람은 정말 이상하리만큼 마음이 여리고 천진난만할 때가 많습니다. 그러니까 요즘은 제 스스로 저 자신에 대해서 생각해 보는 기회를 많이 가져 보는 것입니다. 이런 여린 마음 때문에 저는 지금까지 손해를 볼 때가 많았습니다. 그렇지만 역으로 생각해 볼 때 하나님 앞에 제 자신의 영성을 성결하게 관리한다는 면에 있어서는 참으로 유익된 점도 많았습니다. 바로 이런 순진함 때문에 비교적 오염 없이 주님을 섬기려고 노력하였기 때문입니다.

수요일 밤에도 사단장 헬기 앞에 서 있는 마음으로 주님을 생각했습니다. 그리고 기도하다 겨우 잠이 들었습니다.

"죽을 때까지 사단장 헬기 앞에 섰던 그 마음, 그 모습으로 주님을 섬기길 원합니다. 그런 어린아이의 심정으로 주님을 사랑하고 성도를 사랑하는 목사가 되게 하소서."

엿장수목회 이야기

만년 부목사

　몇 주 전 주일이었습니다. 여의도 순복음교회 청년회 총회장으로부터 전화가 여러 번 왔다는 메모를 받았습니다. 주일이기에 여간 바쁜 게 아닌 저인데도 반드시 직접 통화할 이야기가 있다고 하면서 여러 번 전화를 했다는 것입니다. 전해 드릴 내용이 있으면 메모해서 전달해 드리겠다고 해도 꼭 저에게 직접 이야기를 드려야겠다는 것입니다. 보통때 같으면 팩스나 메모 형식으로 메시지를 전달받았는데 이번엔 저와 직접 이야기를 하겠다고 하니 무슨 일일까 하고 의아한 생각이 들었습니다.
　원래 오산리기도원에서 있을 세계 청 · 장년 금식 성회 저녁 강사 수락은 수차례의 거절 끝에 이루어진 것입니다. 혹시 저희 교회 수련회와 겹칠까봐서 언제나 본 교회를 우선 순위로 삼는 저는 거절을 거듭하다가 마지못해 강사 수락을 한 것인데, 무슨 일이 생겼나 보다 하고 전화를 걸어 보았습니다. 그랬더니 청년 회장은 다 죽어가는 소리로 저에게 통사정을 하는 것이었습니다.

"목사님! 죄송합니다. 큰 죄를 지었습니다. 정말 용서해 주십시오."

그래서 제가 "강사 섭외에 차질이 생겼습니까? 그렇다면 잘 됐습니다. 저는 강사로 안 가도 상관없습니다. 신경쓰지 마십시오."라고 대답을 했습니다. 그러자 청년 회장이 이렇게 말하는 것이었습니다.

"목사님! 그것이 아닙니다. 월간 <신앙계>를 비롯 여러 광고 부분에 소 목사님을 새에덴교회 담임 목사가 아니라 부목사로 잘못 광고해 버렸습니다. 우리 홍보 담당팀이 소 목사님께서 너무 젊으신 분이어서 그만 착각을 해버린 것입니다. 그래서 목사님께 이렇게 사죄를 구하려고 직접 통화를 시도한 것입니다. 다음 광고에는 그런 실수가 없도록 하겠습니다. 목사님! 용서해 주십시오."

그래서 저는 너털 웃음을 지으며 이렇게 대답했습니다.

"회장님! 그런 걸 가지고 뭘 그런 소릴 다 하십니까? 사람이 일하다 보면 얼마든지 그런 실수도 할 수 있고 또 저는 언제나 부목사의 자세로 교회를 섬기고 있습니다. 실제로 우리 교회 담임목사(당회장)는 예수님이시고 저는 그분에게 고용당한 부목사입니다. 그러니까 제가 새에덴교회 부목사로 광고되어도 좋습니다. 오히려 더 좋습니다."

그랬더니 그 형제는 할 말을 잃고 크게 감탄을 하였습니다. 그 말이 너무 은혜가 되어서 말이 안 나온다는 것입니다. 다른 분 같으면 십중팔구는 뭐라고 호통을 치거나 책망할 텐데 어찌 황송하게도 소 목사님께서는 그렇게 말씀을 하시냐는 것입니다. 어쨌든 그런 말로 저는 그의 등을 두드려 주었고, 그는 참으로 황송한 마음으로 전화를 끊었습니다.

성숙기 | 엿장수 목회 이야기

　사실인즉 저는 언제나 우리 교회 당회장(담임 목사)은 우리 예수님이시고, 저야말로 부목사라는 생각으로 교회를 섬기고 있습니다. 원래 저는 처음 신앙 생활 할 때부터 언제나 예수님을 먼저 배려하는 규칙을 세우고 살았습니다. 좁은 길을 갈 때에 예수님과 함께 걸어가고 있다고 생각하며, 좋은 길을 예수님께서 걸어가시도록 하고 저는 좋지 않은 길을 걸었습니다. 그러다가 겨울에 길이 미끄러워 방죽에 빠지고 개울창에 빠지기도 했습니다. 자전거를 탈 때는 예수님을 뒷좌석에 태웠다고 생각하며 조심스럽게 탔고, 공부할 때도 옆자리에 예수님이 앉으실 것을 생각해서 빈 의자를 두기도 했습니다. 또한 헌금을 할 때에도 제일 좋은 새 돈으로 골라서 드렸으며, 시간도 첫 시간을 드리는 습관을 가졌습니다. 참으로 순수한 마음, 순수한 신앙이었습니다.

　이런 순수한 신앙 생활로 출발했던 제가 목회할 때도 주님을 당회장이요 저 자신은 부목사로 여기며 교회에 봉사했지 않겠습니까? 그래서 저는 부족하지만 언제나 일원화 목회 소신으로 목회를 합니다.

　저는 무엇보다 목회 현장에서 성령님과의 일원화를 우선 순위로 삼습니다. 먼저 제 믿음의 주파수를 성령님께 일치시키는 것이지요. 제 믿음, 제 목회 사상, 철학 등 목회의 모든 것을 먼저 하나님의 안테나에 맞춘다는 말입니다. 결코 제 생각이나 사상, 그리고 저의 계획들이 성령님을 앞서지 않으려고 노력합니다. 부족하지만 최선을 다해 제 모든 것을 성령님 뜻에 일치시키려고 합니다. 그리고 나서 이 성령님과의 일원화를 제일 가까운 아내에게 이루고, 다음으로 당회원(장로)과 부교역자들에게 이루며, 제직 및 모든 성도에게 일원화를 이룹니다.

만년 **부목사** 성숙기

　이 일원화 목회를 다른 말로 표현을 한다면 '철저한 신본주의 목회'라고 할 수 있습니다. 예수 그리스도의 몸인 교회는 반드시 교회의 주인이신 예수 그리스도의 뜻에 의해 신본주의의 통치 형태로 움직여져야 하기 때문입니다.
　신본주의적 목회를 하니 저는 새에덴교회의 부목사요, 예수님을 당회장님으로 생각한다는 말입니다. 그러니까 큰 목회자가 되는 것도 중요하지만 저의 기도의 우선 순위는 먼저는, 주님을 당회장으로 모시고 주님과의 일원화를 이루는 것입니다. 부목사는 부목사답게 담임목사(예수님)의 뜻과 사상과 의지대로 목회를 하고 교회를 끌어가야 하지 않겠습니까? 이렇게 생각하고 목회를 하니 언제나 행복하고 보람되기만 합니다.
　마침내 지난 화요일 집회를 인도하기 위해 오산리기도원에 갔습니다. 강사 숙소(대기실)로 가서 잠시 쉬고 있을 때 청년회장과 임원들이 들어왔습니다. 그들이 들어와서 일제히 제 앞에 무릎을 꿇지 않겠습니까?
　"소 목사님! 정말 죄송합니다. 부목사로 잘못 광고한 것 너무나 잘못했습니다. 다시 한 번 너그러이 용서해 주십시오."
　그러자 저는 "이게 무슨 짓들이오? 어서 편히들 앉으십시오. 저는 정말로 새에덴교회 부목사라니까요. 진짜 당회장은 예수님이시고 저는 당회장 대리일 뿐입니다. 이젠 그런 말 다시 않기로 합시다."라고 말했습니다.
　참으로 은혜스런 순간이었습니다. 청년들은 제 말이 너무나 감개 무량하다고 했습니다. 저는 다시금 부목사의 위치에서 목회를 하리라고 마음을 먹었습니다. 그리고 그런 마음, 그런 각오로 오산리기도원 강단에 올라갔습니다. 참으로 벌떼와 구름떼같이 수많은 성도들이 모였습니다. 그러나 거기서도 주님을 앞

성숙기 | 엿장수 목회 이야기

세운 부목사의 자세로 올라가니 마음이 든든했습니다. 그리고 패기 있고 확신 차게 주님의 살아 계심을 증거할 수 있었습니다. 집회를 마치고 돌아오는 길에 다시 한 번 다짐을 했습니다.

"오 주님! 저는 만년 부목사일 뿐입니다. 당신은 영원한 나의 주인이시요, 나는 당신의 영원한 종일 뿐입니다."

엿장수 **목회** 이야기

마침내 보이던 예수님 얼굴

목요일 저녁 느티마을 한 집사님 가정을 심방하였습니다. 구역 식구들이 한자리에 모여 예배를 마치고 저녁 식사를 나누는데 화제가 벽에 걸려 있는 액자 속의 예수님 얼굴로 옮겨졌습니다. 그 가정의 식탁 쪽 벽에 예수님의 얼굴이 숨어 있다는 액자가 걸려 있었기 때문입니다. 그 사진은 2차 대전 말기에 중국 오지의 눈길을 가던 한 사진사가 찍은 것이었습니다.

그는 원래 의심이 많은 크리스천으로서 눈길 위를 말을 타고 가면서도 예수님의 얼굴을 직접 봐야 진실로 하나님을 믿겠다고 기도를 하였답니다. 그때 하늘로부터 한 음성이 있어 말씀하시기를 "말에서 내려 사진을 찍어라." 하여 눈 위를 찍었더니 그 현상된 사진 속에 너무나 자비롭고 온유하고 인자하신 예수님 얼굴이 나타나 있더라는 것입니다.

문제는 그 사진 속에 숨어 있는 예수님의 모습이 금방 눈에 들어오지 않는 데 있습니다. 어떤 사람은 금방 예수님의 얼굴이 눈에 보이는가 하면, 어떤 사람은 아무리 눈을 비비고 보아

성숙기 | 엿장수 목회 이야기

도 볼 수가 없습니다. 다행히 그 자리에 모인 구역 식구들은 거의 다 예수님 얼굴이 보인다고 하였고 안 보인다고 하는 분도 제가 설명을 하니까 금방 보인다고 하였습니다. 간단하게 설명을 해 주었는데도 신통하게 빨리 식별하다니 정말 의아스러울 정도였습니다.

그러나 저는 예수님 얼굴이 눈에 보이기까지 얼마나 많은 애를 태웠는지 모릅니다. 신학교를 막 입학하였을 때였습니다. 그때는 그 액자의 사진이 온 한국 교회에 많이 유행할 때였습니다. 그런데 저는 아무리 보아도 그 사진의 예수님 얼굴이 보이지 않았습니다. 아무리 옆에서 설명을 해 주고 가르쳐 주어도 도무지 보이질 않는 것입니다.

"이쪽이 코이고, 이곳이 두 눈이며, 여기가 이마이고……."

그렇게 부분 부분을 가르쳐 주는데도 전혀 보이지 않았습니다. 다른 분들은 다 잘 보인다는데 말입니다.

그때 한 전도사님이 말하기를 믿음이 좋은 자는 예수님 얼굴이 빨리 보이고 믿음이 없는 자는 잘 안 보인다고 했습니다. 그러자 또 한 전도사님은 마음이 더럽거나 영안이 안 열린 자도 잘 안 보인다는 것입니다. 그 소리를 듣는 순간 정신이 아찔했습니다. 두 눈이 캄캄했습니다.

'세상에 내가 그리도 믿음이 없단 말인가? 그토록 내 마음이 더럽고 추하단 말인가? 나는 아직도 영안이 안 열려 있고…….'

그런 생각을 하는 동안 한 전도사님이 저에게 아직도 예수님 얼굴이 안 보이느냐고 물었습니다. 그 순간 저는 저도 모르게 거짓말을 해 버렸습니다.

"아! 이제 보입니다. 정말 보여요."

저는 제법 신기하고 의아하다는 듯이, 실제로 예수님 얼굴을 보는 것처럼 감탄하는 척하기까지 하였습니다. 제법 그럴 듯한 해프닝이었지요. 그들에게 제가 믿음이 없거나 영안이 안 열려 있다는 소리는 죽어도 듣고 싶지 않았기 때문입니다.

그러나 저는 그 이후로 양심이 괴로워서 죽을 지경이었습니다. 예수님 얼굴이 보이지도 않았는데 마음이 더럽다는 소리를 안 듣고 싶어서 그만 그런 외식과 위선적인 행동을 해버렸으니 말입니다. 그래서 그제라도 예수님 얼굴이 보이면 되겠다 하는 마음으로 그 손때 묻은 사진을 들고 와서 몇 시간이고 뚫어지게 쳐다보았습니다. 그러나 아무리 눈을 비비고 보아도 검은 자국과 흰 자국만 보일 뿐이었습니다. 나중엔 엎드려 기도를 했습니다.

"주님! 제발 저도 예수님 얼굴을 보게 해주십시오. 제발 눈을 열어 예수님 얼굴을 보게 해주옵소서."

그래도 안 보이는 것입니다. 그래서 결국엔 예배실로 올라가서 눈물로 회개하였습니다.

"주님! 전 주님을 위한답시고 집에서 쫓겨난 사람입니다. 모든 것을 버린 사람입니다. 얼마나 성결하게 살려고 마음 관리, 눈 관리를 잘하고 사는데 그래도 제가 믿음이 없습니까? 그래도 제 마음이 더럽기만 하고 제 눈의 비늘이 벗겨지지 않았습니까? 주여! 회개하오니 청결한 마음을 주옵소서. 제 눈을 열어 제발 주님의 얼굴을 보게 하소서. 이렇게 이 종이 눈물 흘리며 기도합니다."

그래도 결국 그날 밤은 예수님 얼굴을 보지 못했습니다. 아니 그것은 며칠, 몇 주 동안 계속되었습니다. 그렇다고 어느 누구에게 다시 한 번만 설명해 달라고 할 수도 없었습니다. 기껏 봤다고 해놓고 어떻게 번복할 수 있겠습니까? 그러니 그 일만

| 성숙기 | 엿장수 목회 이야기 |

생각하면 양심이 괴롭고 찜찜하기 그지없었습니다.
  그러던 어느 날 책 속에 꽂아 두었던 손때 묻은 그 사진을 무심코 보았을 때 마침내, 드디어, 정말 예수님 얼굴이 보이는 것이었습니다. 그 온유하고 자비롭고 사랑이 넘치는 그 얼굴! 확실히 그 얼굴이 예수님 얼굴인지는 몰라도 과연 예수님 같은 모습이 그 사진에서 희미하게, 아련하게, 그러면서도 또렷하게 보이지 않겠습니까? 그때의 감격, 그때의 희열! 너무나 감사해서 제 눈에서는 눈물이 흘러나왔습니다.
  지금도 그때의 일은 잊을 수가 없습니다. 그러나 나중에 보니까 전혀 믿음이 없는 자나 불신자도 그 그림을 잘도 알아보는 것을 발견했습니다. 그때마다 저는 질투가 날 정도로 의아해 했습니다. 그렇지만 사실 훗날에 깨달은 것은 그들이 믿음이 있어서가 아니라 사진이나 그림을 전체적으로 볼 줄 아는 구도적인 안목이 있었기 때문이었습니다. 그리고 제가 그렇게 늦게 볼 수밖에 없었던 것도 믿음이 없어서가 아니라 미술적인 안목과 그림의 구도를 파악하는 눈이 부족했기 때문이었습니다. 그래서 지금도 소 목사는 그렇게도 그림을 잘 못 그리지 않습니까? 하지만 저는 그때 일로 엄청나게 기도하고 회개하였습니다. 그 일로도 전 엄청난 영적인 유익을 얻은 셈이지요.
  저녁 심방을 마치고 돌아오는 길에 이런 생각을 했습니다. 믿음이 없는 자를 정죄하거나 아무리 전도해도 안 믿는 자를 쉽게 포기해서는 안 된다고 말입니다. 우리 가운데 보면 교회 안에서도 아무리 예수를 설명하고 가르쳐도 잘 안 믿어진다는 분들이 있습니다. 또 전도 현장에 나가서 아무리 믿으라고 권하고 설득해도 도무지 믿으려고 하지 않는 분들이 있습니다. 그래도 그분들을 쉽게 포기해서는 안 될 것입니다. 그들을 향한 끊임없는 인내와 사랑과 도움이 필요합니다. 그들의 눈에서 마침내 예수님이 보이고 마음에서 믿어질 때까지 말입니다. 전도자에게는 적어도 이런 인내와 사랑이 필요하지 않을까요?

엿장수목회 이야기

갈대 목사

정말 저라는 사람은 묘한 사람임에 틀림없습니다. 때로는 저 자신도 이해하기 힘들 때가 많습니다. 어떨 땐 포효하는 사자나 호랑이보다 더 담대한가 하면 어떨 땐 이슬만 먹고 자라는 풀잎처럼 너무나 연약하고 유약해져 버리기 때문입니다. 참, 그렇게도 물불을 모르고 덤벼들던 모험적인 사람이 어느 한순간에 시들어져 가는 밤풀 같은 모습으로 바뀌어져 버리는 저의 모습을 보면서 제 스스로도 의아해 할 때가 있습니다. 그럴 때마다 '내 안에 이렇게도 대조되는 양면성이 있을 수 있단 말인가?' 하고 스스로 갈등하고 고뇌하곤 합니다.

아무리 생각해 보아도 저는 갈대임에 틀림없습니다. 아니 보통 갈대가 아니라 상한 갈대입니다. 저는 정말로 단순한 면이 많습니다. 그래서 사람을 너무나 잘 믿습니다. 또 너무나 인정이 많고 마음이 여립니다. 주님의 뜻에 순종하고 육신의 정욕과 단절하는 데는 너무나 모진 냉혈 인간처럼 행동하지만 저의 도움을 구하고 인정적으로 저에게 어떤 요구를 하는 데에는 왜

갈대 **목사** | 성숙기

그렇게도 마음이 여려져 버리는지 모르겠습니다. 사실 끊을 때는 끊고 매정할 땐 매정해야 하겠지만, 제게는 도대체 왜 그런 능력이 없는지 스스로도 제가 미울 때가 참 많습니다. 이런 저 자신의 모습을 보면서 저는 홀로 울 때가 많습니다. 아내도 모르게, 정 권사님도 모르게 홀로 울곤 합니다.

성격이 저와 판이하게 다른 아내와 정 권사님은 이런 일을 이해 못합니다. 그러면 그럴수록 저는 우울증 환자처럼 더 마음속 깊이 울곤 합니다. 그래서 요즘은 목회 연구비니, 활동비니 하는 것들이 저의 동정심을 채우는 데 다 소비되어 버렸습니다. 그리고 앞으로도 지출될 일들이 더 많고요. 지난주에는 목회를 못하고 집에서 애기나 보고 있는 동기 목사님 전화를 받고 하루종일 우는 마음으로 살았습니다.

특별히 요 몇 주는 집회 청탁 때문에 마음이 괴로워 견딜 길이 없었습니다. 쓸데없이 걱정하고 고뇌하느라 헛된 시간도 많이 낭비했습니다. 올해는 제가 체력 보강, 지력 보강, 영적 재충전을 위해 좀더 쉬고 연구하고 기도하는 시간을 가져야 하는데 왜 그리도 집회 요청이 집요하게 들어오는지 말입니다. 그것도 책임이 막중하고 부담스런 집회 요청만 들어오는 것입니다. 그것을 일일이 끊자니 제 성격상 참으로 힘이 들었습니다.

특별히 지난주에는 신학교 개강 집회 일로 마음이 퍽 무거웠습니다. 아무리 끊고 끊어도 놓아 주질 않는 것입니다. 물론 제가 안 가면 안 갈 수 있겠지요. 그러나 사람들은 저의 이런 약점을 알고 제 여린 마음을 공격합니다. 집요하게 저의 동정심을 향해 호소합니다. 집회, 선교비 후원, 보조 청원, 강단 사용 등으로 말입니다.

그럴 때마다 그 모든 것을 다 응해 드리지 못한 저는 마침내

성숙기 > 엿장수 목회 이야기

울고 맙니다. 거절하면서 울고, 들어 드리지 못한 무능한 저 자신 때문에 울게 됩니다. 이런 갈대, 이런 못난이가 어디 있습니까?

하나님 말씀을 지키고 믿음의 순결을 지키며 하나님의 뜻을 이루는 데는 물불을 안 가리는 그렇게도 용맹스런 목사인데 말입니다. 그래서 한번은 믿음의 어머니 정 권사님께서 고뇌하고 있는 저를 보시면서 딱하다는 듯이 하시는 말씀이 있었습니다.

"소 목사, 어찌 그리 자네는 푼수 같은가? 그놈의 인정머리 좀 딱 끊어 버리게."

정말 그렇습니다. 저는 너무나 바람에 흔들리는 갈대요, 푼수 목사입니다. 정말 인정에 관한 한, 여린 동정심에 관한 한 너무도 유약한 갈대요, 상처받기를 잘하는 갈대입니다. 이 때문에 제가 많은 시간을 갈등하고 우울해 하는 것입니다.

그러던 제가 마태복음 12장을 읽으면서 정말 큰 은혜를 받았습니다. 우리 주님은 상한 갈대도 꺾지 않으시고 꺼져 가는 심지도 끄지 않으시는 분이라는 말씀을 통하여서 말입니다(마 12 : 20). 그 말씀을 통하여 주님은 제게 이런 말씀을 하시는 것 같았습니다.

"상한 갈대 소강석아! 울지 마라. 인정 바람에 너무나 잘 흔들리는 갈대 소 목사야! 울지 마라. 나는 상한 갈대도 꺾지 않을 뿐 아니라 상한 갈대도 쓰는 하나님이란다. 참으로 내가 보니 너는 갈대 중의 갈대로구나. 그러나 갈대 중의 갈대도 내 손에 붙잡히면 위대한 창이 되고 검이 된단다. 나는 너의 약점을 붙잡아 주고 장점을 쓰는 하나님이다. 그러므로 울지 마라."

그렇습니다. 옛날엔 광야의 부러진 갈대도 '파피루스'라는 종이 원료가 되어 성경을 기록하는 책으로 쓰여지기도 했습니다. 또한 갈대는 피리의 재료가 되어 하나님을 노래하는 악기로 쓰임받기도 했고요. 때로는 하나님의 성전을 척량하는 잣대 역할을 하기도 했던 것입니다. 그렇듯이 하나님께서도 이 못난 갈대 목사, 푼수 목사도 하나님의 손으로 붙잡아 주셔서 지금껏 사자처럼 담대하게 사용해 오셨습니다. 바로 그 하나님 앞에 저는 엎드려 기도했습니다.

"하나님! 저는 인정 바람에 잘 흔들리는 갈대입니다. 저는 너무 단순하고 여려서 잘 넘어지고 잘 부러지는 갈대입니다. 그러나 지금까지도 강력하게 쓰임받았거니와 앞으로도 하나님의 영광의 손으로 붙잡아 주시면 더 위대한 종으로 쓰임받을 수 있습니다. 갈대에게도 순정이라는 게 있습니다. 이 종은 갈대의 순정을 죽도록 지키겠사오니 주님은 이 갈대를 붙들어 주소서. 그리하여 어떤 창검보다 더 강한 종으로, 사자보다 더 담대한 종으로 사용해 주소서. 그렇지만 이 갈대 같은 여린 마음이 때로는 상처받은 자, 울어야 할 자들 앞에선 함께 위로하고 우는 도구로 쓰여지게 하옵소서."

엿장수목회 이야기
엿장수 목회

지금도 어린 시절의 엿장수에 대한 기억은 새롭기만 합니다. 엿장수 아저씨가 동구 밖에서부터 짤그락짤그락 가위 소리를 내며 마을로 들어설 때면 마음이 설레기 시작했고, 입에서는 군침이 돌기 시작했습니다. 군것질거리라고는 거의 없었던 시절, 단것이 그렇게도 귀했던 시절에 시골 소년들에게는 엿 한 가락이 황홀하리만큼 큰 별미였습니다. 그래서 멀리서부터 엿장수의 가위 소리가 들려 오면 엿 바꾸어 먹을 고물이 없는지 집안 구석구석을 둘러봅니다. 헌옷이나 떨어진 고무신, 빈 병, 헌책, 찌그러진 양재기, 깨진 그릇, 심지어는 머리 빗을 때 빠진 어머니의 머리카락 뭉치까지 보이면 그것을 들고 엿장수에게 달려갑니다. 그러면 엿장수 아저씨는 그걸 받고서 아이들에게 달콤한 엿가락을 주었습니다.

그때의 엿맛은 어쩌면 그리도 달콤했던지요? 물론 그때는 엿맛도 감칠나게 달콤했거니와 엿장수에게 못 쓰는 고물을 가져다 주고 기막히게 맛난 엿가락으로 바꾸어 먹는 것 자체가 신기

엿장수 목회 / 성숙기

하고 즐겁기만 했습니다. 그러니 학교에서 돌아오는 길은 아예 동네 개울창까지 뒤지며 고물 찾기에 급급할 때도 많았습니다.

그런데 제가 예수 믿고 보니 바로 예수님께서 엿장수 같은 분이시라는 사실을 알게 되었습니다. 예수님께서도 우리의 고물과 폐품을 받기를 원하십니다. 우리의 무거운 죄 보따리, 모든 한숨, 고통, 눈물을 받기를 원하십니다. 그 어떠한 예물보다 그것을 더 귀하게 받고 싶어하십니다. 그걸 당신의 기뻐하는 예물로 받으시고 나서 우리에게 바꾸어 주시고 싶은 것이 있습니다. 그것은 용서요, 참된 자유요, 기쁨과 행복입니다. 예수님은 우리에게서 이러한 인생의 고물과 폐품들을 예물로 받으시고 용서와 감격과 참자유와 행복을 주시기 위해서 십자가에서 죽으신 것입니다.

예수님은 자기에게 나오는 자들에게 반드시 원하는 것이 있습니다. 너무도 냄새나고 추하고 더러운 죄, 근심, 갈등, 한숨의 무거운 보따리를 받기를 원하십니다. 예수님은 이것을 그 어떤 헌금보다도 귀한 예물로 받고 싶어한단 말입니다. 이런 폐품 쓰레기와 고물들을 받으시고 오늘도 우리에게 행복의 엿가락을 선물로 주시고 싶어하십니다. 참으로 얼마나 감격스런 복음입니까?

이 사실을 깨달으면서부터 저 역시 엿장수 목회를 하리라고 마음을 먹었습니다. 예수님이 엿장수 같은 분이시니 주의 종 또한 그래야 하지 않겠습니까? 그래서 저의 목회는 개척 초창기부터 엿장수 목회였습니다. 어떻게 하든지 한 영혼을 제 생명처럼 사랑하려 했고 그들의 상처와 아픔을 쓰다듬고 치유하며 보듬어 주었습니다. 상식이 통하지 않는 오해가 생겨 서로가 고통스러울 때도, 그 모든 오해의 아픔을 다 떠맡으면서라

성숙기 | 엿장수 목회 이야기

도 성도를 섬겼습니다.

때로는 성도의 내면 치유를 위해 얻어맞아야 하겠기에 맷집이 좋은 목사로 버티기도 했고, 성도들의 모든 아픔과 눈물과 한숨을 담아 줄 수 있는 국제쓰레기통으로도 존재했습니다. 그러다 보니 저의 설교와 기도 역시 정죄하고 공격하는 설교보다는 아픔을 싸매 주고 문제를 치유해주는 엿장수 스타일의 설교로 바뀌어져 가고 있습니다.

그래서 그런지 저희 교회는 삶이 평탄하거나 매끄름한 사람은 그리 많지 않습니다. 주로 상처가 얼룩져 있는 분들, 아픔의 상흔이 마음에 새겨져 있는 분들, 인생의 고통과 눈물을 경험했던 분들, 소위 예수님 안에서 억센 팔자(?)로 사셨던 분들이 저희 교회를 많이 찾았습니다. 이들은 모두 인생의 폐품 쓰레기와 고물들을 가지고 나왔습니다. 저는 그들에게 엿장수 예수님을 소개하여 드렸고 그분께 인도해 드렸습니다. 그리고 저도 그분의 종으로서 엿장수 목사가 되려고 애써 노력했습니다. 그래서 많은 사람들이 저희 교회에 나와서 참으로 감격스럽고 자유하고 행복한 성도가 되었습니다.

신도시에 사는 사람은 겉으로 보기엔 삶이 평탄하고 깔끔한 것처럼 보입니다. 그리 큰 문제도 없는 듯 삶이 고요하게 보이기도 합니다. 하지만 회색빛 콘크리트 아파트 속에 갇혀 사는 신도시 사람일수록 더 아픔이 많고 상처와 문제가 많은 경우가 있습니다. 그리고 죄 보따리가 더 무거울 때도 있고요. 그런데 만일 이들이 엿장수 예수님을 못 만난다면 얼마나 큰 비극이겠습니까? 바리새적인 신앙 생활이 될 수밖에 없을 것입니다.

그러기에 저는 은퇴하는 그날까지 엿장수 목회를 하려 합니다. 저희 교회를 찾아오는 모든 분들에게 예수님을 엿장수 같

엿장수 목회 | 성숙기

은 분으로 소개시켜 드리고 그분께 모든 보따리를 가져오게 할 것입니다. 그래서 모두가 다 저희 교회를 올 때마다 행복의 엿가락을 한아름씩 받아가게 할 것입니다.

뿐만 아니라 저 역시 엿장수 목사가 되렵니다. 비록 덜 세련되고 덜 매끄럽고 덜 신사적일지는 모르지만 성도들의 아픔을 언제나 보듬어 주고 받아 주는 목사가 되렵니다. 그들의 고통과 눈물과 죄 보따리를 끌어안고 눈물로 기도하는 목사가 되렵니다. 때리려는 자에겐 맞고, 억지로 십자가 지우려는 자를 위해선 묵묵히 십자가를 지렵니다. 그렇게 하면서 그들에게 예수 그리스도 안에서 행복의 엿뭉치를 한아름씩 선물해 줄 수 있는 그런 목사, 그런 엿장수 목사가 되렵니다.

엿장수목회 이야기

심원(心園)을 잘 가꾸어야 합니다

우리 그리스도인의 마음은 하나님의 보화가 담긴 장소입니다. 그곳은 하나님의 활동 무대요 그분의 정원입니다. 그러기에 우리가 마음의 정원을 잘 가꾸면 신령하고 비밀스런 은혜와 복을 깊이 경험할 수 있습니다. 하지만 마음의 정원을 잘 가꾸지 못하면 우리의 마음은 줄곧 황무와 피폐함만을 경험할 뿐입니다. 그럼에도 불구하고 우리 성도들은 집은 잘 가꾸고, 정원은 잘 관리하지만 마음의 정원을 가꾸는 일은 소홀히 하는 경우가 많습니다.

마음의 정원을 가꾸어야 하는 중요한 이유는, 우리의 마음이 가지고 있는 양면성의 구조 때문일 것입니다. 우리 마음은 가장 부패한 곳이면서도 생명의 근원이 되기도 하는 양면적 구조를 갖고 있습니다. 예레미야 선지자의 표현대로 만물보다 거짓되고 심히 부패한 것이 우리의 마음입니다. 이 말씀은 우리 마음의 부정적인 면을 드러내는 말이겠지요. 그런가 하면 잠언서는 이렇게 말씀하지 않습니까?

심원(心園)을 잘 가꾸어야 합니다 성숙기

"무릇 지킬 만한 것보다 더욱 네 마음을 지키라 생명의 근원이 이에서 남이니라"(잠 4 : 23).

이와 같이 우리의 마음은 생명의 근원이 되는 곳이기도 합니다. 이는 마음의 긍정적인 면을 말하는 것입니다.

이렇게 마음은 양면적 구조를 갖고 있으면서도, 한 쪽 면으로만 치우치려는 성향이 있습니다. 따라서 우리의 마음은 어느 쪽으로 흐르느냐에 따라 천국과 지옥을 경험할 수가 있습니다. 우리 마음이 세상 쪽으로 기울기 시작하면 한없이 그쪽으로 가고자 합니다. 그러나 신령한 쪽으로 향하기 시작하면 더욱 그쪽만을 추구하려고 합니다. 마음은 이렇게 단순합니다.

그런데 문제는 우리의 마음은 타락한 본성 때문에 신령한 쪽보다는 세속적인 쪽으로 더 향하려고 한다는 것입니다. 신령한 쪽으로 가꾸는 데는 많은 정성과 노력이 있어야 하지만 세속적인 쪽은 가만히 놔두어도 걷잡을 수 없이 끌려가고 마는 것이 사실입니다.

우리 마음의 정원에 잡초가 한번 자라기 시작하면 얼마나 잘 자라는지요? 아무리 뽑고 뽑아도 다시 나고, 얼마나 번식력이 강한지요? 잡초로만 가득한 마음의 정원, 혹은 저 황량한 사막 같은 피폐한 심원(心園), 이런 곳엔 주님이 보좌로 거하실 수 없습니다. 주님의 활동 장소가 될 수가 없습니다. 신령함으로 잘 가꾸어진 정원에만 주님이 거닐고 일하시는 것입니다.

하나님이 쓰셨던 성경 인물들을 보면 대부분 외모가 탁월한 것이 아니라 마음의 정원이 아름다웠다는 사실을 볼 수 있습니다. 사울 왕을 보십시오. 얼마나 외모가 준수했습니까? 그러나 하나님은 그 준수한 사울을 버리시고 마음의 정원이 아름다운 다윗을 쓰셨습니다. 예수님도 마찬가지셨습니다. 외모와 그 풍채는 화려하지 않았지만 내면의 정원은 언제나 향기로 가득하였습니다. 그러므로 우리는 하나님 보시기에 우리의 내면에 있는 마음의 정원을 아름답게 가꾸어야 합니다.

요 근래 제 마음은 엄청난 충격을 받아들여야 했습니다. 그 충격은 제 마음에 이루 말할 수 없는 아픔과 상처를 주고 말았습니다. 배신, 분노, 원망, 미움 등 인간 자체에 대한 온갖 회의와 절망의 쓴 물을 마셔야 했습니다. 그러면서 제 마음의 정원엔 여러 종류의 잡초가 자라기 시작했습니다. 마음이 얼마나 황무했고 피폐했는지 어디론가 달려가서 한없이 울고 울고 또 울고 싶은 심정이었습니다. 그러면서 겉으로는 태연한 척, 의연한 척해야 했던 제 자신이 너무나 초라하고 우습기도 했습니다. 누구보다 마음의 정원 관리에 우선 순위를 두고 사는 저였고 저의 아호를 한동안 '심원(心園)'이라고 하려고 했을 정도로 심원(心園) 관리를 중요시했던 저였으니 당연히 그랬을 테지요.

그러나 그런 상황 속에서도 마음의 정원 관리를 하는 것은 결국 제 책임이라는 사실을 깨닫게 되었습니다. 아무리 큰 아픔과 상처를 경험한다 하더라도 마음에 잡초만 무성하게 되면 그 정원은 주님의 신령한 비원(秘園)이 될 수 없습니다. 다만 공원(公園)이 될 뿐이지요. 어차피 이 세상에는 유토피아가 없습니다. 문제, 고통, 상처가 없는 곳이 없습니다. 다만 그것들을 어떻게 바라보고, 어떻게 대하며 처리하느냐 하는 것이 중요할 뿐입니다. 누에는 뽕잎을 먹고 비단을 만들어내고, 독사는 뽕잎을 먹고 독을 만들어내듯이 똑같은 상처도 잘 품으면 진주 같은 은혜를 경험하지만 잘못 품으면 마음에 더 큰 상처와 독으로만 길이길이 남을 뿐입니다.

심원(心園)을 잘 가꾸어야 합니다 성숙기

 그렇습니다. 똑같은 아픔을 만나도 어떻게 마음 관리를 잘하느냐에 따라 우리 마음을 더 아름답고 신령한 주님의 비원(秘園)으로 만들 수도 있고, 아니면 누구나 출입하는 공원(公園)이나 잡초만 자라 있는 광야를 이룰 수도 있습니다.
 확실히 우리가 당하는 모든 문제는 우리 믿음의 진보를 위함입니다. 따라서 어떤 불이익 속에서도 마음의 정원을 잘 가꾸는 일, 이것이 우리 성도들의 지혜요, 무기요, 재산이 되어야 할 것입니다. 그런 상황 속에서도 주님의 비원(秘園)을 이루는 마음에, 더 크고 비밀스런 주님의 은혜와 복이 머물기 때문입니다.

엿장수목회 이야기
사람을 좋아하는 목사

　당연한 이야기이겠지만 사람은 사람을 좋아해야 합니다. 세상을 살면서 어떤 사람이 싫어지고 미워지고 하는 것은 아마도 교만이나 처세의 문제이기 이전에 자신의 어딘가에 병이 들었다는 정신적인 문제일 것입니다. 사람이 사람을 좋아하는 것은 사람의 본성이기 때문입니다.
　그런데 저는 누구보다 사람을 좋아하는 사람입니다. 그래서 사람이면 무조건 좋고 신뢰하는 단순함이 있습니다. 속고 또 속으면서도 사람이 좋고 또 속았던 사람을 믿곤 합니다. 같이 사는 아내의 눈에는 저 사람에게서 자꾸 이상한 것이 보인다 해도 저는 자꾸 그 사람을 믿고 싶어합니다. 어쩌면 이것이 목사인 저에게 오히려 유복함인지도 모릅니다. 사람을 좋아하고 믿는 것 때문에 목회에 치명적인 손해를 보는 경우도 있었지만 그보다는 유익이 더 많았기 때문이지요.
　또 어느 면에서 목사는 수사관처럼 날마다 자기를 접근해 오는 사람을 의심의 눈초리로 보는 것보다는, 차라리 속고 사기를 당하는 경우가 있더라도 끝까지 믿어 주려고 애쓰는 마음을 가지고 있어야 하지 않겠습니까? 그래서 저는 언제나 기대하는 마음으로 목회를 해 왔습니다.

'지금은 저래도 저 사람은 꼭 변화되고 말 거야! 꼭 큰 일꾼이 될 거야.'

1년, 2년을 기다리면서 그에게 기대를 하기도 하고, 미래에는 충성할 것을 기대하여 아예 직분을 맡겨 주기도 했습니다. 그런 경향 때문에 우리 교회에서는 교회 등록 연조가 짧아도 그것이 중직자가 되는 데 장애요소가 되지 않았습니다. 그만큼 제가 사람을 믿는다는 것이겠지요.

그러나 그런 일로 인해서 제 마음이 아프게 된 것이 한두 번이 아니었습니다. 그래서 주위에 있는 분들이 "목사님! 제발 사람을 그만 좀 믿으세요."라고 많이들 충고를 해줍니다. 그런데도 사람이 좋고 믿어지는 걸 어떡합니까? 또 저는 사람을 좋아하는 탓에 가난하거나 불쌍한 사람을 보면 절대로 그냥 있지를 못합니다. 저에게 도움을 청해오는 사람을 그냥 지나칠 수가 없습니다. 힘을 다해 돕지요. 그래서 아내를 불행하게 할 때가 많습니다.

이런 저를 놓고서 가끔은 '내가 성자인가?' 하고 착각해 볼 때가 있습니다. 그렇게 저를 아프게 했던 사람도 저에게 오면 웬만하면 다 수용하니까요. 그러나 천만에요. 성자일 리 만무합니다. 사람을 좋아하고 믿는 이유로 저는 너무 부담 없이 말하고 행동할 때가 많습니다. 사람의 마음이 다 저 같은 줄 알고 쉽게 농담도 잘 하고 격의 없이 말을 해서 오히려 남에게 오해를 주거나 상처를 줄 때도 있습니다. 이것이 저의 약점 중의 약점이 될 수 있습니다. 지나치게 예민하거나 섬세한 사람에겐 더욱 그렇다고 할 것입니다. 하지만 반대로 저의 인간적인 면을 깊이 알게 되면 저의 모든 것을 이해하고 좋아하며 믿어 버리는 사람이 됩니다.

이런 저의 성품의 결과는 목회 현장에서 양면적으로 나타납니다. 저를 이해 못하시는 분들은 교회를 떠나기도 했습니다. 그러나 반대로 이런 저를 잘 이해하신 분들은 오늘날 새에덴교회에 꼭 필요한, 그리고 자랑스런 일꾼들로 남아 있습니다. 그런데 간혹 교회를 떠났던 사람들로부터 들려오는 소식에 의하면 '그래도 소 목사님과 함께 신앙 생활을 했던 그때가 좋았다'는 소리를 듣곤 합니다. 저는 지금 그런 사람도 좋아합니다. 그리워합니다. 마음 문을 열어 놓고 기다립니다. 사람이 이해하든 못하든 사람을 좋아하고 믿어 주는 마음, 그리고 끝까지 기대해 보고자 하는 마음, 이것이 목사로서 저의 복이고 재산이라고 생각합니다.

일전에 우리 교회를 떠나 한동안 교회를 정하지 못하고 방황하고 있는 분에게 찾아가서 이런 말로 권면해 준 적이 있었습니다.

"성도님! 우리에게 가족이 있다는 것, 이웃이 있고 친구가 있다는 것이 얼마나 귀한 일입니까? 더 나아가 우리에게 주일이면 나갈 교회가 있고 소속되고 봉사할 교회가 있으며 사랑하고 존경하는 나의 목자가 있다는 것이 얼마나 큰 복입니까? 복은 다른 것이 아니라 내 옆에 사람이 있다는 것입니다. 가끔씩 충돌하게 되더라도 그 사람이 내 옆에 있는 것이 복입니다. 약간은 마음에 안 들고 조금은 문제가 있는 것처럼 보여도 그래도 나를 사랑하고 관심 갖는 목사, 교회, 성도가 있는 것이 얼마나 큰 복입니까? 어차피 지상에 온전한 존재가 없으니까 말입니다."

사람을 좋아하는 목사 | 성숙기

한 해를 몇 주 남겨 놓고 생각이 많아집니다. 나의 부족, 불찰 때문에 사람을 다치게 한 일이 없는가 하고 말입니다. 하지만 분명히 말하고 싶은 것이 있습니다. 적어도 소 목사는 사람을 좋아하고 성도를 믿어 주며 사랑한다고 말입니다. 이것 때문에 오히려 소 목사 자신이 더 마음 아파할 때가 많다고 말입니다.

엿장수목회 이야기

양심 수술과 지혜로운 처신

　얼마 전 국회 법사위원회에서 벌어진 옷로비 사건의 청문회를 잠깐 보고 실로 서글픈 마음과 착잡한 마음을 금할 수 없었습니다. 그것은 증언대에 앉은 네 사람 모두가 크리스천이었고 세 사람 모두 교회의 권사였기 때문입니다. 물론 권력자의 부인이나 재벌가의 부인이라고 해서 다른 사람보다 청빈성이나 절약성을 더 강요당할 수는 없을 것입니다. 여성이라면 아름다워지고 싶고, 좋은 옷을 입어 보고 싶어하는 것이 인지상정이기 때문입니다. 그러나 그리스도인은 달라야 합니다. 세상이 아무리 외모를 보고 평가한다 하더라도 그리스도인만큼은 기본적으로 속사람을 먼저 아름답게 가꾸어야 하기 때문입니다.
　그런데 그리스도인이 되어 가지고 수천만 원짜리 옷으로 치장을 하거나 과소비에 앞장을 서는 행위는 결코 덕이 될 수가 없습니다. 더구나 우리의 마음을 더욱 서글프게 하는 것은 증인으로 나온 권사님들이 저마다 자기의 결백을 주장하기 위해서 '하나님' '성경' '신앙 양심' '기도원' 등을 서슴없이 내세우는 추태를 카메라 앞에서 연출하였습니다.

누구나 다 '하나님'을 팔아먹고 '성경'이나 '신앙 양심'을 팔아먹으니 도대체 누구 말이 진실이란 말입니까? 누구 하나 사실을 사실대로 말하지 않고 자기가 유리한 대로만 증언하였습니다. 아니 진실 해명을 떠나서 누구 하나 십자가를 질 자세는 눈곱만큼도 보여 주지 않았습니다. 정말 그렇다면 그 청문회 증인석에 하나님까지 나와야 한단 말입니까? 증인들의 그러한 모습을 보며 불신자들은 얼마나 손가락질하고 조소를 했을까요? 그런 것을 생각하니 갑자기 자괴심마저 들었습니다.

어떤 그리스도인은 하나님께 이렇게 기도했다고 합니다. "조그만 먼지가 눈동자에 들어가면 민감한 반응을 일으키게 해 주소서."라고 말입니다. 그렇습니다. 그리스도인의 양심은 죄에 대해 민감해야 합니다. 나의 행위가 죄 된 것을 알았으면 즉시 돌아서서 회개해야 하고 잘못된 행실을 고쳐야 합니다.

특별히 그리스도인의 양심은 자신의 수치보다는 하나님 영광의 수치에 민감해야 합니다. 자신의 영광이 수치를 당하고 내 자신의 명예가 짓밟힘을 당한다 해도 주님의 이름과 명예만큼은 모욕을 당하지 않도록 우리의 양심은 예민해야 합니다.

그런데 금번에 청문회에 나온 권사님들은 이런 모습을 전혀 보여 주지 않았습니다. 하나님의 영광이 먹칠당하는 것은 아랑곳하지 않고 자기들의 수치를 가리는 데만 급급하였습니다. 이것이 한국 교회 모든 성도들의 현실이요 중직자들의 현주소라면 새천년 시대의 한국 교회의 장래는 참으로 어두울 수밖에 없을 것입니다. 그러므로 우리는 우리의 양심을 다시 수술받아야 합니다. 하나님의 말씀과 성령으로 화인 맞고 회칠한 양심이 깨끗하게 수술을 받아야 합니다. 그렇게 해야만 우리의 신앙에 소

| 성숙기 | 엿장수 목회 이야기

망이 있고 한국 교회의 미래가 밝습니다. 썩은 양심, 무딘 양심으로는 하나님을 섬길 수도 없거니와 내 안에 그리스도의 생명이 머물도록 할 수가 없기 때문입니다. 양심 수술과 더불어서 우리 그리스도인은 지혜로운 처신에 신경을 써야 합니다.

고서에 이런 말이 있습니다. 외밭을 지나면서 신발 끈을 고쳐 매지 말고, 오얏나무 아래서 갓을 바로잡지 말라고 말입니다. 이는 남에게 괜히 오해를 살 만한 행동을 하지 말고 삼가 조심하라는 교훈입니다. 그래서 예수님도 비둘기같이 순전하면서도 뱀같이 지혜로우라고 말씀하셨지 않습니까? 그런데 IMF 한파로 인하여 일자리를 잃고 가정이 파괴되고 많은 국민이 파장과 혼란에 빠져 있는 때에 교회 권사님들이 고급 옷로비니, 대납이니 하는 오해를 받아 청문회까지 출석하게 되었으니 참으로 지혜롭지 못한 결과가 아닐 수 없습니다.

새에덴교회를 건축하던 중 시공 회사와 감리 회사의 권유로 도면에 없는 지하 공사를 더 하다가 감사원 기동대에 적발된 적이 있었습니다. 법적 책임은 시공 회사와 감리 회사에 있으므로 그들의 면허가 취소될 지경에 이르렀습니다. 그때 모든 책임이 저에게 있으니 이 소 목사를 처벌해 달라고 감사관에게 애원했습니다. 마침내 저의 애원을 듣고 감사관은 감동하여 회사의 면허 취소를 하지 않았을 뿐 아니라 지하 확장 공사도 정당하게 허가해 주고 완공을 하도록 해 주었습니다. 그때 회사 측에서는 저에게 얼마나 고마워했는지 모릅니다.

저는 그때 깨달은 것이 있었습니다. 잘못한 일이 있을 때는 차라리 빨리 고백해야 한다고, 또한 내가 먼저 총대를 메고 십자가를 져야 한다고, 그래야 사는 길이 열린다고 말입니다.

엿장수 목회 이야기

한 영혼을
귀중히 여기는 목회

인천에서 오시는 박영호 집사님 부부, 신정동에서 오시는 김정호 집사님 부부가 저희 교회의 개척 멤버라고 할 수 있을 것입니다. 정말 멀리서 가락동까지 나와 주시고, 그리고 지금까지 남아서 중직으로 충성해 주시는 데 대해 여전히 감사한 마음 잊지 않고 있습니다. 그런데 밤 예배가 문제였습니다. 그분들은 낮 예배만 드리고 가 버리면, 밤 예배는 아내와 장모님만을 앞에 두고 설교해야 했습니다. 이것처럼 어색하고 힘든 것이 어디 있습니까? 게다가 아내는 이제 막 돌이 지난 아들녀석과 뒤에서 같이 놀아 주어야 하니 말입니다. 그래서 밤 예배 때만 돌아오면 공포증까지 생겼습니다.

그때부터 저는 100일 작정 기도를 시작했습니다. 낮에는 전도를 하고 밤에는 집에 들어가지 않고 강단에서 새우잠을 자면서 100일 작정 기도를 한 것입니다. 이때의 기도 제목은 "주여! 사람 좀 많이 보내 주소서."였습니다. 전도도 하나님이 문을 열어 주셔야 하고, 교회 부흥도 하나님이 사람을 보내 주셔야 하

성숙기 > 엿장수 목회 이야기

기 때문입니다. 한 선배 목사님이 제게 이런 말을 했습니다.

"소 전도사! 자네도 개척하면 하나님께 순한 양들만 보내 달라고 기도하게나. 개척 교회 때 악한 염소가 많이 오면 목회자가 피가 말라 죽는다네. 나는 애당초 악한 염소는 보내 주지 마시고 순한 양들만 보내달라고 기도하니까 하나님께서 꼭 그렇게 역사해 주시더군. 내 경험이니 자네도 기도도 잘할 뿐 아니라 사람 관리를 잘해야 하네."

그 선배 목사님의 말씀이 생각이 났지만 우선 사람이 그리워 죽겠는데 순한 양, 악한 염소를 가릴 것 있겠습니까? 그때는 지나가는 거지나 행인을 붙잡고 한 시간만 앉았다가 가라고 사정이라도 해야 할 판인데요. 정말이지 당시는 지나가는 거지가 앉았다만 가도 감사할 마음이었습니다. 그래서 저는 하나님께 기도했습니다.

"주여! 순한 양도 좋습니다. 찌꺼기 염소도 좋습니다. 양이든 염소든 그저 많이만 보내 주옵소서. 까짓것 염소라도 하나님의 능력으로 염소를 양으로 변화시키면 될 것 아닙니까?"

정말 애걸 복걸하는 심정으로 눈물을 흘리며 간절히 기도하였습니다. 그때 분명히 주님께서 제게 말씀을 하셨습니다.

"사랑하는 종아! 나는 한 마리 잃은 양을 사랑했다. 우리 안에 있는 99마리를 두고 잃은 양 한 마리를 찾으려고 찾아나섰다. 그러므로 너도 잃은 양 한 사람, 한 사람이 들어오면 그를 죽도록 사랑해 줘라. 그러면 많은 사람을 보내 주리라."

그날 밤 저는 밤을 지새우며 울었습니다. 울며 기도하며 서원을 했습니다.

"주님! 그럼요. 사랑하고말고요. 염소든 양이든 정말 보내 주시는 대로 사랑하겠습니다. 저들의 상처를 싸매 주고 치료하며

240

한 영혼을 **귀중히** 여기는 **목회** | 성숙기

살리는 목회를 하겠습니다. 주님이 저를 그렇게 사랑해 주셨듯이 이 생명 다해 한 영혼을 귀히 여기고 사랑하며 섬기는 목회를 하겠습니다……. 설사 뿔이 열 개나 달린 염소라도 눈물로 그를 변화시켜 보겠습니다."

그런데 왜 그렇게 이런 기도는 하나님께서 응답도 잘 해주시는지요. 이런 기도를 하면서부터 하나님께서 뿔난 염소, 찌꺼기 염소, 간교한 백년 묵은 구미호 여우들만 많이 보내 주시기 시작하였습니다.

"뿔난 염소, 여우 기질이 있는 자는 다 모여라. 새에덴교회로 헤쳐 모여라!"

그래서 몇 달 만에 이런 사람들이 70~80명 이상 모여 북적거리는 새에덴교회! 상상을 해보십시오. 개척 교회 해보신 분들은 무슨 이야기인지 잘 아실 것입니다. 다 이 단계에서 다시 원점으로 와그르르 무너지거든요. 저도 얼마나 힘이 들었는지 모릅니다. 하지도 않는 소리가 돌아다니면 정말 울화통이 터졌고, 끄떡하면 목회자를 뿔로 받고 모함하는 일을 당할 때면 젊은 혈기가 올라와 미칠 것 같았습니다. 더구나 제 가슴을 미어지게 했던 것은 자기들끼리 파당을 지어 우리 파, 너희 파 하고 4분 5열을 이루는 것이었습니다. 그러나 그럴 때일수록 주님의 말씀이 생각났습니다. 그래서 눈물을 머금고 사랑의 자세를 취했지요. 끝까지 사랑과 겸손과 진실로 그들을 대하며 죽기까지 인내하였습니다.

그러자 그들이 점차 변화되기 시작했습니다. 물론 중간에 교회를 빠져나간 사람도 있었지만요. 그러나 중간에 나간 사람들도 대부분 나중엔 사죄하는 마음이었습니다. 자기들 잘못도 깨닫고 새에덴교회에서 너무나 많은 것을 배웠다는 것입니다. 역

성숙기 | 엿장수 목회 이야기

시 사랑 앞에는 안 녹을 자가 없었습니다. 진실과 겸손과 인내의 자세 앞에는 이길 자가 없다는 것을 깨달았습니다.

제게서 이런 모습이 어느 정도 하나님 눈에 보이셨던지 그때부터 하나님께서 사람들을 더 보내 주셨습니다. 일꾼들을 붙여 주실 뿐 아니라 일꾼을 만드는 숙련된 영적 지도력을 주셔서 웬만한 문제 인물도 결국 큰 일꾼으로 변화시키고 양성할 수 있게 해주셨습니다. 결국 그런 어려운 일들이 복잡한 인물과 인간관계를 잘 해결할 수 있는 숙련된 영적 지도력을 습득하는 계기가 된 셈이지요.

지금도 저는 한 사람을 귀중히 여기고 사랑하며 섬기는 목회를 하고 있습니다. 그리고 하나님은 계속 제 목장에 사람을 보내 주시고 계십니다. 모든 것이 하나님의 은혜일 뿐입니다.

엿장수 목회 이야기

이런 목사 되기 원합니다

　요즘은 이상하게 심방을 하면서 우리 교회에 등록한 성도들 중에 상처받은 사람들의 이야기를 많이 듣고 있습니다. 상처를 준 사람들이 하나같이 주의 종이라는 점에서 그들의 이야기는 목사인 저에게 큰 경종과 도전의 소리가 되고 있습니다.
　어떤 분은 주의 종의 과도한 물질의 욕심이 성도들에게 상처를 주었다는 것이고, 어떤 분은 이성 문제로, 또 어떤 분은 교회 운영의 확장과 독재적 군림이 상처를 주었다는 등, 멍들어 있는 그들의 가슴의 속심정을 털어놓을 때마다 꼭 그 소리가 나 들으라고 하는 것 같았고 나에게 경고하는 소리와도 같이 들렸습니다. 같은 목사의 길을 걷고 있는 저에게 얼마나 부끄럽고 모욕적인 소리입니까?
　처음엔 믿어지지가 않았습니다. 어떻게 그럴 수가 있을까 하고……. 그러나 "아니 땐 굴뚝에 연기 날까." 하는 속담을 어느 정도 실감하면서 그 이야기들이 더욱 저의 마음을 찔리게 만든 것입니다. 그렇게 물질 바쳐 교회에 봉사하고, 그렇게 땀흘리

| 성숙기 | 엿장수 목회 이야기 |

며 희생하고 또한 목사님을 그렇게 존경하는 마음으로 섬겼는데 남는 것은 고작 실족이요, 상처이며 허탈뿐이라고 하니 말입니다. 물론 그 상처의 요소들이 전폭적으로 상대방에게만 있었다고만은 말할 수 없을 것입니다. 이 세상은 대부분 상대적이기 때문에 상처의 책임은 당사자에게도 어느 정도 있을 수 있을 것입니다.

그러나 상처의 책임이 누구에게 더 많이 있든지간에 목회자의 실수는 성도와 교회 앞에 파장이 크지 않을 수가 없습니다. 왜냐하면 목회자는 그 교회 앞에서 신앙 생활의 시각적인 표준이요 규범이 되기 때문입니다. 그래서 주님도 말씀하시기를 소경이 소경을 인도하면 둘 다 멸망의 구렁텅이에 빠지게 된다고 말씀하시지 않으셨습니까? 그러니 한 목회자의 실족은 그 교회 자체의 실족이요, 교회 성장과 전도의 문까지 막아 버리고 시험과 분쟁을 일으키는 파란의 요인이 되지 않을 수 없습니다.

물론 인간은 다 실수할 수 있습니다. 목회자도 인간입니다. 그러기에 목회자도 실수할 수 있다는 후한 인심에 담력을 얻어서는 아니 됩니다. 따라서 인간으로서는 실수할 수 있어도 목회자로서는 실수하지 말아야 한다는 원칙이 목회자에게 있어야 합니다. 그러기 위해서는 비록 목회자가 인간임에도 불구하고 목회자는 인간이 아닌 것처럼 살아야 하고 온전한 하나님의 사자로만 살아가야 할 때가 있습니다. 아니 언제나 그렇게만 살아야 합니다. 그것이 목회자의 이상이기에 말입니다.

그 교회 목회자는 그 교회를 잠시 다녀가는 여행객이 아니요, 일시적으로 쇼(?)를 하고 가는 3류 부흥사도 아닙니다. 목회자는 그 교회의 변함없는 강단 자체요, 교회의 기둥입니다. 매주 찾아오는 교인들에게 있어서 그들을 반겨 주고 안아 주는 성도들의 소망이요, 간절한 기대이며, 온 교회의 신앙 표준과 존경의 대상의 얼굴이 목회자인 것입니다.

그러나 어느 날 그 얼굴이 갑자기 치욕적인 저주의 얼굴이 되었다고 합시다. 어떻게 변명할 수 있고 어떻게 그 얼굴을 교회 앞에 내놓을 수 있으며, 교인들은 또 무슨 말로 그를 위로할 수 있겠습니까? 자기 영혼 하나 살기 위해 내 영혼을 목자에게 맡긴 그 얼굴이 어느 날 날벼락을 맞았다고 한다면 그들은 이제부터 어떻게 될 것입니까?

그러기에 목회자는 인간임에도 불구하고 인간임을 초월해야 하는 거룩한 투쟁을 전 생애 동안 피나게 해야 합니다. 그것은 위선의 전쟁이 아니고 가면과 마스크를 쓴 드라마나 시나리오 전쟁이 아닙니다. 그것은 하나님 보시기에도 싱거운 해프닝이나 쇼도 아닌 목회자의 진실한 몸부림이요 절규입니다. 바로 그런 목회자는 온 교인들의 존경과 열망의 대상이요, 신앙의 모범이 되며, 비로소 참목자 그 자체가 되는 것입니다. 그리고 태양빛을 받아 어두운 밤하늘을 밝히는 달빛처럼 온 교인들 앞에 진정한 소망으로 자리잡게 되는 것입니다. 이렇듯 교회의 명예를 지키는 데 있어서, 피로 사신 주 예수의 교회의 권위를 지키는 데 있어서 목회자는 참으로 중요한 존재입니다.

따라서 진정한 목회자의 길이란 참으로 어려운 길입니다. 먹을 밥이 없어서, 돈이 없어서, 옛날처럼 여러 가지의 궁핍 때문에 어려운 것이 아니라 바로 이런 이유 때문에 참된 목회자의 길은 피를 흘리는 길이요, 피를 말리는 길입니다. 자기와의 끊임없는 거룩한 전쟁을 하며 걸어가는 길이요, 자기를 죽여 없애며 가는 길입니다. 그래서 저 역시도 목회를 하면 할수록 목회가 험산준령 같기만 합니다. 태산을 넘는 협곡의 길이요 구

성숙기 〉 엿장수 목회 이야기

절 양장 같기만 합니다.

벌써 몇 년 전의 일입니다. 서울의 교회 개척을 앞두고 하나님께서 당시 촌놈이던 소 전도사에게 하셨던 말씀이 생각납니다.

"사랑하는 소 전도사야! 교만하지 마라. 언제나 올챙이 시절을 생각하라. 네가 잘난 것이 뭐가 있느냐? 언제나 올챙이 시절을 생각하면 겸손하게 되리라. 네가 겸손할 때 내가 너를 높이 세우리라. 또한 물질을 돌 보듯 하라. 물질을 창기처럼 취급하라. 그러면 네게 물질이 따르리라. 네 눈은 음란을 보지 마라. 네 눈이 음란에 팔리면 삼손처럼 KO당할 것이요, 네 눈이 성결하면 다윗보다 삼손보다 더 큰 권세를 주리라."

그리고 언제나 저를 향한 정몽주 어머니의 시를 빗댄 정 권사님의 잔소리가 생각이 납니다.

까마귀 싸우는 골에 백로야 가지 마라…… 청파에 좋이 씻은 몸을 더럽힐까 하노라.

"주여! 교만과 물질과 이상에 있어서 백로 같은 종이 되게 하소서. 까마귀 같지 않게 하소서. 지금은 백로이지만 주의 종 말년에 까마귀 같지 않게 하소서. 오늘도 백로 같은 주의 종으로 남기 위해 몸부림칩니다. 절규합니다. 신음합니다. 백로 같은 종이 되게 하소서."

엿장수 목회 이야기
생명의 신비 앞에서

얼마 전 정 권사님께서 제 서재에 치자나무가 심겨 있는 작은 화분을 책상 옆에 갖다 놓으셨습니다. 꽃이 피면 향기가 특별하게 진동하고 보기도 아름다운 것이니 가끔씩 꽃을 바라보고 꽃 향내음을 음미하면 설교 준비 하는 데도 도움이 될 것이라고 하시면서 가져오셨습니다. 며칠 동안 저는 치자나무의 꽃봉오리가 맺혀지는 모습을 보면서 그리고 꽃봉오리 때부터 선사해 주는 짙은 향내음을 음미하면서 생명의 신비에 대해서 잠시 생각을 해보기도 하였습니다.

그러다가 너무나 생활이 바쁘다 보니 그만 그 치자나무 보는 것을 잊어버리고 말았습니다. 4월 한 달은 제가 무척이나 바쁜 달이었습니다. 여기저기 목회자 세미나, 부흥회 등을 인도하러 다니느라 시간이 어떻게 지나가는 줄 몰랐고 서재에도 앉아 있을 시간이 거의 없었습니다. 이런 식으로 4월은 바쁘게 지나갔고 5월이 왔습니다.

그러던 어느 날 정 권사님이 서재에 오시더니 그 치자 화분

성숙기) **엿장수 목회** 이야기

이 어디로 갔느냐고 물으시는 것이었습니다. 아무리 둘러봐도 치자 화분이 보이지 않았습니다. 그만 바쁘다 보니 저도 몇 주 동안 그것이 어디로 가버렸는지 잊어버린 채 산 것입니다. 정권사님과 저는 참 이상도 하다면서 아무리 서재 안과 심지어 옥상까지 찾아보아도 찾을 수가 없었습니다.

그러다가 며칠 후 날씨가 자꾸 더워져서 유리 창문을 열려고 커튼을 양쪽으로 젖혔는데 그 화분이 커튼 속에 감추어져 있는 것이었습니다. 아마도 아내가 서재 청소를 하다가 화분을 유리창 쪽 책꽂이 위에 올려놓은 후 모르고 커튼을 닫아 버렸나 봅니다. 그래서 그 치자나무는 몇 주 동안 물 한 모금도 마시지 못하고 유리창으로 내리쬐는 직사광선에 시달려 꽃봉오리와 모든 잎사귀가 건초처럼 바싹 말라 버렸습니다. 화분의 흙도 털면 먼지가 날 정도로 말라 버렸습니다.

참으로 비참한 모습이었습니다. 그 모습을 보자 얼마나 그 나무가 가련하게 생각되는지요. 말 못하는 식물이지만 나의 관리 부족으로 저렇게 말라 비틀어져 있다고 생각을 하니 참으로 안타깝고 미안한 생각이 들었습니다. 그래서 급히 그 화분을 들고 화장실로 달려가서 물을 주었습니다. 물을 붓자 화분의 흙은 물버금을 내면서 통째로 들이마셔댔습니다. 그러나 아무리 생각해도 이미 죽은 나무가 살 것 같지가 않았습니다. 그럼에도 불구하고 뿌리가 아직 살아 있으면 새싹이 다시 돋아 오겠지 하는 기대를 가지고 하루에도 몇 번씩 부지런히 물을 주었습니다. 또한 입으로 물이 마른 잎사귀에 스프레이식으로 내뿜어 주기도 했습니다. 그러면서 나무에게 잘 자라라고 입을 열어 격려도 해주고 기도까지 해주었습니다. 노래도 불러 주었습니다.

생명의 신비 앞에서

"치자꽃아 치자꽃아, 언제나 푸르거라……"

그렇게 하다 보니 자꾸 치자나무에 정성이 더 쏟아지기 시작했습니다. 이제는 그 마른 나무의 모습을 우리 성도들의 영혼이라고 연상까지 해 보았습니다. 내가 목양을 잘못해서, 내가 양을 잘 못 키워서 우리 성도들의 영혼이 메말라 있다고 연상했으며, 또한 새신자의 영혼이나 우리가 전도하는 전도 대상자의 영혼의 모습으로 연상해 보았습니다. 그러니까 더더욱 정성이 갈 수밖에요. 정말 하루에도 다섯 번 이상을 가서 물도 뿌려주고 기도도 해주었습니다.

그러자 며칠 후 그렇게 바싹 말라 버린 잎사귀 몇 개가 푸른 생기를 보이기 시작했습니다. 그리고 꽃봉오리 몇 개도 생기를 보이고, 제법 향기를 토해내기 시작했습니다. 그러더니 얼마 후엔 얼추 잎사귀의 1/3에서 1/2 정도가 푸른 빛을 보이는 것이었습니다. 그 모습을 보면서 얼마나 마음이 기쁜지요? 마치 사랑하는 성도들의 메마른 영혼이 소생하고 죽은 심령이 다시 살아나는 것을 보는 것처럼 기뻤습니다. 그렇게 안 나올 것 같고 믿지 않을 것 같던 전도 대상자가 마침내 결단을 하고 교회로 나오는 모습과 같았습니다. 그것은 곧 생명의 신비 그 자체였습니다. 그래서 저는 조그마한 화분 앞에서 생명의 신비를 다시 한 번 생각해 보았습니다.

그렇습니다. 생명은 매혹적인 것입니다. 생명에는 과연 경이와 신비가 있습니다. 조그만 상자 속에서 삐약삐약거리는 병아리 모습이나, 봄이 되면 작은 씨앗들이 보드랍고 상쾌한 보슬비의 애무를 받고 하늘을 향해 연두색 떡잎을 뻗어내는 모습, 참으로 이런 모습은 우리를 경건하게 할 정도로 신비스럽기만 합니다.

지금도 이 모든 생명은 생육과 생식의 내적인 신비 법칙을 따라 활발하게 생명 활동을 하고 있습니다.

그런데 이 신비스런 생명, 이 경이스런 생명을 누가 지어냈습니까? 그것은 생명의 말씀(Logos)이신 주 하나님께서 창조하신 것입니다. 태초에 하나님은 모든 생(生)을 말씀으로 명(命)하셨습니다. 즉 모든 생(生)을 창조하시고 생육하고 번성하라고 명(命)하신 것입니다. 그래서 지금도 모든 생명의 흐름과 활동은 하나님의 영원한 말씀과 목적에 의해 진행되고 있습니다.

그러나 아무리 생명의 신비가 경이하다 할지라도 하나님께서 동식물의 생명은 한동안 그냥 살다가 죽도록 창조하셨습니다. 그에 비해 인간의 생명은 그렇지 않습니다. 인간은 하나님의 형상대로 지음받은 너무나 고귀한 존재입니다. 그러기에 우리 안에서 죄로 일그러진 하나님의 형상은 다시 회복되고 영원한 새생명으로 태어나야 합니다. 바로 이것이 이 세상에서 가장 고귀한 생명의 탄생이며 새 생명의 영원한 신비입니다.

우리는 이 거룩한 새 생명, 영원한 생명의 신비를 회복시키기 위해 전도합니다. "예수 천당 불신 지옥"을 외치고 교회 나오라고 설득하며 또 나온 성도를 부지런히 양육합니다. 이 일을 위해서 우리는 부지런히 죽은 생명 위에 복음의 영생수를 뿌려 주며 갖은 기도, 갖은 정성과 사랑, 또한 희생을 쏟아줍니다. 범죄로 일그러진 하나님의 형상이 그 속에서 다시 예수 생명으로 태동되도록 말입니다.

총동원 대각성 주일이 한주 앞으로 다가왔습니다. 지금 성도님들은 한 영혼을 살리기 위해 어떻게 하고 있습니까?

엿장수 목회 이야기

우리가 살아야 하는 이유

　문득 어느 에세이집에서 읽은 내용이 기억납니다.
　일본 동경 올림픽 때 스타디움 확장을 위해 지은 지 3년 되는 집을 헐게 되었답니다. 인부들이 지붕을 벗기려는데 꼬리 쪽에 못이 박힌 채 벽에서 움직이지 못하는 도마뱀 한 마리가 살아서 몸부림을 치고 있었다는 것입니다. 3년 동안 도마뱀이 못박힌 채 벽에서 꼼짝도 못하고 있는데도 살아 있다는 것은 너무도 신기한 일이 아닐 수 없었습니다. 그래서 인부들은 그 원인을 알기 위해 철거 공사를 중단하고 숨어서 사흘 동안 못에 박혀 있는 도마뱀을 지켜보기로 했습니다. 그랬더니 하루에도 몇 번씩 다른 도마뱀 한 마리가 규칙적으로 시간을 맞추어서 먹이를 물어다 주지 않겠습니까?
　참으로 놀라운 광경이었습니다. 과연 이 두 도마뱀은 어떤 사이였을까요? 부모와 자식 간이었을까요? 아니면 연인의 관계였을까요? 그것도 아니면 형제나 친구 관계였을까요? 물론 그것을 정확히 알 수는 없습니다. 그럼에도 불구하고 우리는 그

성숙기 | 엿장수 목회 이야기

도마뱀들의 생태 현장을 가히 짐작할 수 있습니다.
　오래 전부터 그곳에서 살아오던 도마뱀 동네에 신흥 도시가 생기기 시작했을 것입니다. 사람들이 갑작스레 이주해 와 톱으로 나무를 베고, 불도저로 땅을 밀고, 포크레인으로 땅을 파며, 집을 짓습니다. 그때 얼마나 많은 도마뱀이 죽어 갔을까요? 물론 눈치가 빠르고 몸이 빠른 도마뱀들이야 미리 도망갔을 것이지만요. 그러나 이 도마뱀들은 미처 도망가지 못하고 이리저리 헤매다가 그만 한 놈은 불행하게도 꼬리 쪽에 못이 박히게 되었고 한 놈은 못이 박히진 않았지만 도망가지 못한 채 그 주변에서 못박힌 도마뱀을 먹여 살리며 살고 있었을 것입니다.
　과연 못박힌 도마뱀은 얼마나 아팠을까요? 얼마나 고통스러웠을까요? 정녕 몸부림칠 때마다 살이 찢어지고 콕콕 찔러 오는 아픔은 얼마나 컸을까요? 그런 고통스러움에도 불구하고 그 도마뱀은 수일, 수주 동안을 박힌 못에서 해방되기 위해 몸부림과 절규를 했을 것입니다. 도마뱀은 원래 사람이 꼬리를 잡으면 꼬리를 잘라 버리고 도망을 가 버리는 동물입니다. 그러나 설상가상으로 이 도마뱀의 운명은 꼬리를 스스로 잘라 버릴 수도 없는 처지였나 봅니다. 그러니 이 도마뱀은 얼마나 한숨을 지었을까요? 참으로 죽으려야 죽을 수도 없었던 상황이었습니다. 하지만 몇 날이 가면서 이 도마뱀은 자기 운명, 자기 형편에 체념을 하였으리라 봅니다. 자기의 가련한 신세를 하나의 운명의 장난에 의한 숙명으로 탓해 버렸을지도 모릅니다.
　그러나 참으로 훌륭한 것은 바로 곁에 있던 도마뱀이었습니다. 사랑하는 도마뱀이 받는 고통을 바라보면서 자기 혼자서 도망가지 않고 끝까지 먹이를 물어다 주며 옆에 있어 주는 그 도마뱀! 먹을 것을 물어다 주면서 자기 삶을 이미 체념하고 포

우리가 살아야 하는 이유 　성숙기

기한 도마뱀에게 이런 말을 합니다.

"넌 그래도 살아야 한다. 너에겐 살아야 할 이유가 있다. 왜냐하면 아직도 너에겐 희망이 있으니까."

만약에 도마뱀간에 이런 의사 소통이 있었다면 얼마나 감격적인 일입니까? 이는 너무도 위대한 생명의 교훈이요 한 편의 감동적인 설교이기도 합니다.

드디어 3년 후 그 도마뱀은 자유의 몸이 되었습니다. 확실히 희망을 가지고 지금껏 참고 인내하며 살아온 보람이 있었던 것입니다. 그들은 지금도 위대한 사랑을 나누며 먼 여로의 길을 함께 걸어가고 있을 것입니다.

오늘 우리의 삶은 어떻습니까? 운명의 장난이 우리를 괴롭게 하고 있습니까? 백만 분의 일의 확률도 안 되는 숙명의 장난, 곧 그 도마뱀의 꼬리 쪽을 못박은 쇠못이 우리의 삶을 여지없이 찔러 버렸습니까? 아니 설상가상으로 꼬리를 자르고 도망갈 수도 없는 그 도마뱀처럼 기나긴 세월 동안 꼼짝도 못한 채 어두운 지붕 밑에서 한숨을 지으며 인생을 체념할 처지입니까?

그러나, 비록 그렇다 할지라도 우리는 희망을 가지고 살아야 합니다. 희망을 가지고 살아야 할 이유가 있습니다. 희망찬 내일의 아침을 바라보며 살아야 할 의무가 있습니다. 왜냐하면 우리에겐 우리의 희망의 주 예수 그리스도가 계시기 때문입니다. 아무리 IMF라는 쇠못이 전혀 예상치 못했던 때에 우리의 삶의 꼬리를 못박는다 할지라도 우리 옆엔 언제나 예수님이 함께하십니다. 아무리 절망스런 환경에 놓여 있다 할지라도 예수님은 우리 곁에 계시면서 일용할 양식을 공급하시며 희망을 주십니다.

"사랑하는 내 자녀야! 희망을 가져라. 가슴에 소망을 품어라.

너는 아직도 살아야 할 이유가 있고 희망을 품고 살아야 할 의무가 있다. 네겐 아직도 내가 맡긴 사명이 있기에 말이다. 다만 못에 박혀 괴로워할 이때에 너는 네 인생을 한 번 깊이 생각해 보라. 지금껏 너는 네 인생을 어떻게 살아 왔는지, 그리고 앞으로는 어떻게 살아갈 것인지……."

참으로 그렇습니다. 형통한 날에는 기뻐해야 하지만 곤고한 날에는 깊이 내 인생을 생각해야 할 것입니다(전 7 : 14). 아무리 환경이 우리를 힘들게 할지라도 우리는 반드시 힘있게 살아가야 할 이유가 있습니다.

그러면 여러분은 앞으로 어떻게 살아가시렵니까? 여러분의 사명은 무엇이라고 생각하십니까? 지금 하나님께서 우리를 향해 정말 기뻐하시는 것이 무엇이라고 생각하십니까?

엿장수 목회 이야기
부화 목회

　한 순간에 새해를 또 맞이하고 보니 '내 인생이 들어선 것인가, 물러선 것인가?' 하는 생각이 듭니다. 또한 '그동안 나는 무엇을 했을까, 작년 한 해의 그 많은 시간을 어디에 어떻게 사용했을까?' 하는 생각도 듭니다. 세상에 있을 날은 톱밥처럼 쉴 사이 없이 떨어져 나가고 가야 할 길은 점점 멀어지기만 하는 것 같으니 말입니다. 세월은 어느덧 이렇게 흘러가고 남은 시간은 갈수록 줄어들고 있으니, 그 나라에 가서 책망받지 않도록 새해에는 더 부지런히 뛰어야겠다는 생각이 앞서기만 합니다. 아무래도 흐르는 세월보다는 더 뛰는 새해가 되어야 할 것 같습니다.
　작년 한 해만 돌이켜보더라도 진땀이 흐릅니다. 숱한 사람이 저를 사랑했고, 또 숱한 사람이 저를 버리기도 했습니다. 이렇게 사랑도 받고 버림도 받으며 정신없이 살아온 지난 1년……. 그러나 그들 모두는 저의 참으로 사랑하는 양들이었습니다. 한 가지 분명한 사실은, 저는 아무도 버리지 않았고 또 앞으로도 그럴 것입니다. 저는 그들이 함께 쌓아 주던 토대 위에 새에덴의 집을 지었으며, 가식이든 진실이든 그들의 사랑을 잊을 수 없습니다.

다만 제가 잘못한 것은 그들을 일일이 따뜻하게 품어 주지 못한 것입니다. 개인적으로 인간적으로 품지를 못했습니다. 아무래도 어쩔 수 없이 밖으로 활동을 좀 하다 보니 아직은 어린 교회에서 어린 신앙 생활을 하던 자들에게는 이 소 목사의 사랑이 거품 섞인 사랑으로 느껴졌나 봅니다. 그래서 작년에는 확실히 거품 축복이 많았고 거품 은혜가 많았습니다. 그러다 보니 거품 성장의 결과를 낳게 된 것 같습니다. 그 결과 많은 성도가 오기도 했고 정착도 했으며 참으로 아름다운 일꾼이 되기도 했지만, 많은 이들이 정착하지 못하여 떠나기도 했습니다.

그래서 올해에는 부화 목회를 하기로 결심했습니다. 신년 초에 저는 "암탉이 새끼를 날개 아래 품으려 함같이 내가 너희를 얼마나 품으려 했더냐?"라는 예수님의 말씀을 묵상해 보았습니다. 그러면서 부화 목회를 결심한 것입니다.

닭은 알을 한 번 품으면 그 알이 부화되어 나올 때까지 둥지를 절대로 떠나지 않습니다. 하루에 한두 번 물을 마시고 모이를 먹기 위해서 내려오는 것을 제외하고는 밤낮 그 둥지를 떠나지 않고 알을 품습니다.

어릴 때 저는 암탉이 이렇게 알을 품는 것을 잘 보면서 자랐습니다. 그렇게 알을 품은 지 21일째가 되면 신기하게도 병아리가 나왔지요. 어떤 양계장 주인이 실험을 해 보았답니다. 닭이 알을 21일 품어 부화한 후 다시 두 배를 안겼더니 계속하여 42일을 품더랍니다. 또다시 세 배를 안겼더니 63일 동안 알을 품게 되었고, 연거푸 네 배를 안겼더니 73일째 되는 날에 그 암

부화 목회 | 성숙기

닭은 바싹 말라 알을 품은 채 죽어 있더라는 것입니다. 참으로 위대한 모성애를 보여 준 숭고한 모습이 아니겠습니까? 참으로 암탉처럼 인내심이 강하고 자기 사명을 다하려는 동물이 또 어디에 있을까요? 그런 의미에서 예수님께서도 자기의 사역하시는 모습을 암탉으로 묘사하셨나 봅니다.

암탉은 자기의 작품이 부화되어 나올 때까지는 결코 자리를 뜨지 않습니다. 새 생명이 알에서 태어나기까지는 어떤 일이 있어도 알을 품고 있을 뿐입니다. 바로 그 암탉처럼 이 소 목사도 신년에는 부화 목회를 하기로 결심한 것입니다.

부지런히 성도들을 찾아가서 만나고, 그리스도의 사랑으로 더 껴안기로 했습니다. 할 수만 있으면 외부 활동을 포기하고 한 가정이라도 더 심방을 하고 더 품기로 했습니다. 할 수만 있으면 한 영혼이라도 더 찾아가 그들을 품고 안기로 했습니다. 그들의 고민을 품고, 아픔을 품고, 쓰라림과 눈물과 한을 품기로 했습니다. 또한 그들의 기도와 꿈과 비전과 뜻을 품기로 했습니다. 언젠가 그들이 영광스런 새 생명, 새 복, 새 사명의 사람으로 부화될 것을 확신하면서 말입니다.

이번 한 주간도 꽤나 바쁘게 뛰었습니다. 최선을 다해 뛰고 성도들을 품었습니다. 그리고 다음주에는 더 안고 품을 것입니다. 저는 쟁이가 되고 싶습니다. 예수쟁이가 되고 싶고, 목사쟁이가 되고 싶고, 부화쟁이가 되고 싶습니다. 다만 거짓말쟁이, 허풍쟁이만 되지 않고 싶을 뿐입니다.

"주여! 알을 품게 하소서. 암탉처럼 참고 인내하며 품고 품는 부화 목회를 하게 하소서. 저의 진액이 다하여 목숨이 끊어질 때까지 품고 품는 목회를 하게 하소서. 그런 목회에 부화의 위대한 영광이 따르기 때문입니다."

엿장수목회 이야기

끈끈이의 교훈

교회를 개척한 지 1년이 좀 못 되어 장년 성도 수가 100여 명 쯤 모일 때였습니다. 아파트 단지도 아니고, 신도시도 아니며, 준주거, 준상가 지역인 가락동에서 1년이 못 되어 장년 100명 이 모인다는 것은 당시엔 홍해를 가르는 기적이라고들 하였습니다. 그 지역에선 그만큼 급성장한 교회가 없었기 때문입니다.

그러자 저도 모르게 은근히 우쭐한 마음이 생기려고 했습니다.

'다른 분들은 무엇을 하기에, 목회를 어떻게 하기에 몇 년이 되어도 20~30명을 뛰어넘지 못할까?'

그리고 조금 안일한 마음이 생기려고 하였습니다. 일단은 이제 목사 안수도 받은 상태였고 자립 성장까지는 이루었기 때문입니다. 그런데 아직도 해결이 안 된 것이 있었습니다. 그것은 쥐들의 행진이었습니다. 첫 예배 때부터 마우스 마치로 예배를 방해했던 쥐들이 가면 갈수록 더 기승을 부렸습니다.

유아실엔 아이들이 먹다 남은 과자 부스러기들이 떨어져 있었는데, 그 과자 부스러기 때문에 바깥에 있는 쥐들까지 교회 안으로 다 몰려들었습니다. 뿐만 아니라 쥐들은 기하급수적으로 번식을 하여 천장에서 행진을 하는 날이면 천둥을 치듯이 시끄러웠습니다. 또 그냥 행진만 하는 것이 아니라 일제히 구호를 외치며 찍찍거리는 소리를 낼 때는 창으로 천장을 쿡쿡 쑤셔 버리고 싶을 정도로 저의 신경을 날카롭게 했습니다. 그렇다고 교회 안에 고양이를 몇 마리 사다 놓을 수도 없고요.

어느 날 강단에서 기도를 하고 있을 때였습니다. 쥐들이, 하도 시끄럽게 하기에 제가 기도하다 말고 고양이 흉내를 내 보았지요. 제가 제법 고양이 흉내를 잘 내거든요. 그러자 처음 몇 번은 제법 조용히 하더라고요. 쥐들도 처음엔 고양이로 착각했나 봅니다. 그런데 그것도 몇 번이었지 조금 있으니까 또 시작이었습니다. 아마 그들의 정보 요원이 정탐해 본 결과 고양이가 우는 것이 아니라, 방에서 소 목사가 원맨쇼를 하고 있다고 보고했나 봅니다.

그래서 하나님께 기도하면서 어떻게 저 쥐들을 다 잡아 버릴 수 없나 하고 골똘히 생각해 보았습니다. 그 순간 하나님께서 기발한 지혜를 주셨습니다. 그것은 끈끈이를 사다가 쥐들을 일망타진하는 것이었습니다.

이튿날 당장 약국에 가서 끈끈이를 여러 개 사다가 사방에 장치해 시험을 해 보았습니다. 그 중에 제일 잘 걸려든 곳은 역시 제 전략대로 해 놓은 곳이었습니다. 즉 한적한 구석에 끈끈이를 펴 놓고 쥐 먹이를 처음에 조금 맛만 보게 뿌려 놓고, 그 감칠맛 나는 먹이를 가운데까지 조금씩 많이 뿌려 놓은 곳에 여지없이 왕쥐들이 걸려들었던 것입니다.

세상에! 그렇게 큰 왕쥐들이 걸려들 줄이야! 제가 끈끈이에 묻어 어쩔 줄 모르고 있는 왕쥐 앞에 다가가서 막대기로 왕쥐 주둥이와 배를 건들며, "메롱! 약오르지?" 하며 놀려 보았습니다. 그러니까 왕쥐가 눈에서 살기와 독기를 뿜어 내면서 찍찍 고함을 지르며 야단입니다.

"이 야비한 소 목사 자식아! 나를 잡으려면 정정당당하게 달려와서 몽둥이로 때려잡을 것이지, 이렇게 야비하게 유혹을 해서 날 잡아? 이렇게 날 유혹해 가지고 잡을 수가 있어? 너 만약에 쥐들이 사는 지옥에 와 봐라. 너는 왕쥐들에게 온몸이 물려 죽고 말 것이야!"

왕쥐는 이런 말을 하며 고래고래 소리를 지르는 것 같았습니다. 그래도 저는 그동안 예배 시간을 방해하고 저를 괴롭혔던 것을 보복하려고 한참 동안이나 놀려댔습니다.

"메롱! 이 멍청한 왕쥐야! 약오르지롱?"

그때 작대기 한두 방이나 구둣발로 사정없이 밟아 버리면 창자가 터져 왕쥐는 죽게 될 것이지만 저는 보복심으로 쥐를 계속 놀려 주기 위해 그대로 두고 볼일을 보러 나갔습니다. 그후 너댓 시간 뒤에 와서 보니 그렇게 살기가 등등하여 노발대발하던 쥐는 그만 완전히 지쳐 있었습니다. 끈끈이 위에서는 허우적거리면 거릴수록 더 끈끈이에 온몸이 붙는 법! 그래서 왕쥐는 주둥이에서부터 몸통과 꼬리까지 전체가 끈끈이에 붙어 있는 채 얼마나 몸부림을 쳤던지 힘이 다 빠져 두 눈의 동공이 초점을 잃을 정도로 기가 다 빠져 버렸고 겨우 숨만 쉬고 있었습니다.

제가 그 왕쥐를 막대기로 건드리면서 "메롱, 약오르지롱?" 하니까 그때는 쥐가 겨우 이렇게 말하는 것 같았습니다.

"내 주여, 뜻대로 행하시옵소서. 소 목사님, 살리든지 죽이

끈끈이의 교훈 | 성숙기

든지 뜻대로 합소서."

결국 쥐는 이런 식으로 일망타진을 당하였습니다. 그렇게 쥐들이 영리한 것 같아도 끈끈이 위에 감칠맛 나는 먹이를 처음엔 맛만 보도록 조금 뿌리다가 가운데로 올수록 조금씩 많이 뿌려 놓으면 여지없이 걸려들고 말았습니다. 처음에 맛을 보니까 황홀할 정도로 맛있거든요. 마치 마약을 먹고 다 환각상태에 들어간 기분인가 봅니다. 그래서 그 맛에 빠져 한 발 한 발 걸으며 먹는데 이상하게 발이 끈적끈적합니다. 왠지 낌새가 이상해요. 그러면 그때 당장 돌이켰으면 살 수 있었을 텐데 그 맛에 너무 빠져 "에라, 죽어도 먹고 보자." 한 것이 영원한 죽음의 낭떠러지로 빠지게 된 것입니다.

제가 쥐 앞에서 이런 생각을 하고 있을 때 성령께서 너무나 또렷한 말씀으로 제게 말씀하시는 것이었습니다.

"소 목사야! 지금 세상도 널 이렇게 유혹하고 있단다. 사람도 널 넘어뜨리기 위해 이렇게 유혹하고 있단다. 소 목사야! 삼손을 넘어뜨렸던 들릴라를 조심하거라. 너도 이렇게 끈끈이 유혹에 빠지면 네 두 눈이 뽑히고 KO를 당하게 된단다. 그러므로 근신하고 깨어 너의 성결을 끝까지 지켜라. 그리하면 내가 너를 크고 크게 쓰리라."

저는 그 날 그 시로 강단에 올라가 솔직하게 하나님 앞에서 저의 소명감을 점검해 보았습니다. 저의 성결과 열정을 진단해 보았습니다. 그리고 울었습니다. 한없이 울었습니다. 왜냐하면 제 소명감이 조금 녹이 슬어 있었고, 제 성결과 열정이 조금 오염되어 있었기 때문입니다. 그래서 저녁이 오고 밤이 깊도록 성령님의 교훈 앞에 무릎을 꿇고 울었습니다.

"주님! 두렵습니다. 저도 저 왕쥐처럼 세상 유혹에 빠질까봐서요. 주님! 저는 연약합니다. 저도 들릴라의 유혹에 넘어갈 수 있습니다. 주님! 제발 부탁합니다. 제가 사는 날까지 이 마른 막대기, 이 허수아비 같은 종을 끝까지 붙잡아 주소서. 끈끈이 속에 빠지게 되어 주님과 영원히 상관없는 종이 되지 않게 하소서."

그날 흘린 눈물이 콜라 병으로 한 병은 되었을는지요? 마침내 그 사건이 있은 후 교회는 더 부흥하여 더 큰 장소로 이사를 할 수 있게 되었습니다. 참으로 잊을 수 없는 그날! 지금도 저는 그 날 그 교훈을 기억하고 있습니다. 그리고 그때의 결단을 지금도 마음에 품고 살아가고 있습니다. 결코 미련한 왕쥐 같은 인생을 살지 않겠다고 말입니다.

엿장수 목회 이야기

목사가 죄책감을 느낄 때

요즘 저는 성도들을 볼 때마다 죄책감을 많이 느낍니다. 교회가 커지면서 저 자신의 부족함과 무능함을 느낄 때가 많기 때문입니다. 기억력이 부족해서 새신자의 이름을 미처 기억하지 못할 때나, 일일이 성도마다 세심한 배려를 못 해준다고 생각될 때 주로 그런 것을 느낍니다. 또한 내가 더 은혜롭게 설교를 하지 못한다고 느낄 때 내가 더 많이 기도하고 더 능력 있는 목사가 될 수 없을까 하는 마음이 들 때마다 저 자신의 부족함을 느끼곤 합니다. 마치 자식을 앞에 두고 그런 생각을 하는 부모의 마음처럼 말입니다.

아직 소 목사의 마음은 이만하면 됐다 하는 생각은 추호도 없습니다. 저 자신을 믿거나 의지하는 자만심도 없고 이 정도라도 이룬 교회 안에서 무엇인가를 누리고 싶은 마음은 털끝만치도 없습니다. 오히려 성도 앞에서 저의 부족함을 느끼며, 하나님 앞에서 저의 무능함을 느낄 뿐입니다. 제가 지금보다 더 잘하지 못하고 이 정도뿐이라는 생각에 말입니다.

| 성숙기 | 엿장수 목회 이야기 |

특별히 요즘 저는 새벽 기도회로 인해 심한 콤플렉스를 가지고 있습니다. 요즘 들어 새벽 기도회에 빠질 때가 많기 때문입니다. 새벽 기도회에 못 나갈 때마다 교회 와서 성도들을 보면 꼭 죄를 지은 사람처럼 고개가 숙여집니다. 왜 그리도 죄책감으로 충만해지는지요. 그러니까 스스로 무능함을 느낄 수밖에 없는 것입니다.

저는 과거에도 그랬고 지금도 오직 하나님과 교회밖에 모르는 목사입니다. 외부 집회나 특별한 일을 빼놓고는 밖에서 잠을 자본 적이 없습니다. 1일 집회는 아무리 거리가 멀어도 교회로 돌아왔고, 반드시 제가 새벽 기도회를 인도했습니다. 교회를 떠나면 죽는 줄 알았고 오로지 교회에만 붙어서 사는 '교회 안의 개구리' 같은 목사였습니다. 어느 누구처럼 교단 행사나 교계 수련회 같은 곳도 가 본 적이 없을 정도로 말입니다.

그리고 심한 몸살과 고열로 정신이 혼미할 때도 저의 특유한 오기(?)로 새벽 기도회만큼은 기어이 지켰습니다. 일어나다가 정신이 아찔할 정도로 피곤할 때도 일사각오의 정신으로 새벽 기도회만큼은 나갔습니다. 그러다가 마침내 쓰러져 병원으로 실려 가느라 못 나간 적도 있었습니다.

그런데 요즘은 사정이 달라졌습니다. 매일 저녁 늦게 잠잘 일이 생겨 새벽에 아예 일어나지 못하는 일이 이번주에도 몇 번이나 생기고 말았습니다. 아무리 피곤해도 제 시간에 눈이라도 뜨면 특유의 오기와 깡다구로 죽을 힘을 다해 일어날 텐데 아예 눈마저 뜨이지 않으니 말입니다. 이유인즉 제가 그렇게 일어나는 것을 제 주위에서 미리 차단해 버리기 때문입니다.

제가 너무 늦게 자면, 가령 병원 심방이나 특별한 모임으로 인해 두시나 세시에 자게 되면 제 몸을 생각한답시고 배 집사

목사가 **죄책감을 느낄 때** — 성숙기

님은 저에게 전화벨을 울려 주지 않고, 정 권사님께서도 아예 시계 알람 소리가 못 울리도록 스위치를 눌러 놔 버리는 것입니다. 그러니까 일어나 보면 벌써 날이 훤해 있지 않겠습니까? 그러면 아침부터 억울하고 분통한 마음, 그리고 죄송스런 마음으로 회개 기도부터 시작하는 거지요. 그래서 요 며칠 전에는 이를 악물고 잠자리에 들었습니다.

'내 아무리 늦게 자더라도 내일 새벽엔 뭔가를 보여 주자.'

그 결과 두세시에 잤지만 마침내 네시 반에 일어나 새벽 기도 자리를 지켰습니다. 그날 저는 정신이 혼미해 경희대 병원을 가는 데 두 시간 반이나 걸렸고, 그 이튿날은 졸면서 운전을 하느라 덤프 트럭과 접촉 사고를 내고야 말았습니다. 또 한번은 안산에서 집회를 하고 밤 운전을 하고 오는데 경기도 일대를 다 헤매고 다닐 정도로 방황하다가 밤 두시가 넘어서 들어왔습니다.

그러자 그날도 배 집사님은 절 깨워 주지 않았습니다. 덕분에 잠을 잘 잤지만 얼마나 속에서 분통이 터지고 오기가 생기는지요. 어제는 경희대 병원을 심방 다녀오면서 몸이 으쓱으쓱거리는 것을 느꼈습니다. 자동차 에어컨 바람이 혹한의 눈보라처럼 느껴졌습니다. 몸살이 오려는 경종인가 봅니다. 집에 오니 밤 12시, 온몸에 나른함을 느끼며 누웠는데 일어나 보니 또 밝은 아침이었습니다. 또 성도들 앞에 죄인임을, 아니 죄인 중의 괴수임을 느끼며 무릎을 꿇었습니다.

물론 우리 교회에 부목사님도 몇 분이나 계십니다. 제가 못 나가면 부목사님이 대신합니다. 그리고 담임목사인 제 몸도 한계가 있습니다. 그래서 쉴 땐 쉬어야 합니다. 그러나 교회밖에 모르는 목사! 오직 새벽 기도회는 내가 지켜야 한다고 생각하

성숙기 | 엿장수 목회 이야기

는 목사이기에 오늘은 다시 자명종 시계를 사왔습니다. 이젠 배 집사님이 전화벨을 안 울려 줘도 잘 일어나도록 제일 소리가 큰 시계를 사 온 것입니다. 그리고 집에서 잘 때도 잘 일어나도록 집에도 제 독방에다가 또 하나 마련해 놓았습니다.

새벽 기도는 참 묘합니다. 특유의 오기로 새벽 기도회를 나갈 때는 '빨리 끝내고 돌아와 자자. 잘못하면 과로사(?) 할지도 모르니까.' 하는 생각도 하지만 강단에 올라가 찬송을 하고 말씀을 전하면 왜 그렇게 힘이 나는지 모릅니다. 인도를 마치고 2부 새벽 기도를 인도하기까지 잠깐이라도 졸음이 오면 앞에서 기도하는 성도들의 기도소리에 또 힘을 얻어 기도하곤 합니다. 그때마다 '이래서 목사가 살지.' 라는 생각을 합니다. 그리고 이렇게 새벽 기도를 하고 나면 하루가 피곤하고 졸리긴 하지만 적어도 죄책감은 없어집니다. 아니 새벽 기도를 잘하면 오히려 성도들 앞에서 떳떳해지고 당당해지는 것입니다. 그날 제 잘못으로 덤프 트럭과 접촉 사고를 내던 때도 그리 후회되지는 않았습니다. 새벽 기도회를 나간 탓에 그랬으니 말입니다.

이제 다음주부터는 제 특유의 오기를 좀더 부려 보렵니다. 성도들 앞에 죄책감을 느끼지 않기 위해서라도 말입니다.

엿장수 목회 이야기

안경을 닦는 습관

저는 안경을 자주 닦는 습관을 가지고 있습니다. 다른 부분은 그렇지 않는데 안경만큼은 결벽증 환자처럼 자주 닦습니다. 안경에 조금만 때가 묻거나 먼지만 끼어도 마음이 답답하고 찜찜한 느낌이 들기 때문입니다. 안경을 깨끗이 닦고 쓰면 우선 마음부터 개운합니다. 안경알이 맑으면 마음까지 밝은 것 같습니다. 그러나 안경알이 더러우면 마음까지 어둡고 더러운 것 같습니다.

그래서 저는 안경을 자주 닦습니다. 운전하기 전에도 닦고, 심방 가기 전에도 닦으며, 아예 강단에 설 때는 안경 닦는 것을 필수적인 철칙으로 삼고 있습니다. 왜냐하면 안경을 닦지 않고 설교를 하면 마음이 어두워 설교가 잘 나오지 않는 것 같기 때문입니다.

그런 의미에서 저는 안경 닦는 천을 생필품으로 삼고 있습니다. 아니 그것을 저의 재산으로 삼습니다. 출타해서 안경 닦는 천이 없으면 마음부터 불안하기 시작합니다. 다른 천으로 안경

> 성숙기 | 엿장수 목회 이야기

을 닦아도 안경이 깨끗해지기는커녕 더 더러워질 수 있기 때문입니다. 새 양복으로 옷을 갈아입을 때 어쩌다가 아내가 호주머니에 있는 안경천을 넣어 주지 않으면 얼마나 화가 나는지 모릅니다. 호주머니에 있는 돈은 빼가도 괜찮지만 안경 닦는 천을 빼놓으면 참을 수 없을 때가 많습니다. 또 그것을 잃어버렸을 때는 얼마나 아쉬운지 모릅니다.

그래서 언제부턴가는 안경점에 가서 아예 돈을 주고 안경천을 20~30장씩 사오기 시작했습니다. 그래 가지고 그것을 서재 책상 서랍에도 두고, 강단에도 두며, 집에도 두고 차 안에도 두고, 호주머니에도 지니고 다닙니다. 호주머니에는 와이셔츠 호주머니와 양복 호주머니 두 곳에 다 넣고 다닙니다. 만일 하나를 잃어버릴 때를 대비하기 위해서입니다. 어제도 시온안경점에 가서 안경천을 20장이나 사왔습니다. 확실히 저는 제가 생각해도 안경을 닦는 것에 관한 한 결벽증 환자처럼 보입니다.

'그러면 왜 나는 이렇게 안경 결벽증 환자처럼 살아가는가? 왜 그렇게도 안경 불결 콤플렉스를 갖고 살아가는가?'

그럴 만한 이유가 있습니다. 저는 신앙 생활에 있어서 눈 관리를 최고로 중요하게 생각하고 있습니다. 마태복음 6장 22~23절의 말씀처럼 눈은 우리 몸의 등불이 되기 때문입니다. 이것은 눈이 더럽고 어두우면 온 마음과 몸도 더럽게 되고, 눈이 깨끗하고 밝으면 온 마음과 육체도 밝고 깨끗하게 된다는 말입니다. 얼마나 오묘한 말씀인가요?

눈은 모든 대상과 사물을 바라보는 기관입니다. 더 나아가 눈이란 어떤 세계와 차원까지 보는 지안과 영안까지 있습니다. 그런데 모든 대상과 사건, 그리고 어떤 세계든지 일단 눈을 통하여 시각이 되어지고 대뇌 속에 들어옵니다. 이 시각되어진

안경을 닦는 습관 성숙기

것들이 대뇌 속에 들어와 어떤 것은 의식 작용으로 남고, 또 어떤 것은 잠재 의식으로 남게 됩니다. 그러나 중요한 것은 눈을 통해 시각되어진 것들이 의식 속이든 무의식 속이든 우리 속에 남아 있어 우리의 사고와 정신, 그리고 우리의 세계관과 가치관에 지대한 영향을 준다는 것입니다.

따라서 우리는 어떤 것을 눈으로 보느냐에 따라 우리의 생각이 달라지고 마음이 달라지게 됩니다. 더러운 것을 많이 보면 마음이 더럽게 되고, 깨끗한 것을 많이 보면 마음도 깨끗하게 됩니다. 세속적인 것을 많이 보면 생각도 세속적이 되고 신령한 것을 많이 보면 신령하게 됩니다. 우리의 마음과 생각은 눈이 가는 대로 따라다니기 때문입니다.

그런 의미에서 성경은 우리의 눈 관리를 잘 하라고 강조를 합니다. 그래서 저 자신도 신앙 생활에 눈 관리를 하는 것을 지나치도록 예민하게 신경을 쓰고 있습니다. 허탄한 데 눈을 돌리지 않고 신령한 곳에 눈의 초점을 맞추기 위해 무척이나 애를 쓰고 있습니다. 내 눈이 세속에 부패되지 않도록, 저 높은 곳만을 바라보며 살아가려고 노력하고 있습니다.

그리고 이렇게 영적인 눈 관리를 열심히 하다 보니 연쇄적으로 안경 닦는 일에까지 열을 내게 되는 것입니다. 즉 영적인 눈 관리의 극성스러움이 안경 관리로까지 연쇄반응으로 나타나게 된 것입니다. 그러다 보니 이제는 역으로 안경을 닦으면 영적인 눈 관리를 연상하게 됩니다. 처음에는 영적인 눈 관리를 하는 것이 안경 닦는 일로 연쇄반응을 일으켰지만, 이제는 안경을 닦을 때마다 영적인 눈 관리를 생각하게 된다는 것입니다.

그래서 지금도 안경을 닦으면서 저의 눈을 생각합니다. 제 눈이 병들고 제 눈이 더러우면 제 마음도 더러워진다는 사실을 말입니다. 제 눈이 부패하고 썩어 있으면 마음 역시 부패할 수 밖에 없습니다. 저는 지금도 생각합니다. 눈이 너무나 중요하다고요! 그리고 앞으로도 안경을 계속 극성스럽게 닦을 것이라고요! 그러면서 항상 생각할 것입니다. 저의 눈 관리가 신앙 생활에서 제일 중요하다고 말입니다.

그렇습니다. 저에게 네로의 핍박보다, 카타콤의 동굴의 고난보다, 감미롭고 달콤한 들릴라의 유혹이 더 무섭습니다. 보디발 아내의 유혹이 더 무섭습니다. 그러기에 안경을 더 닦아야 하겠습니다. 육신의 안경도 닦고, 영의 안경을 더 닦으면서 또 결심하고 결심합니다. '소 목사여! 넌 죽을 때까지 비둘기 같은 깨끗한 눈을 가져야 한다.' 라고 말입니다. 오직 그의 나라와 그의 의만 보는 눈을 가지라고 말입니다.

"주여! 제가 죽을 때까지 순결한 눈을 지키게 하소서. 언제나 안경을 닦으면서 눈에 관한 한 결벽증 환자가 되어서 눈 관리를 우선 순위로 생각하게 하소서. 성결한 눈을 소유하는 자! 이것이 이 종의 평생 소원입니다."

엿장수 목회 이야기

'허준'을 보고 -
나의 길, 목양의 길

    우연찮게 MBC 특별기획 드라마 '허준'이라는 프로그램을 시청하게 되었습니다. 아마 22회를 처음으로 본 것 같습니다. 「동의보감(東醫寶鑑)」의 저자인 '허준' 하면 누가 모르겠습니까? 워낙 유명한 사람이라 이 사람에 대해서는 다 알고 있을 것입니다. 저 역시 마찬가지였습니다. 하지만 드라마를 보는 순간부터 저는 완전히 허준이라는 사람에게 매료되기 시작하였습니다. '허준'을 통해서 저 자신의 모습을 다시 한 번 성찰하는 기회를 가졌기 때문입니다.

    그는 천첩 태생의 신분으로 태어났지만 당대 명의 '유의태'에게서 의술을 배워 용한 의사가 되었습니다. 때가 되어 그는 내의과에 응하려고 다른 의원들과 함께 한양 840리 길을 향했습니다. 그는 거창, 무주, 영동, 보은을 거쳐 진천에 도착했습니다. 그리고 거기서 그는 버드네 마을의 환자를 만나게 됩니다. 아, 이것을 운명이라고 하던가요? 그는 그 일로 인하여 내의과에 응시하지 못하는 비극을 맞게 되지요. 하지만 그의 진정한

성숙기 | 엿장수 목회 이야기

의원 됨의 모습은 거기서부터 시작되었습니다. 다른 모든 의원들은 살려 달라고 애원하는 병자들의 신음 소리를 외면하고 그들의 손길을 뿌리쳤지만, 오로지 허준만 그들을 치료하기 시작한 것입니다. 이틀 밤, 사흘 밤을 꼬박 새우며 수십 명의 환자를 정성껏 치료하였습니다.

게다가 꺽쇠 어머니는 한양으로 달려가야 할 허준의 발목을 꽁꽁 묶어 놔 버렸습니다. 그는 절대로 꺽쇠 어머니만은 치료해 줄 수 없다고 하며, 낫으로 위협하는 꺽쇠를 내동댕이쳤지만 피를 토하고 밖으로 나와 쓰러지는 꺽쇠 어머니를 보자 다시 환자에게 달려갔습니다. 한마디로 그는 내의과 합격에 집념의 불을 태우다가도 피를 토하고 쓰러지는 환자를 보노라면 반드시 그 환자를 치료해야 하는 의원으로서의 의무감과 어떻게 해서든지 치료하고 싶은 의원의 원초적 본능(생리)을 소유하고 있었습니다.

결국 그 환자의 치료 때문에 허준은 내의과에 응시조차 못해 버리고 말았습니다. 설상가상으로 말도둑 혐의를 받고 감옥에 들어가는 누명을 쓰기까지도 합니다. 물론 그 혐의를 벗고 진천 현감의 말까지 얻어 타는 은혜를 입긴 하였으나 하룻밤에 260리를 달린다는 것은 준마로서도 무리였습니다. 그래서 아무리 아무리 달려도 말도 지쳤고 허준도 지쳐 떨어져 버렸습니다.

결국 그는 내의과에 응시하지 못한 채 낙망의 쓴 고배를 들게 되었고, 그의 경쟁자 유도지는 내의과에 합격을 합니다. 하지만 그는 다시 진천으로 갔습니다. 진천 현감이 빌려 준 말을 돌려주기 위함이었고, 버드네 마을 환자들과의 약속을 지키기 위함이었습니다. 버드네 마을을 다시 찾았다는 그 자체는 허준

'허준'을 보고 - 나의 길, 목양의 길 성숙기

이 스스로 큰 그릇임을 보여 주는 행동이 아닐 수 없습니다.

허준! 그는 울부짖는 병자를 외면하고 영광의 길을 달려간 다른 의원과는 확실히 다른 사람이었습니다. 그에겐 노력만으로 도달할 수 없는 어떤 마음의 위대한 영역이 있었습니다. 적어도 그에겐 병자를 환자 그 자체로 볼 수 있는 연민의 눈이 있었고 출세나 욕망으로 바꿀 수 없는 무심지의(無心之醫)가 있었습니다. 영달의 길이 아닌 의(醫), 치부의 길이 아닌 의(醫), 병들어 아파하고 앓는 이들의 땀 젖은 돈으로 제 일신의 편안함을 구하지 않는 참되고 진정한 의(醫). 적어도 허준에게는 이런 선도(仙道)적인 의(醫)의 그릇이 준비되어 있었던 것입니다.

바로 이런 마음의 그릇 때문에 그는 훗날 유의태 스승의 모든 의술과 비방을 전수받고 스승의 시신을 '시체 해부의 선물'로 받을 수 있었을 것입니다. 그리고 그 다음의 내의과에 영광스럽게 수석 합격을 하게 되었고, 조선의 최고 명의서인「동의보감」을 편찬할 수 있었던 것입니다.

허준의 됨됨이는 오늘날 한의사, 양의사들이 본받기 이전에 먼저 목사인 제가 본받아야 할 것을 깨달았습니다. 저는 딱 세 번 그 드라마를 본 후 무릎을 꿇고 기도하였습니다. 아무리 잠들려고 해도 잠이 오질 않았습니다. 소 목사 역시 영혼의 병을 치유하는 영적인 의사입니다. 바로 그 일을 하는 것이 목양이고 목회입니다.

'그런데 나는 무심지의 목양일념(無心之醫 牧羊一念)의 자세가 얼마나 되었던가? 맨발의 소명자 소강석은 과연 하나님 보시기에 어떤 목사인가? 나는 목회의 성공을 한 순간이라도 개인의 영광과 공명으로 누린 적은 없는가? 나는 병들어 아파하는 영혼들의 신음 소리에 얼마나 귀를 기울였는가?'

저녁 내내 이런 생각 때문에 잠이 오지 않았습니다. 물론 어떤 면에서 저만큼 몸을 혹사하면서까지 목양일념으로 달려온 목회자도 드물다고 할 수 있을 것입니다. 그래서 저는 큰 일보다 작은 일에 신경을 뺏길 때가 많았습니다. 전체적인 일보다 한 영혼에 연연하여 우유부단한 때도 많았습니다. 작년에는 명색이 안식년이었지만, 안식년을 제대로 지키지 못한 이유도 이 때문이었습니다. 그럼에도 불구하고 새삼스럽게 이제 다시 깨달았습니다. 소 목사의 인생길은 오직 '목양의 길'일 뿐이라고 말입니다. 오직 영적인 무심지의(無心之醫)의 길뿐입니다. 며칠 동안 이 일로 잠 못 자게 하시며 기도하게 하신 하나님을 찬양합니다.

저에게는 오직 목양일념(牧羊一念)뿐입니다.

엿장수 목회 이야기

생명 사랑, 영혼 사랑

제가 어릴 적에 저희 집에서는 한 가지 큰 문제가 있었습니다. 명절이 돌아오거나 제삿날을 앞두고 닭을 잡아야 하는데 닭을 잡을 사람이 없었던 것입니다. 아버지는 마음이 워낙 유약하신지라 닭 모가지를 한 번도 비틀지를 못했습니다. 그렇게도 성격이 급하시던 아버지도 차마 닭이 불쌍해서 자기 손으로 한 마리도 죽이질 못했던 것입니다.

그런 그 아버지의 자식들 역시 조금도 다를 바가 없었습니다. 두 형님도 똑같았고 저 역시도 마찬가지였습니다. 비록 가축일지라도 한 생명을 내 손으로 잡아죽인다는 것은 어린 저로서도 정말 못할 노릇이었습니다. 특별히 개의 경우는 더 그러하였습니다. 그래서 저희 집에서는 개를 한 번도 잡아 본 적이 없었고 개가 죽었더라도 제가 우겨서 꼭 뒷동산에 묻어 주었습니다.

그러니 정말 닭을 잡아야 할 때는 큰 문제였습니다. 결국 이웃집 아저씨가 대신 잡아 줄 때도 있었습니다. 그렇다고 늘 그

성숙기 | 엿장수 목회 이야기

렇게만 할 수는 없었습니다. 그래서 하는 수 없이 제가 나섰지요. 제가 나서게 된 것은 닭을 잡을 수 있는 특별한 용기가 있어서가 아니라 순수한 영웅심 때문이었습니다. 아무도 나서지 않는 마당에 제가 나서서 과감하게 닭 모가지를 비틀어야 집안의 모든 식구들이 저에게 용감한 녀석이라고 칭찬해 줄 것이 아니겠습니까?

하지만 막상 닭 모가지를 비틀려고 할 때는 왜 그렇게 닭이 불쌍해 보이는지요. 너무너무 불쌍하고 미안한 마음이 들어서 차마 비틀지를 못했습니다. 그래도 영웅심의 발로에서 눈을 찍 감고 마침내 닭 모가지를 비틀고 만 것입니다. 그런 날 저녁은 잠 못 이루기가 십상이었고 닭고기가 목에 넘어가지 않았습니다. 일종의 양심의 가책(?) 같은 것 때문이었지요.

겉으로 볼 땐 소 목사도 굉장히 강하고 용기 있는 사람처럼 보이지만, 생명에 관해서는 이렇게 유약한 면도 있었습니다. 바로 저의 이런 면을 아들 성군이 녀석이 그대로 빼닮았습니다. 그 녀석 역시 어찌나 유약한지요. 생명에 관한 한 벌레 한 마리, 곤충 한 마리도 죽이질 못합니다. 그래서 작년인가 진돗개가 죽었을 때 덩치는 어른 같은 녀석이 개가 죽었다고 저녁 내내 엉엉 우는 것이 아니겠습니까?

그런 아이가 몇 주 전에는 귀여운 토끼 한 쌍을 사왔습니다. 정 권사님과 아내는 온 집 안에 토끼 냄새가 나게 될 것이라고, 야단 법석이었지만 부자지간에 서로 통하는 저와 아들 녀석은 정성스럽게 토끼를 길렀습니다. 부지런히 먹이를 공급해 주었습니다. 사과 껍질, 단감 껍질, 상추, 쑥 등 정말 지성으로 키워 주었습니다. 서로 이마를 맞대고 귀엽게 먹는 그들의 모습이 목회자의 눈에는 그냥 보이지 않았습니다. 무엇인가를 느끼게

생명 사랑, 영혼 사랑 〔성숙기〕

해주었습니다. 더구나 함께 기대며 되새김질을 하는 모습은 생의 아름다움이었고 경이로움 그 자체였습니다. 그러면서 그 모습 속에서 성도들이 말씀을 되새김질하는 영적인 모습을 볼 수 있었습니다.

그런데 며칠 후 아침에 일어나 보니 토끼 한 마리가 죽어 있었습니다. 얼마나 섭섭했는지 모릅니다. 그리고 얼마나 불쌍했는지 모릅니다. 그런데 한 마리 토끼가 이미 죽어 싸늘한 시체로 쭉 뻗어 있는데도 짝을 잃은 녀석은 그 주검에 몸을 기대어 웅크리고 있는 것이 아니겠습니까? 죽은 짝이 살아 있을 때보다 더 다정한 모습으로 말입니다. 그런 모습을 보고 그 싸늘한 주검을 차마 꺼낼 수가 없었습니다. 남은 한 짝이 너무나 외로워할까봐 그렇게 할 수가 없었습니다.

이제 남은 한 마리, 언제 죽을지는 모르지만 살아 있을 때까지는 잘 키워 보리라고 생각했습니다. 거르지 않고 먹이도 잘 주었습니다. 물도 주고 잠자리도 푹신하게 배려해 주었습니다. 남은 그 한 짝에게 경제적인 가치가 있어서가 아니라 고귀한 생명의 가치가 있기 때문이었습니다.

바로 그 토끼로 인하여 다시 한번 생명의 귀중함을 깨닫게 되었습니다. 생명 사랑에 대해서 또 한번 자각하게 되었습니다. 그리고 이 생명 사랑과 함께 영혼 사랑의 동기를 새로이 자극받았습니다. 저 한 마리 토끼의 생명도 고귀하거늘, 온 천하와도 바꿀 수 없는 사람의 영혼의 가치야 얼마나 귀중하겠느냐고 말입니다.

지금 성도들의 새김질하는 모습이 보입니다. 성도들의 반짝이는 눈이 보입니다. 또 절규하고 부르짖는 모습도 보입니다. 구원해 달라고 손짓하는 몸부림도 보입니다. 아, 그들의 영혼이 보입니다. 하나님이 저에게 맡겨 주신 영혼들입니다.

본디 생명을 아꼈던 소 목사, 이제는 생명과 함께 저 영혼을 사랑하렵니다. 저 영혼을 아끼고 보듬고 죽도록 사랑하렵니다. 저들을 위해 더 엎드리고 부르짖으며 말씀을 연구하렵니다. 더 깊은 샘을 파고 양식을 준비하렵니다.

아, 생명이여! 아, 영혼이여!

엿장수 목회 이야기

목사이기에 앓는 병

    실존주의 철학자 키에르케고르가 인간에게는 죽음에 이를 만큼 고뇌의 병이 있다고 했다면, 실존주의 문학자인 우나모노(에스파니아 살라망카 대학 교수)는 인간에게는 사람이기에 반드시 앓아야 할 병이 있다고 했습니다. 우나모노는 말하기를 이 병은 짐승에게는 전혀 없는 병이요, 반드시 사람만이 앓는 병이라고 했습니다. 그는 이 병을 영원한 생을 갈구하는 소망이요, 진실하기 위해 몸져 눕는 몸살이요, 자기 실현을 위해 애써 몸부림치는 것 등으로 보았습니다. 그런 의미에서 그는 종교나 예술 같은 것도 일종의 이런 유의 병으로 본 것입니다.

    확실히 '탄저'나 '기종저' 같은 병은 사람에게서는 전혀 볼 수 없는 동물 병입니다. 그런데 요즘 많은 사람이 우려하는 광우병이나 광견병은 사람에게도 전염될 수 있는, 짐승과 인간이 공유하는 병입니다. 반대로 우나모노의 말처럼 짐승에게는 전혀 없는, 그리고 전혀 전염될 수도 없는, 오직 인간만이 앓아야 하는 병이 있습니다. 그것을 우나모노는 사람이기에 앓는 병이라고 했습니다.

그렇다고 그는 이 병은 자기 혼돈 속에서 아파하는 그런 질병이 아니라고 했습니다. 또 자기 필요와 욕구만을 위해 아파하고 슬퍼하는 것도 아니라고 했습니다. 자존감과 자괴감 사이에서 방황해야 하는 실존적 고민도 아니라고 했습니다. 오직 이 병은 참을 위해, 진리를 위해, 진정한 자기 실현을 위해, 그리고 영원을 위해 슬퍼하고 아파하는 것이라고 했던 것입니다.

그렇습니다. 어느 면에서 우나모노의 말은 맞다고 할 것입니다. 우리 인간에게는 반드시 사람이기에 앓아야 하는 병이 있습니다. 그러기에 우리는 모두 이 병을 앓아야 합니다. 그래야 인간의 자격이 있고 마땅히 인간이라고 할 수 있을 것입니다. 이 병이 있기에 인간은 참으로 귀한 존재입니다. 이 병을 앓고 있는 존재이기에 인간은 더욱더 아름다운 존재입니다.

진실을 위해 아파하는 모습, 참과 진리를 위해 고통하는 몸부림, 참된 자아 실현과 영원한 삶의 세계를 목말라하며 버둥거리는 모습! 이 얼마나 아름다운 모습입니까? 또한 사람이기에 고뇌가 있고, 갈등이 있고, 아픔이 있어 하늘을 쳐다보는 모습! 이 얼마나 아름다운 모습입니까?

그러나 우리 그리스도인에게는 그리스도인이기에 앓아야 하는 더 위대하고 고상한 병이 있습니다. 그리스도인이기에, 그리스도인만이 반드시 앓아야 할 중병이 있습니다. 그것은 무엇보다도 '내가 어떻게 하면 하나님의 사람이 되느냐' 하는 것입니다. '어떻게 하면 로드십 신앙을 회복하고 하나님의 형상을 회복할 것인가' 입니다. 또한 '어떻게 하면 옛 사람의 소욕을 벗어 버리고 새 사람의 소욕대로 살 것이냐' 입니다. 그리스도인은 이런 병을 앓기에 그 모습이 아름답고 그 존재가 가치 있

목사이기에 앓는 병 / 성숙기

는 것입니다. 이 병을 앓음으로써 그리스도인은 점점 성화(거룩함)의 길을 걷게 되는 것입니다.

그런데 우리는 스스로 우리 자신을 너무나 초라하게 할 때가 있습니다. 이 병을 포기하고 짐승만이 앓는 병을 선택함으로써 말입니다. 우리는 흔히 원초적 본능으로 행동할 때가 있습니다. 조건 반사의 법칙에 따라 원초적인 반응을 할 때가 많습니다. 여전히 이성적인 사람이고, 영적인 사람이며, 기도하는 하나님의 사람임에도 말입니다. 그것은 아직도 죄인이기 때문이지요. 그래서 사도 바울은 항상 신령한 걱정으로 가득 찼던 것입니다. "어떻게 하면 그리스도인으로서 반드시 앓아야 할 병을 잘 앓을까?" 하고 말입니다.

시원한 바람이 창 안으로 불어오고 있는 이 초여름 밤에 서재의 창문을 열고 별이 반짝이는 하늘을 바라봅니다. 저 반짝이는 하늘의 별들처럼 내 양심도 가슴속에서 저렇게 반짝이고 있나 생각해 봅니다. 불곡산의 소쩍새는 계속해서 밤이 깊은 줄 모르고 구슬프게 울어댑니다. 아무래도 목사는 그리스도인이기에 앓아야 할 병만으로는 부족한가 봅니다. 확실히 목사에게는 목사이기에 앓아야 하는 병, 주의 종이기에 아파야 하는 병이 있나 봅니다. 나 자신을 위한 병만이 아닌 다른 사람을 위한 병, 아파하고 고통하는 이를 치료하고 싸매 주고 보듬어 주는 그런 병 말이지요.

아! 그믐밤의 어두움과 아픔이 있는 사람에게 어떻게 하면 초여름의 동녘을 밝아오게 할 수 있으리요. 아! 목사여! 목사가 앓아야 할 병이여!

불곡산에서 들려오는 소쩍새 울음은 유난히도 구슬프게만 들려옵니다.

엿장수목회 이야기

오늘을 행복하게

지난 5일 프로야구 잠실 개막전에 미국에 입양된 장애아 애덤 킹(9세, 오인호) 군이 초청되어 시구를 했습니다. 그는 태어날 때부터 뼈가 굳어지며 다리가 썩어 들어가 허벅지 아래를 절단해야 했습니다. 그래서 철제 의족에 의지해야 했던 불운아였습니다. 게다가 두 손가락마저 붙은 채로 태어나 손가락 분리 수술까지 받아야 했습니다. 하지만 TV에 비쳐진 그의 얼굴에는 어디에도 구김살 하나 보이지 않았습니다. 그 어느 곳에도 어두움의 흔적이나 그늘이 조금도 없었습니다. 두 다리가 없는데도 얼마나 발랄한 얼굴이었고, 행복한 모습이었습니까? 오히려 그는 "희망과 용기를 가지면 모든 것이 이루어집니다." 라고 말함으로써 모든 관중의 가슴을 뭉클하게 해주었습니다.

외부적 환경이나 객관적 조건으로만 본다면 킹 군은 결코 행복할 수 없는 소년일 것입니다. 그런데도 킹 군은 어두운 그늘이란 조금도 없이 어찌 그렇게 당당하고 행복한 모습을 보여줄 수 있었을까요? 과연 무엇이 그 소년으로 하여금 그토록 행복한 모습으로 서게 했을까요? 한마디로 그것은 양아버지(찰스 킹) 때문이었을 것입니다. 양아버지는 행복이 무엇이고 어떻게 자기 혼자서 그 행복을 누릴 수 있는가를 가르치면서 애덤 킹을 양육했던 사람이었습니다. 찰스 킹은 모두 여덟 명의 장애 입양아를 키우고 있는데 "사랑이 필요한 아이들에게 따뜻하고 행복한 가정을 꾸며 주고 싶다."며 모든 입양아들에게 행복의 둥지를 만들어 주고 있다고 합니다.

이솝 우화에 「산나귀와 집나귀」라는 이야기가 있습니다.

어느 날 마을에 내려온 산나귀가 외양간에서 한가로이 풀을 먹는 나귀를 보았습니다. 외양간은 깨끗하고 훌륭해서 바람이나 눈비에도 전혀 불편함이 없을 것 같았습니다. 산나귀는 집나귀의 모습이 너무도 부러워서 "나도 이런 외양간에서 하루만이라도 살았으면……"이라고 합니다. 다음날 산나귀는 고갯길에서 짐을 가득 실은 수레를 끌고 올라오는 나귀를 보았습니다. 전날에 보았던 외양간의 나귀가 땀을 뻘뻘 흘리며 숨가쁘게 올라오는 것이 아니겠습니까? 더군다나 나귀 주인은 막대기로 나귀의 등을 연속 후려치는 것이었습니다. 그 모양을 본 산나귀는 "가엾은 일이군. 저런 걸 모르고 괜히 내가 집나귀를 부러워했어. 자유롭게 사는 내가 훨씬 더 행복한데 말이야."라고 했다고 합니다.

  리처드 코리가 마을에 나타날 때마다
  길가의 우리들은 그를 쳐다보았다
  발끝에서 머리끝까지 그는 신사였다
  얼굴은 말쑥하고 제왕처럼 멋있었다
  게다가 그는 부자였다

성숙기 | **엿장수 목회 이야기**

> 정말 임금보다 더
> 그리고 그는 모든 것이 세련되어 있었다
> 우리는 모두 그처럼 되었으면 하는 생각을 했다
> 그런데 리처드 코리는 어느 조용한 여름 날
> 집에 들어가 머리에 총을 대고 방아쇠를 당겼다

행복은 결코 객관적 조건에 있지 않음을 풍자한 로빈슨의 시구입니다. 역사를 보면 사람들은 누구나 행복을 찾으려고 몸부림쳐 왔습니다. 그런데도 행복을 찾은 사람들은 그리 많지 않았습니다. 그 이유는 행복을 자기 자신 밖에서 찾으려고 했기 때문입니다.

오늘도 대부분의 사람들은 건강이나 물질이나 지식, 혹은 외부의 조건을 통해서 행복을 얻으려고 합니다. 그러나 행복은 조건과 환경에 있는 것이 아닙니다. 행복은 바로 내 안에 있는 것입니다. 그렇지 않다면 킹은 불행했어야 하고, 리처드 코리는 행복했어야 합니다. 지금도 많은 사람이 불행하게 사는 이유는 자기가 처한 환경 때문이 아니라 황무하고 피폐한 자신의 속모습 때문인 것입니다.

그리스도인이라면 누구나 행복하게 살 특권이 있습니다. 행복의 근원이요 보화이신 그리스도 예수를 모시고 살기 때문입니다. 그러기에 그리스도인은 행복의 권리뿐 아니라 행복하게 살아야 할 책임과 의무도 있습니다. 또한 세상 사람들을 향해 행복하게 살고 있는 모습을 당당하게 보여 줄 수 있어야 합니다.

그런 의미에서 애덤 킹의 양아버지처럼 소 목사는 목회자로서 먼저 성도들을 행복하게 해주는 목회를 하려고 합니다. 행복한 성도만이 건강한 신앙 생활, 건강한 봉사 생활을 할 수 있기 때문입니다. 그 일을 위해 저는 성도를 섬깁니다. 때로는 상처를 보듬어 주고 눈물을 닦아 주며, 고달픈 삶의 현장을 찾아가 아픔을 어루만져 줍니다. 그리고 상처도 품으면 반드시 진주가 된다는 진리를 가르칩니다. 물론 때로는 그 일이 힘들고 피곤하지만 그런 저의 섬김을 통하여 성도들이 행복을 누리고 건강한 삶을 사는 것을 보면서 저는 목회자의 더할 나위 없는 행복을 만끽합니다.

그런데 이것은 저 뿐만이 아니라, 오늘도 행복을 누리며 사는 모든 새에덴 성도들이 해야 할 일입니다. 아픔을 안고 있는 이웃을 보듬어 주고 자기의 행복을 나누어줄 수 있어야 합니다. 또한 이웃에게 참된 행복의 보화요 비밀인 예수 그리스도를 당당하게 전해 줄 수 있어야 합니다. 그리고 예수 그리스도의 행복의 둥지인 새에덴교회를 자신 있게 자랑할 수도 있어야 합니다. 이것이 '뉴스타트 21'의 정신이고 목적이기도 합니다. 나도 한 영혼을 주님 앞으로!

엿장수 목회 이야기
일과 쉼 사이에서의 갈등

얼마 전쯤 되었을까요. 언제부턴가 제 몸에는 이상 징후가 왔습니다. 쉽게 피로가 오고 피곤을 심하게 느낄 때에는 왠지 메스껍고 차멀미를 하는 것처럼 자꾸 넘어오려고 하는 것입니다. 머리는 어지럽고 온몸이 비실비실거리기 시작했습니다.

특별히 이럴 때 마음에 큰 부담으로 다가온 것은 예약된 여러 집회들이었습니다. 저는 집회를 가도 오후에 사우나 한번을 가지 않습니다. 오직 긴장된 마음으로 기도하며 집회에만 일념할 뿐입니다. 그러니 그런 집회가 자꾸 부담이 될 수밖에요. 그런 부담감 때문인지 할 수만 있다면 집회를 취소하고 한두 주간쯤은 깊은 산속에 들어가 심신을 푹 쉬게 하면서 저 혼자만의 시간을 갖고픈 마음이 들었습니다. 이런 마음은 시간이 갈수록 더욱 간절하였습니다. 어느 때부턴가는 이 욕구가 성령의 음성으로 들려왔습니다.

"소 목사야! 넌 앞으로 큰 일 할 종이다. 그런데 너는 너무나 몸을 혹사시키고 있어. 사소한 일, 작은 일에 너무 몸을 소비하지 말고 좀 쉬면서 앞으로의 큰 일을 위해 체력을 연마해라."

 게다가 이때쯤 호랑이 같은 기도의 어머니 정 권사님의 성화는 정말 못말렸습니다. 집회들을 취소하고 당장 쉬라는 것입니다. 그렇지 않으면 큰일난다는 것입니다. 제가 계속 이런 식으로 나간다면 하나님도 책임지지 않으실 것(?)이라는 것이었습니다. 그래서 저는 못말리는 정 권사님의 성화에 못이겨 각 교회마다 전화를 해서 집회를 취소하거나 강사를 바꿀 수 없느냐고 사정을 해 보았습니다. 하지만 어떤 바보 같은 목사님이 그렇게 호락호락하게 제 청을 들어주시겠습니까? 오히려 마음 약한 제가 더 올무에 매이게 될 뿐이었습니다.

 그렇게 해서 저는 기진맥진한 몸으로 이 집회, 저 집회에 끌려다니고(?) 말았습니다. 그러면서도 본교회에 돌아와서는 몸을 돌보지 않고 목회에 전념을 해야 했습니다. 그런데 제주도 집회를 앞두고는 제 몸이 정말 심각할 정도였습니다. 다리엔 힘이 빠지고 머리는 어질어질하는데 예감이 좋지 않았습니다. 그러나 할 수 없이 영양 주사를 맞아가면서 겨우겨우 집회를 마치고 돌아왔습니다.

 하지만 그때부터가 문제였습니다. 어지럽던 머리에 이제는 통증이 느껴지기 시작한 것입니다. 서서히 머리 오른쪽에서 골때리는 역사(?)가 시작된 것입니다. 그래도 월요일 아침부터는 특별 새벽 기도회를 인도해야 했습니다. 도무지 쉴 수가 없었던 것입니다. 그래서 그랬는지 드디어 월요일 오전부터는 골때리는 역사의 고통이 본격적으로 저를 괴롭히기 시작했습니다. 그래도 저는 참았습니다. 월요일 저녁에 있는 대학원 수업을 끝까지 들으면서도 참았습니다. 얼마나 골때리는 고통이 괴롭든지 순간순간마다 주기적으로 머릿속을 칼로 도려내는 것 같았습니다. 그때마다 저도 모르게 눈에서는 눈물이 주르륵 쏟아졌습니다.

결국 저는 화요일 새벽 ○○대 한방병원 응급실로 갔습니다. 가서 침술로 응급 처치를 받고 약을 타 가지고 왔습니다. 그러나 고통은 여전하였습니다. 그런 고통 속에서도 저는 새벽 기도회 1부와 2부를 다 인도했습니다. 그리고 통일원 연수원에서 방북 교육을 오후 내내 받았습니다. 누가 눈물 흘리며 강의를 듣는 제 모습을 자세히 봤으면 아마 큰 오해를 했을 것입니다.

저의 인내심도 대단했습니다. 그렇지만 그런 인내심도 한계가 있었습니다. 너무나 아프게 찔러 오는 두통은 죽고 싶을 정도로 참을 수가 없었습니다. 그래서 수요일 아침에는 삼성의료원 응급실로 실려가고 말았습니다. 거기서 난생 처음으로 국내 최고의 의료진에게 진료를 받고 국내의 최신식 장비인 MRI 촬영까지 하였습니다. 촬영 결과 뇌는 지극히 정상적이지만, 너무 과로를 해서 두피 신경이 스트레스를 받았다는 것입니다. 즉 과로, 혹은 스트레스성 신경통이라는 것이었습니다.

그러므로 치료의 첩경은 한동안 무조건 잘 먹고 잘 쉬면 된다는 것이었습니다. 잘 먹고 쉬고 잠시 스트레스 받을 일만 멈추면 저절로 고통은 없어진다는 것이었습니다. 그럼에도 불구하고 목요일은 하루종일 안성수양관에 가서 교인들과 함께 예절 교육을 받았으며 저녁에는 또 대학원에 가서 몇 시간이나 수업을 받았습니다. 그리고 이튿날 새벽에는 여전히 새벽 기도회를 인도하였습니다. 이것이 바로 목사의 어쩔 수 없는 삶입니다.

마침내 금요일 날만큼은 무슨 일이 있어도 쉬리라고 결심했습니다. 그래서 큰 마음을 먹고 호텔 식당에 가서 비싼 음식도사 먹어 보았으며 모처럼 고급 사우나도 즐겼습니다. 하지만 그런 저의 모습이 영 어색하기만 했습니다. 마음 놓고 쉬어 보는 것이 습관이 안 되어서 그런지 자꾸 돈과 시간이 아까워지고 오히려 마음이 초조해지기 시작하는 것입니다. 벌써 내일의 새벽 기도회, 주보에 실을 칼럼 쓰는 일, 주일 설교 준비 등의 부담감이 마음을 짓누르기 시작했습니다.

이런 부담감은 역시 쉬는 것 자체도 스트레스를 받게만 하였습니다. 이렇게 하루라도 쉬니까 몸은 개운하고 머리가 맑아지기 시작하는데, 한 쪽 마음에서는 빨리 돌아가서 해야 할 일에 대한 부담감과 초조함이 스트레스를 받게 하는 것입니다. 이것은 어쩌면 아직 쉬는 것이 습관화되지 않았고 오직 사명감에 매여서만 살아왔던 저의 솔직한 모습인지도 모릅니다.

사실 저는 정말 교회와 성도 앞에 부끄럽지 않을 정도로 열심히 살아왔습니다. 타고난 건강에 힘입어 몸을 아끼지 않고 목양일념, 일사각오로 지금까지 달려왔습니다. 하지만 저도 이젠 40대가 되었고, 저도 육신을 가진 사람입니다. 그러기에 의사의 처방대로, 아니 하나님의 처방대로 이젠 잠시라도 쉬는 시간을 가져야 합니다. 더 큰 일을 하기 위해서 규칙적으로 운동도 하고 과감하게 쉬는 용기와 습관을 가져야 할 것입니다.

이런 메시지를 주시기 위해 하나님은 저에게 이번 고통을 허락하신 것입니다. 어떤 의미에서 이번 고통은 제가 하나님께 불순종함으로써 받은 징계의 보응이었습니다. 그럼에도 불구하고 현실의 상황이 저를 놓아 주지 않고, 아직도 길들여지지 않은 습관이 쉼에 대해서 저를 자꾸 어색하게 하니 여간 큰 갈등이 아닙니다.

다음주에는 평양에 가서 푹 쉴 수 있을까요? 평양 고려호텔

> 성숙기 엿장수 목회 이야기

에 가면 아침 늦게까지 편한 잠을 잘 수 있을까요? 아마 모르긴 몰라도 긴장과 초조는 이곳보다 몇 배는 더하겠지요. 그렇다고 안 갈 수도 없고요. 언제나 그리운 산속에 홀로 들어가 주님과 나 혼자만의 시간을 가질 수 있을지 갈수록 기다려집니다. 그러나 그런 기회를 갖는다 해도 거기서는 부담감과 초조함은 없을지 내심 의심이 되기도 하고요.

아직도 덜 성숙된 이 소 목사는 이 글을 쓰는 금요일 저녁에도 일과 쉼 사이에서 여전히 갈등하고 있습니다. 이렇게 혼줄이 났으면서요. 이것이 아직도 어쩔 수 없는 목사의 삶이라는 사실을 깨닫고 있습니다.

엿장수 목회 이야기

여전히 목양일념뿐입니다

"내가 예수 그리스도의 심장으로 너희 무리를 어떻게 사모하는지 하나님이 내 증인이시니라"(빌 1 : 8).
"우리의 소망이나 기쁨이나 자랑의 면류관이 무엇이냐 그의 강림하실 때 우리 주 예수 앞에 너희가 아니냐 너희는 우리의 영광이요 기쁨이니라"(살전 2 : 19~20).
오늘 이 밤도 빌립보 교회 성도들을 향한 사도 바울의 고백처럼 부족한 종도 새에덴교회의 성도들을 향해 삼가 이렇게 고백해 봅니다. 과연 제가 그리스도의 심장으로 사랑하는 성도와 교회를 얼마나 사모하고 사랑하는지 하나님께서 제 증인이 되어 주실 것입니다.
또한 사도 바울이 데살로니가 성도들에게 고백했듯이 새에덴 성도들이야말로 부족한 종의 소망이요, 기쁨이요, 자랑이요, 영광의 면류관입니다. 특별히 이것은 요 몇 주간 제가 교회를 비우면서 더 느끼는 것입니다. 어쩔 수 없이 집회를 나가면서 느껴야만 하는 부족한 종의 아픔이기도 합니다. 집회를 다닐

성숙기 | 엿장수 목회 이야기

때마다 느끼는 것은 더욱더 새에덴교회와 성도들이 귀하고 복된 존재라는 사실입니다.

저는 원래부터 못생긴 나무였습니다. 잘생긴 나무야 잘 팔려 가는데 전 워낙 못생긴 나무였는지라 오라는 곳이 없었습니다. 그런 이유 때문에 저는 일찍부터 새에덴교회를 개척하게 되었습니다. 새에덴교회를 개척한 후에도 여전히 못생긴 나무였습니다. 아니 제 스스로 못생긴 나무라는 것을 알고 더욱더 못생긴 나무이기를 고집 피웠을 것입니다. 그래서 우직하게 오직 목양일념의 삶을 살아왔습니다. 새에덴교회를 비우는 일이 없이 오직 성도들 곁에서 함께 울고 함께 웃는 동고동락을 나누는 목자로 살아왔습니다. 그렇게 해서 저는 새에덴 동산에서 마음껏 자라면서 이젠 제법 가지도 무성하게 뻗쳐 그늘도 크게 만들어 주었고, 꽃도 많이 피웠으며, 열매도 꽤 많이 맺혔습니다. 그 결과 지금은 많은 씨도 떨어뜨리며 새끼 나무를 꽤 많이 치고 있습니다.

사실 잘생기고 눈에 잘 띄는 나무들은 제대로 커 보지도 못하고 빨리 베어집니다. 마음껏 자라 보지도 못하고 일찌감치 베어져 가 버립니다. 그러나 못생긴 나무는 일찍 베어 가지 않기에 얼마든지 오래오래 삽니다. 그런 의미에서 못생긴 나무가 산을 지킨다는 현인의 말이 있지 않습니까? 과연 저는 원래부터 못생긴 나무였기에 오늘 여기까지 마음놓고 자라왔던 것입니다. 그래서 새에덴 동산을 마음껏 푸르게 해 왔습니다.

그런데 불행하게도 요즘에 와서 사람들은 저를 잘생긴 나무라고 칭찬하기 시작합니다. 이제 막 뜨는 나무요, 새로 발견된 보기 드물게 잘생긴 나무요, 미래에 대들보가 될 나무라고 말하기 시작합니다. 그래서 요즘은 여기저기서 저를 오라고 불러

여전히 **목양일념뿐입니다** 〉 성숙기

줍니다. 너무나 귀찮으리만큼 오라는 곳이 많습니다. 요즘은 웬만한 집회는 거절하기가 일쑤이고 어쩔 수 없이 짜여졌던 집회마저도 취소해 보려고 안간힘을 쓰고 있습니다. 이러다간 혹시라도 이 못생긴 나무의 밑동아리가 어느 한 순간에 잘려져 버릴 수 있다는 사실을 누구보다도 저 자신이 잘 알고 있기 때문입니다. 또한 애당초부터 마음먹었던 새에덴 동산에서의 목양일념의 정신이 흐려지지 않을까 하는 조바심이 들기 때문입니다.

하지만 분명한 것은 저는 여전히 못생긴 나무라는 사실입니다. 누가 뭐라 해도 저는 끝까지 못생긴 나무요, 새에덴 목양지를 향해 목양일념의 열정을 뜨겁게 불태우고 있는 목사입니다. 다만 한철 동안 잠시 하나님께서 주신 사명을 따라 다른 교회를 살리러 갈 뿐입니다. 이 또한 하나님이 주신 고귀한 사명이요, 하나님으로부터 더없이 크게 쓰임을 받는 복이 아닐 수 없습니다. 제가 원해서 가는 것이 아니라 그들이 강력하게 요구했기 때문이고, 또 가는 곳마다 엄청난 하나님의 역사가 일어나고 있기 때문이지요.

어떤 의미에서는 새에덴교회와 성도들이 저를 잠시 국내외 단기 선교사로 파송하는 것이라고 볼 수 있습니다. 물론 새에덴 성도들이 어린아이 시절에는 이런 생각을 못했습니다. 언제나 담임 목사가 옆에 있어 주어야만 한다고 생각했습니다. 그러나 이제는 어느 정도 성숙했으니 담임목사를 가끔씩 단기 선교사로 파송할 줄도 알아야 합니다. 그렇게 생각하고 그렇게 후원해 주고 기도로 동역해 줄 때 정녕 부족한 종과 함께 하늘 상급과 땅의 복을 누리게 될 것입니다.

물론 여전히 중요한 것은 저 자신이라고 생각합니다. 저는 지금도 못생긴 나무이고 앞으로도 못생긴 나무라고 스스로 생각하며 새에덴 동산을 지킬 것입니다. 오직 목양일념의 정신과 자세로 여러분의 영적 그늘이 되어 드릴 것이며, 여러분의 영혼을 섬길 것입니다. 언제나 아비 같은 목자(고전 4 : 15), 해산의 수고를 아끼지 않는 목자(갈 4 : 19), 생명까지라도 주기를 거리끼지 않는 유모 같은 목자(살전 2 : 8~9)로서 새에덴의 영혼들을 섬길 것입니다.

요즘 주중에 교회를 비우고 집회를 다닐 때마다 더욱 이런 결단이 새로워집니다. 새벽 기도회와 수요 예배를 인도하지 못함을 못내 아쉬워하면서 말입니다. 하지만 성숙한 성도는 더욱 더 담임목사의 더 넓은 외부 사역을 위해 뜨겁게 기도로 후원해 주어야 합니다. 이제 3월 중순부터 특별 새벽 기도회를 통해 어느 때보다 따끈따끈한 찐빵 같은 말씀을 잘 전해 드릴 것입니다. 성도 여러분께서는 그때까지만 참고 함께 기도로 동역해 주시면 감사하겠습니다.

오늘도 새에덴 교회와 저의 성도들은 제 자랑이요, 기쁨이며 영광의 면류관입니다. 저는 지금도 그들을 향한 목양일념의 노예로 존재할 뿐입니다. 그리고 하나님께서 이것에 대한 저의 증인이시고요.

엿장수 목회 이야기

내 속에 농축되어 있는 나

지난주에는 광주중앙교회에서 저희 교단 총회가 있어서 광주에 다녀왔습니다. 광주에 가면 항상 가고 싶은 곳이 있습니다. 가기만 하면 나도 모르게 눈물이 나고 가슴이 설레는 곳이 있습니다. 그곳은 무등산입니다. 거기엔 두 기도원이 있는데, 신학교 시절에 저는 그곳에서 무던히도 울며 기도하였습니다. 그래서 광주만 가면 항상 그곳을 가 보고 싶은 것입니다.

이번에도 그곳에 가기 위해 화요일 이른 아침에 광주로 출발하였습니다. 맨 먼저 간 곳이 역시 기도원을 끼고 흐르는 무등산 계곡이었습니다. 신학생 시절 꽤 많이 앉아 기도를 했던 곳입니다. 그런 곳에 앉아 있으면 앉아 있는 것만으로도 저절로 은혜가 되는 것 같습니다. 거기에 앉아 찬송을 불렀습니다.

"나의 힘이 되신 여호와여 내가 주님을 사랑합니다……."

그리고 "주여!"를 연거푸 외치며 부르짖었습니다. 그때 저는 기도하면서 한 가지 찾는 것이 있었습니다. 그것은 저의 젊음의 실존이었습니다. 다시 말하면 20년 전의 소강석, 즉 20년 전

| 성숙기 | 엿장수 목회 이야기 |

에 이곳에서 몸부림치고 울며 부르짖던 신학생 소강석의 모습을 찾고 있었던 것입니다. 모든 것이 20년 전과 똑같았습니다. 푸른 숲, 깨끗한 돌들, 청정하게 흐르는 계곡의 물들……. 어느 것 하나 변한 것 없이 그대로 있었습니다. 그러나 딱 한 가지 없는 것이 있었습니다. 제가 보이지 않는 것입니다. 분명히 20년 전에 그곳에 있었던 저의 모습이 말입니다. 도대체 그때의 저는 어디로 가 버렸을까요? 왜 그때의 제 모습은 보이지 않는 걸까요?

인생은 참으로 저 계곡에서 흘러가는 물과 같습니다. 그런 생각을 하니 계곡의 물소리가 어찌나 크게 들리는지요. 하지만 그 흐르는 물소리는 아무리 커도 시끄럽지는 않았습니다. 오히려 그 물소리는 더욱 제 마음에 간절해지고 제 영혼 속에서 더 그리워지기까지 하는 듯했습니다. 과연 그 이유는 무엇 때문일까요? 그러는 동안에 제 눈에서는 눈물이 비오듯 쏟아졌습니다. 그 눈물을 바위에 쏟으며 저는 하나님께 몸부림쳤습니다. 아우성을 치며 부르짖었습니다. 이유는 딱 한 가지. 20년 전 소강석의 모습, 주님을 그토록 사랑했던 첫사랑, 첫 열정, 그 순수했던 그때의 모습을 찾기 위해서였습니다. 아! 그때의 나는 어디로 가 버렸단 말입니까?

총회로 모이는 시간이 되어서 광주중앙교회로 왔습니다. 광주중앙교회는 난생 처음으로 제가 광주에 왔을 때 제일 먼저 왔던 곳입니다. 전혀 모르는 광주신학교를 찾기 위해서였지요. 그때 저는 예배당 맨 뒷좌석에 앉아 눈물로 기도했습니다.

"주님! 기왕에 부모 형제로부터 쫓겨나 출가한 이 몸, 기왕에 맨발의 소명자로 나온 이 몸, 장차 저도 이런 교회를 짓게 하옵소서. 이보다 몇 배나 더 큰 목회를 하게 하옵소서."

내 속에 농축되어 있는 나

그때부터 광주에 있는 동안 광주중앙교회는 제 마음의 이상이었고 목표였습니다. 그런데 어느새 새에덴교회도 지금의 광주중앙교회와 버금갈 정도로 부흥을 하였고, 조금 있으면 그 이상을 훨씬 능가하게 될 것입니다. 그리고 이젠 저도 20년 전의 소강석이 아닙니다. 어느 정도 알려지고 지명도 있는 젊은 목회자 중의 한 사람이 되었습니다. 하지만 광주중앙교회를 가면 여전히 20년 전의 마음이 되어 가슴이 설렙니다. 20년 전 소강석이 너무나 인상 깊고 감동적으로 앉아 있던 그 자리, 그 추억이 있기 때문이지요.

많은 총대들이 교회당 안에서 웅성거리고 있었습니다. 저는 그때 가운데 줄의 맨 뒷자리에 앉았습니다. 그리고 20년 전의 소강석을 찾아보았습니다. 하지만 보이지 않았습니다. 찾을 수가 없었습니다. 그렇다면 그때의 저는 영영 사라져 버리고 말았다는 말입니까?

그러나 그것은 아니었습니다. 첫째날, 둘째날을 지나고 나서야 마침내 저는 깨달았습니다. 총회가 서로 싸우고 분쟁하고 찢어지고 나누어지는 그런 충격적인 모습을 보면서 마침내 저는 그 옛날 저의 모습을 찾을 수 있었던 것입니다. 바로 20년 전 19살, 20살의 참으로 순수했던 청년, 너무나 순진하여 눈물이 아니면 기도할 수 없고 말할 수 없었던 그 소강석이 영영 지나가 버리고 사라져 버린 것이 아니라, 지금의 제 속에 고스란히 남아 있었던 것입니다. 어김없이 20년 후에도 제 속에 농축이 되고 또 농축되어 지금의 소 목사 안에 남아 있는 것입니다.

그래서 저는 한 주간 내내 너무나 많이 울었습니다. 울며 기도하느라 밤을 지새웠습니다. 20년 전의 소강석이 일어나 그렇게 울었던 것입니다. 과연 그는 사라지지 않았습니다. 죽지 않

성숙기 〉 엿장수 **목회** 이야기

았습니다. 여전히 그때의 그는 엄연히 존재하고 있었습니다.

　이제야 무등산 계곡의 그 큰 물소리가 제 마음에 그토록 그리워지고 사무쳐지는 이유를 알 것 같았습니다. 그렇습니다. 이제는 세상이 온통 흙탕물만 흐른다 하여도 저는 죽는 그날까지 무등산의 계곡 물처럼 도도하게 명경지수로 흐를 것입니다. 평생, 죽는 그날까지 20년 전 19살, 20살의 그때의 순수함과 청순함, 그때의 감격과 눈물로만 살 것입니다.

　"아! 내 안에 있는 젊음이여! 그때의 첫사랑이여!"

엿장수 목회 이야기

영혼을 사랑하는
목회자의 한 도전

　지난주에는 총회 산하 학생면려회(SCE) 주최로 열리는 전국 청소년 집회를 준비하면서 기도하고 말씀을 준비하던 중, 심방을 다니던 차 안에서 ○ 목사님의 청소년 집회 테이프를 듣게 되었습니다. 이 목사님은 한때에는 교계에서 말도 많은 분이었지만 그래도 많은 청소년들을 주께로 인도하는 데 크게 사용되고 있는 목사님이기에 큰 마음을 먹고 테이프를 듣게 되었습니다. 얼핏 듣기에 그 목사님의 메시지는 크게 감동적이거나 신선한 내용은 없었습니다. 시종일관 '이 맞아죽일 ×들' '이 때려죽일 ×들' 과 같은 욕설이 튀어나와 어찌 보면 내용도 없는 저급한 설교로 들려졌습니다. 그래서 내심 '이런 설교를 가지고 어떻게 그토록 많은 청소년들을 변화시키고, 청년들을 모이게 하였지?' 라는 의구심이 들었습니다.

　그러다가 저는 충격적인 내용을 듣게 되었습니다. 그 목사님은 설교 도중에 졸고 있거나 딴 생각을 하고 멍하니 다른 곳을 보고 있는 사람은 당장 앞으로 나오게 하여 매를 때린다는 것

성숙기 | **엿장수 목회 이야기**

입니다. 인정사정없이 뺨을 때려 버린다는 것입니다. 어쩔 때는 아예 대나무 뿌리를 강대상에 갖다 놓고 그것으로 때린다는 것입니다.

한번은 청소년 집회를 하면서 자기 스스로 '맞아 죽일 ×'라고 생각하는 사람들은 모두 앞으로 나오라고 했더니 수백 명이 나오더라는 것입니다. 그래서 너무 많아 다 들어가라고 하고 고등학교 3학년 학생들만 남으라고 했다고 합니다. 결국 고3 학생들만 때려 줬다는 것이지요. 이것은 비단 청소년 집회에서만 그런 것이 아닙니다. 장년 집회 때에도 마찬가지라는 것입니다.

'어떻게 설교자가 때리면서 설교를 할 수 있을까? 과연 그것이 설교자로서 용납받을 수 있는 행동일까?'

또 맞아 주는 사람들 역시 그렇습니다. 어떻게 그렇게 강단 앞에서 목사에게 맞을 수 있단 말입니까? 그렇게 맞는 사람의 심정은 어떠할까요? 그리고 거기에 있는 청중들과 그것을 아는 현대 사회는 그 목사님의 행동을 어떻게 평가할까요?

그러나 저는 다시 한 번 더 큰 충격을 받았습니다. 그 목사님은 울먹거리면서 외치는 것입니다. '너무나 너무나 영혼을 사랑하기에, 너무나 너무나 생명을 사랑하기에 그럴 수밖에 없다'는 것입니다. 자신의 청소년 시절, 젊은 날 방황하고 죄 짓고 인생의 중요한 황금기를 사탄의 유혹에 빼앗겨 버렸기 때문에 너무나 안타까운 마음으로 그럴 수밖에 없다는 것입니다. 인생을 마귀에게 빼앗기지 말라고, 너무나 고귀하고 값진 영혼을 세상에 빼앗기지 말라고, 비록 세상과 사람들이 비난의 손가락질을 한다 할지라도, 이 목사님은 영혼을 생각하는 그 어쩔 수 없는 마음으로 울며 매질이라도 해서 올바른 사람을 만들려고 그렇게 한다는 것입니다.

순간 그 목사님의 울부짖음, 피맺힌 절규의 메시지가 그만 제 가슴을 사정없이 강타해 버리고 말았습니다. 어느새 제 눈에선 눈물이 글썽거렸습니다. 일반 상식, 윤리, 도덕을 초월하여 영혼을 생각하는 그 목사님의 외침과 몸부림이 그만 제 마음을 압도해 버리고 말았습니다.

저의 목회 소신도 설교할 때 졸고 있거나 딴 생각을 하는 사람들을 용납하지 못하기 때문에 실례가 되는 줄 알면서도 깨울 때가 있습니다. 물론 이런 것 가지고도 가끔 시험에 드는 사람들이 있지만, 그래도 저의 소신은 하나님의 말씀을 들음으로 말미암아 그 영혼이 잘되기를 바라는 것입니다. 물론 ○ 목사님의 목회 철학은 분당 신도시에 맞지 않습니다. 설사 그분이 직접 오셔서 설교를 한다 해도 되지 않을 것입니다. 그리고 저는 졸고 있는 사람들을 일으켜 세우고 매를 때릴 용기도 없습니다. 또한 그래서도 안 될 것입니다.

저도 목회자 세미나 강사로 다니면서 한때는 그분을 우습게 생각한 적도 있었습니다. 그런데 그 테이프를 듣고서 그분 앞에 가서 은혜를 받고 싶을 정도의 깊은 감동을 받았습니다. 그 목사님의 용기와 영혼 사랑에 대한 뜨거운 열정만큼은 저에게 큰 도전이 되었던 것입니다.

목회는 인간의 본질인 영혼을 사랑하는 것입니다. 하나님께서 기뻐하시는 것은, 부흥보다는 한 영혼을 돌보는 데 있어서 목숨을 걸겠다는 결연한 의지와 열정을 가지고 열심히 섬기는 데 있습니다. 그래서 저는 단순히 부흥을 위한 사랑의 공급자가 아닌 한 영혼 한 영혼을 뜨겁게 사랑하는 목회, 성도들의 근심을 함께 나누는 목회, 그리고 성도들의 가정에 항상 복이 머물게 하는 목회로 여러분들을 섬길 것입니다. 할렐루야!

판 권
소 유

엿장수 목회 이야기

•

2001년 12월 1일 1판 1쇄 발행
2001년 12월 15일 1판 2쇄 발행
지은이 / 소 강 석
발행인 / 이 형 규
발행처 / 쿰란출판사
서울 종로구 연지동 1-1 여전도회관 1005호
TEL / 745 − 1007, 745 − 1301 ~ 2
영업부 / 747 − 1004, FAX / 745 − 8490
본사평생전화번호 / 0502 − 756 − 1004
홈페이지 ; http : //www.qumran.co.kr
E-mail : qumran@shinbiro.com
qumran@hitel.net
등록 / 제1 − 670호(1988. 2. 27)

•

값 8,500원
책임교열 : 임영주 · 송은주

ISBN : 89 − 7434 − 671 − 0 03230